Fichte, Immanuel Hermann

Zur Seelenfrage

Eine philosophische Konfession

Fichte, Immanuel Hermann

Zur Seelenfrage

Eine philosophische Konfession

Inktank publishing, 2018

www.inktank-publishing.com

ISBN/EAN: 9783750350069

All rights reserved

Zur Seelenfrage.

Eine philosophische Confession

von

Immanuel Hermann Fichte.

Leipzig:

F. A. Brockhaus.

1859.

Vorrede.

Gegenwärtiges Werk verdankt nicht zwar seinen
Gehalt, wohl aber die äußere Veranlassung seines
Erscheinens der scharfsinnigen Gegenschrift, mit wel=
cher Herr Professor Lotze die Einwendungen beant=
wortete, welche meine „Anthropologie" einigen Sätzen
seiner Theorie gegenüberstellte.*) Ich selbst kann mich
nur höchlich geehrt finden durch diese Schrift, nicht allein
wegen des Tones anständiger Freundlichkeit, welchen
sie anschlägt, sondern auch wegen der ehrlichen Gründ=
lichkeit seines Verfahrens, überhaupt um der wissen=
schaftlichen Gewissenhaftigkeit willen, welche diesen
ausgezeichneten Denker nicht weniger adelt, als sein
ungemeiner Scharfsinn und die seltene Gewandtheit
seines Geistes. Diesen Ton rein sachlicher Erörterung
wird er hoffentlich auch in den folgenden Blättern
bewahrt finden; und wenn ich noch keineswegs bekehrt
mich zeige, wenn die von mir vertheidigte Sache hier
mit neuen Gründen für sich zu streiten sucht, so ge=
schieht dies doch mit allen den Vorbehalten, welche einer
verwickelten, neue Bahnen beschreitenden Untersuchung

*) H. Lotze, „Streitschriften. Erstes Heft: In Bezug auf
Prof. J. H. Fichte's Anthropologie" (Leipzig 1857).

geziemen, noch dazu, wenn das empirische Material,
auf welchem sie fußt, weder schon lückenlos ermittelt,
noch im einzelnen Thatbestande überall mit Sicher=
heit festgestellt ist. Aber auch sonst, hoffe ich, sind
die Zeiten Schelling=Hegel'scher Polemik mit ihrer
gesammten Denkweise längst vorüber. Ein angeblich
„absolutes Wissen" allerdings durfte dictatorisch, ja
grob sich vernehmen lassen, sofern es seiner vermeint=
lichen Infallibilität gegenüber nur Irrthum und Lüge
geben konnte. Ist man dagegen zur Einsicht gelangt,
wie schwierig und vielverzweigt gerade die philosophi=
schen Probleme sind, wie man nur eine einzelne Auf=
fassung derselben consequent durchsetzen kann: so er=
hebt sich die bloße Polemik zur abwägenden Kritik der
Gegengründe, diese zur Verständigung, und das einzige
für die Wissenschaft förderliche Verhältniß ist einge=
leitet, daß man in der gegnerischen Ansicht das Ele=
ment der eigenen Weiterbildung aufsucht.

Diese Maximen hoffe ich nun in der gegenwärti=
gen Schrift in Betreff Lotze's nicht verleugnet zu
haben, besonders darin gefördert durch das Studium
seines unterdeß (später, als ich die „Anthropologie"
verfaßte) erschienenen „Mikrokosmus".*) Nicht im ge=
ringsten entgeht mir die Bedeutung der vermittelnden
Stellung, welche er zwischen den mechanistischen Ten=

---

*) H. Lotze, „Mikrokosmus. Ideen zur Naturgeschichte und
Geschichte der Menschheit. Versuch einer Anthropologie" (Leipzig
1856), Bd. 1.

denzen der gegenwärtigen Physik und Physiologie und
dem teleologisch = idealistischen Bestreben der Spiritua=
listen einnimmt. Lotze hat aufs wesentlichste dazu
beigetragen, den alten Vitalismus zu stürzen; aber
ebenso deutlich hat er ausgesprochen, daß die Lebens=
erscheinungen aus bloßem Mechanismus nicht erklärt
werden können. Was wir „Leben" zu nennen gewohnt
sind, zerfällt in eine Reihe der complicirtesten Processe,
welche nur nach allgemeinen mechanischen und
physikalischen Gesetzen sich vollziehen. Die bloße
Annahme organischer Kräfte, wie Sensibilität, Irritabi=
lität, Bildungstrieb und dergleichen ist leer und nichts=
erklärend, solange man nicht die bestimmte Form auf=
gewiesen hat, in welcher jene Gesetze auch in diesem
Gebiete wirksam sind. Die Universalität des me=
chanischen Geschehens ist hiermit ausgesprochen.

Andererseits jedoch tritt Lotze ebenso entschieden
gegen die unbedingte Berechtigung mechanischer An=
sichten und somit gegen den Materialismus in die
Schranken, insofern dieselben auf Werth und Be=
deutung in den höchsten Principien Anspruch machen.
Der Mechanismus und seine Gesetze sind nichts mehr
und nichts anderes als der Gesammtausdruck der
Erscheinungen, welche durch die Wechselwirkung der
realen Wesen aufeinander zufolge ihrer Grundbe=
schaffenheit entstehen; sie gehören der Sphäre des
äußern Geschehens, kurz der phänomenalen Welt an.
Für die darin erscheinenden Realen, für Deutung

des tiefern Zusammenhangs unter denselben, für den höchsten Realgrund vollends haben sie eben damit gar keine Bedeutung mehr. Hier machen die Ideen einer teleologisch-ethischen Weltordnung sich geltend, und erst hiermit erheben wir uns zu den wahren Gründen der Dinge. Namentlich ist Lotze's Polemik gegen die Absolutheit der Naturgesetze ebenso bedeutungsvoll, als aus der gründlichsten metaphysischen Einsicht in die wahre Beschaffenheit der Sache hervorgegangen. Er zeigt (besonders im letzten Abschnitte des „Mikrokosmus") auf das ausführlichste, daß die sogenannten Naturgesetze lediglich eine Abstraction des Denkens sind, mit welcher es einstweilen gewisse Gruppen wiederkehrender Phänomene in einen Gesammtausdruck zusammenfaßt, ohne damit weder den letzten Grund dieser Phänomene zu erklären, noch auch im geringsten eine allgemeine Denknothwendigkeit für dieselben erhärten zu können. Die ganze Naturordnung, das Ineinandergreifen der Naturgesetze ist streng consequent, keinen Zufall wie keine Willkür übrig lassend; aber es ist eben Resultat einer Anordnung, die ganz anders gedacht werden könnte, eben weil sie das Gepräge einer innern und absoluten Denknothwendigkeit durchaus nicht trägt.

Es gibt nichts, wofür ich entschiedener und motivirter seit Anbeginn mich ausgesprochen hätte, als eben dieser Lehrpunkt; ja es war gerade das Hauptergebniß meiner ontologischen Untersuchungen, durchgreifend zu zeigen, wie der „Mechanismus", die strenge, keinerlei Zufall übrig lassende Causalverkettung, in welcher Ursache und Wirkung genau und unwiderruflich sich entsprechen, zwar die durchaus universale Form alles Geschehens sei, bis hinauf in das Reich des Geistes und der Geschichte, wo gleichfalls nichts vorgeht ohne innere psychische Motivation, die jeden Zufall ausschließt, daß aber in dieser Form gerade nur ein System von Zwecken zur Darstellung komme, welche, den Weltwesen selbst eingeboren, sie mit geheimem, aber wohlthätigem Zwange dem eigenen Ziele zulenken; sodaß in dieser heiligen Nothwendigkeit und allgegenwärtigen Ordnung nur die absolute Güte und Weisheit sichtbar wird, in deren geschichtliche Fügungen rohe Uebernatürlichkeiten, „Wunder" in gewöhnlichem Sinne, dazwischengreifen zu lassen oder dabei nothwendig zu finden, der geläuterten Einsicht eines echten Glaubens als Anklage der Ohnmacht Gottes, ja als Gotteslästerung erscheinen muß.

Das gleiche Princip gilt mir natürlich auch bei den Erscheinungen des organischen Lebens. Seine immanente Zweckmäßigkeit macht sich gerade durch die strenge Gesetzlichkeit der chemisch=physikalischen Processe hindurch geltend, indem es diese zum eigenen Dienste zwingt, aber nur in ihren Formen und Bedingungen arbeitet. Kaum einverstanden kann ich daher sein, wenn Lotze gegen mich aus der Voraussetzung polemisirt, als wenn ich dies übersehen hätte oder in

Andere stellte, als wenn ich überhaupt den alten vi=
talistischen Lehren huldigte. Ich darf mir erlauben
davon das Gegentheil zu erweisen. In der „Anthro=
pologie" findet sich, außer meiner allgemeinen Er=
klärung über dies Verhältniß (S. 71), unter andern
folgende Stelle (S. 274 fg.):

„Gibt nun auch die neueste physiologische Rich=
tung der Erklärung der einzelnen organischen Vor=
gänge aus rein physikalisch=chemischen Gesetzen, so=
weit diese nur immer sich anwendbar zeigen, den ent=
schiedensten Vorzug, so hat sie damit jene dynamisch=
teleologische Grundanschauung doch nicht zerstört, noch
weniger wissenschaftlich widerlegt oder außer Kraft
gesetzt. Wie sich nämlich schon früher erwies (§. 37),
stehen beide Grundansichten in Wahrheit keineswegs
im gegensätzlichen Verhältniß eines Entweder=Oder,
sondern im ergänzenden eines Sowol = Als = auch.
Jene Untersuchungsweise muß erkennen, daß, wenn
sie den äußern Apparat und die physikalisch=chemi=
schen Bedingungen der Lebenserscheinung in allen
Theilen genau zu erforschen weiß, sie über den letzten
Grund derselben ebenso wenig unterrichtet ist als vor=
her, ja daß sie blos auf ihrem Wege ihm gar nicht
beikommen kann. ...... Erklären aber heißt den
Grund der Erscheinungen aufdecken, nicht blos die
allgemeine Daseinsform derselben oder ihr «me=
chanisches Gesetz» angeben. Mit einem Worte:
die in allen Theilen des Organismus wirksame Vor=

sehung" (das Individualisirende in ihm, dessen that=
sächliches Vorhandensein ich im weitern Zusammen=
hange ausführlich erörtere) „muß von der blos me=
chanistischen Ansicht überall vorausgesetzt werden,
ohne daß sie dieselbe aus den eigenen Prämissen im
geringsten zu erklären vermöchte. Und wenn sie gar
sich bestrebt, dies ihr unbekannt bleibende x zu igno=
riren oder zu leugnen, verwickelt sie sich vollends in jene
phantastischen Hypothesen materialistischer Art, welche
wir hinreichend im Vorigen gewürdigt zu haben glauben."

So viel im allgemeinen über dies Verhältniß. Das
Detail jener in Anwendung kommenden physikalisch=
chemischen Beziehungen, in deren Untersuchung Lotze
mit anerkannter Meisterschaft schaltet, durfte von mir
zur Seite gelassen werden, da es die eigentliche See=
lenfrage nicht berührt. Wohl aber legte und lege ich
Nachdruck darauf, daß als wirksames Subject auch
in jenen Vorgängen nur die Seele zu denken sei,
nicht ein mir unverständlicher „physisch=psychischer
Mechanismus", weil dessen Wirkungen lediglich den
Charakter der Allgemeinheit und Gleichförmigkeit tra=
gen würden, während thatsächlich dagegen (wie ich
umständlich zu erhärten suche) die Lebenserscheinungen
nicht blos allgemeinen Gesetzen folgen, sondern zugleich
den Stempel der Eigenthümlichkeit und des Individuellen
an sich tragen. Auf diesem Punkte daher, bei wel=
chem ich noch immer im Vortheil zu sein glaube, be=
ruht auch jetzt noch unsere Differenz.

Auch ist die damit behauptete Besitzergreifung des
Niedern durch das Höhere, der Welt physikalischer
und chemischer Gesetze durch eine Welt der Seelen,
nach meinen Nachweisungen keineswegs eine isolirte
und damit willkürliche Hypothese. Ich zeige ein durch
alle Weltverhältnisse hindurchreichendes kosmisch=ethi=
sches Gesetz auf („Anthropologie", §. 114), zufolge
dessen „alles Mächtigere das Niedere durchbringt
und beherrscht, es seiner eigenen Natur assimilirt,
um daran sich zu verleiblichen, während das also
Besessene zugleich damit über seine eigene Unmittel=
barkeit erhoben und des höhern Wesens mittheilhaf=
tig wird, soweit es dies vermag". Dies sei der
eigentliche Sinn der Stufenleiter unter den Wesen und
ihres teleologischen Zusammenhanges, dessen Grund=
züge und Hauptbelege ich dort weiter darzulegen suche.
Wer die Zulässigkeit dieser Auffassung bestreitet, im
übrigen aber theistische Ueberzeugungen hegt und die
Rechte teleologischer Weltbetrachtung anerkennt — in
welchem allen ich mit Lotze abermals zusammen=
treffe —: der sollte vielleicht erwägen, daß nur in
ihr der große Gedanke „innerer Zweckmäßigkeit" zu
seinem vollen Rechte gelangt, indem sie den Zweck
selber objectiv in seinen Mitteln wirken, sich an
ihnen, durch sie hindurch verwirklichen läßt.

Jener „physisch = psychische Mechanismus" dagegen
läßt es bei äußerlichem Sichangepaßtsein der Welt=
wesen, hier insbesondere von Leib und Seele bewen=

12

ben, während beide innerlich auseinander bleiben. Er
unterscheidet sich nicht wesentlich von den künstlichen
Hypothesen des Occasionalismus oder der vorausbe-
stimmten Harmonie, welche gleichfalls nur einen idealen Zusammenhang, wie zwischen den Weltwesen überhaupt, so zwischen Leib und Seele übrig lassen. Eine
Menge gesonderter kleiner Welten schiebt sich nebeneinander hin; ihre Zustände harmoniren gegenseitig,
aber sie sind selbst dabei unwirksam; denn dies alles
ist das Werk einer ursprünglich in sie hineingelegten,
vorausberechneten Anordnung. Kunstreichen Maschinen
gleich spielen sie unwillkürlich eine für sie prämeditirte
Tonreihe ab, welche zwar mit der aller andern har-
monirt und einen höchst künstlichen Totaleffect erzielt,
aber die Einzelwesen selbst, will man consequent sein,
zu Automaten herabsetzt. Ist ferner die Seele ein
streng einfaches, raumloses, rein ideales Wesen, un-
berührbar und unvermischlich mit Körperlichem, steht
sie sogar mit dem eigenen Leibe nur innerhalb genau bestimmter Grenzen in idealem Rapport, so
wird vollends der innere Sinn dieser ganzen „Anordnung" völlig räthselhaft. Was bedarf sie überhaupt, so könnte man fragen, jener mislichen Zusam-
menkoppelung mit etwas durchaus ihr Fremdem, völlig
ihr Ueberflüssigem, da sie als ideales, blos vorstellendes Wesen jener äußern Anregungen zu ihren Be-
wußtseinsprocessen eigentlich nicht bedarf.

Ich bekenne, daß alle diese Hypothesen keinen

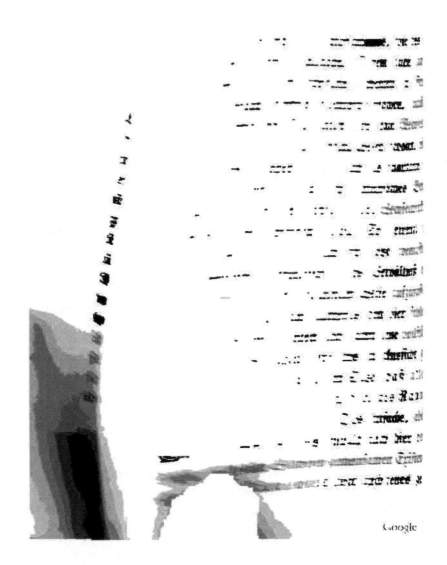

Berührungs… …ße, indem es sich … …gibt. Dies ist aber nur die erste, … Bedingung: in … bestimmter … Wechselwirkung es mit den … s liegt in seiner besonderen … …eit, welche es in das Verhältniß … , und somit der räumlichen … it gewissen realen … a andern aber eines der ihm … ran zeigt sich nun gerade, daß der „…" und die … des …, durchaus in diesem Gebiete …, doch nichts letztes …, und Erfolg einer in ihrem … n, ebenso genau bestimmten Ordnung der … Ergänzungen und harmonischen … en. Und in der That scheint nun hiermit den …cipien des „Zweckes" nur des „Mechanis- s" gleicherweise Rechnung getragen. Alle Wir- zen der realen Wesen sind an strenge Gesetzmäßig- gebunden, denn sie gehen aus ihnen selbst, aus er qualitativen Grundbeschaffenheit herfer; aber biesen insgesammt erwährt sich das teleologische erhältniß einer durchgreifenden Weltordnung, welche bem sein Ergänzendes zubereitet hat. Um so ent- schiedener endlich ist das höher begründende (metaphy- sche) Denken genöthigt, von hier aus zum abschlie-

logischen Widerspruch enthalten, daß sie also durch
bloßen Denkzwang keinem benommen zu werden vermögen. Dennoch konnten es nur anderweitige, tiefer
liegende Schwierigkeiten sein, denen zu entgehen man
so verkünstelte und doch lückenhafte Auskünfte sich er-
sann. Und dies ergibt sich hinreichend, wenn man
auf die Geschichte des Cartesianismus, wie des Leibniz'schen Systems zurückgeht. Diesem allen lag das
schärfer als bisher erwogene Bedenken zu Grunde,
wie überhaupt zwischen schlechthin einfachen, qualitativ
aber verschiedenen Substanzen eine reale Wechselwirkung möglich sei? Als einfache Wesen gedacht, bieten
sie nirgends einander Blöße, und als qualitativ verschiedene besitzen sie gar kein gemeinsames Berührungsgebiet, sodaß jede unmittelbare Wechselwirkung
zwischen ihnen undenkbar bleibt. So Leibniz; und
hierin ohne Zweifel lag auch für Lotze wenigstens
die entferntere Veranlassung, das Verhältniß von
Leib und Seele in der bezeichneten Weise aufzufassen.

Ich selbst glaube nun allerdings den hier fehlen-
den Zwischenbegriff gefunden und damit eine vollständigere Lösung des ganzen Problems in Aussicht gestellt zu haben. Sie liegt in dem Satze: daß alles
Qualitative sich quantitiren, d. h. als Raum-
zeitliches sich setzen müsse. Dies einfache, aber
unendlich folgenreiche Weltgesetz enthält auch hier den
Schlüssel; in der allen Weltwesen gemeinsamen Existen-
zialbedingung der Räumlichkeit liegt auch jenes ge-

meinſame Berührungsgebiet; ein jedes gibt dem an=
dern Blöße, indem es ſich ſelbſt eine beſtimmte Raum=
exiſtenz gibt. Dies iſt aber nur die erſte, die allge=
meinſte Bedingung; in welch beſtimmtes Verhält=
niß der Wechſelwirkung es mit dem andern Realen
tritt, das liegt in ſeiner beſondern qualitativen Be=
ſchaffenheit, welche es in das Verhältniß qualitativer Er=
gänzung und ſomit der räumlichen Wechſeldurchdrin=
gung mit gewiſſen realen Weſen verſetzt, die Bezie=
hung zu andern aber direct von ihm ausſchließt.

Hieran zeigt ſich nun gerade, daß der „Mecha=
nismus“ und die Nothwendigkeit des Geſchehens,
welche durchaus in dieſem Gebiete walten, an ſich
ſelbſt doch nichts letztes ſind, ſondern nur der Aus=
druck und Erfolg einer in ihnen ſich darſtellenden
höhern, ebenſo genau beſtimmten Ordnung von in=
nern Ergänzungen und harmoniſchen Wechſelbezie=
hungen. Und in der That ſcheint nun hiermit den
Principien des „Zweckes“ und des „Mechanis=
mus“ gleicherweiſe Rechnung getragen. Alle Wir=
kungen der realen Weſen ſind an ſtrenge Geſetzmäßig=
keit gebunden, denn ſie gehen aus ihnen ſelbſt, aus
ihrer qualitativen Grundbeſchaffenheit hervor; aber
in dieſen insgeſammt erwahrt ſich das teleologiſche
Verhältniß einer durchgreifenden Weltordnung, welche
jedem ſein Ergänzendes zubereitet hat. Um ſo ent=
ſchiedener endlich iſt das höher begründende (metaphy=
ſiſche) Denken genöthigt, von hier aus zum abſchlie=

ßenden Gedanken aufzusteigen, daß der höchste Grund einer solchen allburchbringenden Weltordnung nur in einer absoluten Intelligenz gefunden werden könne.

Wenn hierin somit ein neuer Versuch geboten wird, um das alte metaphysische Problem des Zusammenhangs unter den Weltwesen zu lösen, so wird man dieser Hypothese wenigstens die Prädicate der Einfachheit, Natürlichkeit und Consequenz zugestehen müssen. Ja, sie schließt so sehr an das Thatsächliche sich an, daß man sie den metaphysischen Ausdruck der Gesammterfahrung nennen könnte. Alles beruht auf dem Gedanken von der Universalität der Raumexistenz, dessen sich unser natürliches Bewußtsein ohnehin nicht entschlagen kann; das Uebrige ist die nothwendige Consequenz davon, und auch das Verhältniß eines Ineinander von Seele (Geist) und Organismus ist eine natürliche, von selbst sich ergebende Folge daraus, keineswegs eine künstlich ersonnene, vereinzelt dastehende Hypothese. Aus diesem allgemeinern Gesichtspunkte besonders sucht die nachfolgende Schrift dies Verhältniß ins Licht zu stellen.

Wenn ich nunmehr noch nach einer andern Seite meines Einverständnisses wie meiner Differenz mit Lotze gedenken darf, so scheint er mir auch für die eigentliche Psychologie den völlig richtigen Ausgangspunkt genommen zu haben. Schon in seiner „Medicinischen Psychologie" (1852), ausgeführter noch im „Mikrokosmus" (S. 171, 175) weist er die Unmöglichkeit nach), die Seele aus einer Zusammensetzung vieler Wirkungen zu erklären, womit alle materialistischen Voraussetzungen von Grund aus abgewiesen sind. Die Seele ist ihm die substantielle Einheit eines in mannichfachen Wirkungen sich darstellenden, einer Entwickelung fähigen Wesens; und auch seine modificirte Wiedereinführung der Lehre von den drei Seelenvermögen („Mikrokosmus", S. 195, 196) dient uns zur weitern Bestätigung, daß sein Seelenbegriff mit der abstracten Einfachheit des Seelenwesens bei Herbart nichts gemein habe. Von hier aus jedoch nimmt er eine Wendung, zu welcher in jenem allgemeinen Grundbegriffe keine Nöthigung liegt; für Lotze ist, in Uebereinstimmung mit der alten spiritualistischen Lehre, die Seele ein lediglich bewußter Zustände, d. h. nur intensiver Veränderungen fähiges, somit völlig ausdehnungsloses Wesen, und nur soweit Bewußtsein sich erstreckt, reichen auch die Wirkungen der Seele. Dies letztere Axiom erscheint ihm so unwidersprechlich, daß er allein schon durch die wiederkehrende Bemerkung: wenn die Seele bei den organischen Functionen mitthätig wäre, so müßte sie davon wissen, würde Kunde haben von ihrer Beschaffenheit, was alles notorisch nicht stattfindet, — die entgegengesetzte Auffassung abgewiesen zu haben glaubt.

Dennoch finden sich nach anderer Seite hin Behauptungen und Zugeständnisse, deren innere Consequenz auch in diesem wichtigen Punkte eine Annähe-

*

rung zwischen uns hoffen läßt. Wenn Lotze überall mit entschiedenstem Nachdruck auf Anerkennung eines Grundbestandes apriorischer („angeborener") Wahrheiten im Geiste dringt, so glaube ich in der „Anthropologie" durchgreifend gezeigt zu haben, daß der Begriff eines Angeborenseins, überhaupt eines apriorischen Gehalts im Bewußtsein, so lange etwas Schiefes und Unklares behalte, als man denselben nicht in die (vorbewußte) Substanz des Geistes verlege und die „apriorischen Ideen", ganz den Trieben und Instincten vergleichbar, als vorbewußte, aber sicher wirkende Uranlagen und Grundtriebe des Geistes bezeichne, die ebendarum auch sein Bewußtsein mit ursprünglicher Nothwendigkeit beherrschen. Auch thut dieser, von uns vertretenen Auffassung entschieden Vorschub, was Lotze selbst („Mikrokosmus", S. 247, 248) mit treffender Bezeichnung über den Charakter des Apriorischen sagt, indem er es eine „unbewußte Gewohnheit" nennt, „nach gewissen, unbemerkt in uns wirkenden Ideen zu zu handeln und in der Erkenntniß der Dinge zu verfahren".*) Alles Apriorische ist demnach auch ihm

---

*) Auch die folgende Stelle drückt so sehr unsere eigene Meinung aus, daß wir die Worte hier anfügen: „In keinem andern Sinne sind sie mithin angeboren, als in dem, daß in der ursprünglichen Natur des Geistes ein Zug liegt, der ihn nöthigt, unter den Anregungen der Erfahrung unvermeidlich diese Auffassungsweisen des Erkennens auszubilden und daß nicht der Inhalt der Erfahrung sie ihm schon fertig zur bloßen

eine vorbewußte (in die bewußtlose Region des
Geistes fallende) Bedingung seines Bewußtseins. Und
hat Lotze überhaupt einmal in der entscheidenden Ein=
sicht Wurzel gefaßt, daß die Seele nicht blos ein lee=
res Gefäß oder ein formelles Substrat sei (vgl. „Mi=
krokosmus", S. 249), in welchem die Vorstellungsmassen
zusammenfließen, sondern eine reale, mit ursprünglichen,
ihre künftigen Lebensentwickelungen ideell anticipiren=
den Anlagen erfüllte Substanz: so fordert schon die
Folgerichtigkeit dieser Ansicht, nicht nur dem bewußten
Leben des Geistes solche innern Leiter zu gönnen,
sondern sie auch in die bewußtlos bleibende Region
der leibbildenden und leiberhaltenden Thätigkeit hinab=
reichend zu denken, noch dazu, wenn die Erfahrung
mit gebieterischer Nothwendigkeit uns zwingt, auch in
diesem Gebiete den Charakter vernunftgemäßer, seelen=
hafter Wirkungen anzuerkennen.

Wie dem aber auch sei, vorerst genügt die Aner=
kennung des Satzes: daß das Wesen der Seele weiter
reiche, als ihr jedesmaliges Bewußtsein reicht.
Will man diesen Satz mir zugestehen — und ich sehe
nicht ein, wie Lotze nach vorstehenden Erklärungen
sich dessen zu weigern vermag —, so wird man auch
allmählich mit den weitern Consequenzen desselben sich

Aufnahme überliefert, sondern daß es eben dieser Natur
des Geistes bedurfte, um durch die Eindrücke der Erfahrung
zu ihrer Bildung getrieben zu werden."

*2

befreunden. Alles, was ich beabsichtigte, war nur, dieser bisher völlig übersehenen, vorbewußten Seite des Seelenlebens ihr lange verkümmertes Recht zu verschaffen.

Mit jenem Zugeständniß ist endlich aber auch der Begriff einer Raumexistenz und eines Raumwirkens für die Seele gefordert, welchem beizustimmen Lotze jetzt noch weit entfernt ist und dabei in seinem Rechte sich befindet, solange er, die Seele als nur bewußtes, somit nur intensiver Veränderungen fähiges Wesen erklärt. Wie er indeß damit die Consequenz der soeben vernommenen Sätze retten will, muß ihm selbst überlassen bleiben. Gegen die absolute Raumlosigkeit der Seele tritt aber meine „Psychologie" (ein Punkt daher, der in der „Anthropologie" noch nicht zur Sprache kommen konnte) mit einer neuen Erfahrungsinstanz auf, welche auch in den folgenden Blättern besonders geltend gemacht werden durfte (§. 98, 99), da es im gegenwärtigen Werke einer vollständigen Erledigung dieser wichtigen Frage galt. Ich glaube infolge eines umständlichen Inductions= beweises erhärtet zu haben, daß die Seele unmöglich die Vorstellung eines Räumlichen gewinnen könnte, noch viel weniger aber jener ursprünglichen, von ihrem Bewußtsein unablöslichen Raumanschauung fähig wäre, welche sich erweislich doch in ihr gegeben findet, wenn dieselbe nicht den unmittelbarsten Ausdruck ihres eigenen Wesens enthielte. Die Thatsache ursprünglicher

Raumanschauung in unserm Bewußtsein ist daher das unmittelbarste Zeugniß von der eigenen räumlichen Beschaffenheit unserer Seele; denn nur aus dem Grunde ist der Raum schlechthin unabstrahirbar für unser Bewußtsein, ebenso wie die Vorstellung der Zeit (der Dauer und des Wechsels), weil beide von unserm ursprünglichen Selbstgefühle unabtrennlich sind.

Und so würde die Abrechnung zwischen Lotze und mir sich also stellen. Sein Seelenbegriff ist durchaus der richtige, aber er ist noch unvollständig; er müßte um die beiden wichtigen Bestimmungen erweitert werden, daß die Seele auch eine vorbewußte Region der Existenz und Wirksamkeit besitze und daß ihr (eben in dieser) Raumexistenz und Raumwirken beizulegen sei. Will er dieser Erweiterung sich geneigt zeigen — und wie dringende Veranlassung dazu in seinen eigenen Prämissen liege, dürfte sich gezeigt haben —, so ist keine principielle Differenz zwischen uns mehr vorhanden; jeder darf sich zum Mitarbeiter des andern erklären, indem der wissenschaftliche Gewinn, den jeder von uns auf seinem Wege erbeutet, zum gemeinschaftlichen Kapitale der Wahrheit geschlagen werden kann.

Dennoch bin ich durchaus dessen gewärtig, daß die von mir vertretene Ansicht, wenigstens für die geltenden Tagesmeinungen, noch lange den Eindruck des Befremdlichen, Ungewohnten behalten wird. Der Grund davon ist leicht zu finden: sie hat die beiden

jetzt herrschenden Schulen gleich feindlich sich gegen=
über, weil sie beider Einseitigkeiten bekämpft. So sind
sie beiderseits nur im Negativen, im Polemischen, mit
ihr einverstanden. Der Spiritualismus, welcher
noch immer die eigentliche Grundlage der gegenwärtigen
religiösen und ethischen Durchschnittsbildung ausmacht,
läßt sich die Widerlegung seines Hauptgegners gern
gefallen, wie sie aus unserer Lehre sich ergibt. Der
Materialismus umgekehrt hat die Gründe sich
trefflich anzueignen gewußt, mit welchen sie den spiri=
tualistischen Dualismus in jeder Gestalt bekämpft.
Beide aber zeigen sich gleich wenig gestimmt, auf das
Positive einzugehen und dem neuen, höhern Realis=
mus sich zuzuwenden, der, wie wir gezeigt zu haben
hoffen, den hohen und heiligen Interessen, welche der
Spiritualismus vertritt, volle Befriedigung schafft,
ohne im geringsten den gerechten Einwendungen seiner
Gegner Blöße zu geben.

Diesem zweideutigen und unentschiedenen Verhält=
nisse, soviel an uns liegt, ein Ende zu machen, ist ein
Hauptzweck der gegenwärtigen Schrift. Sie repro=
ponirt die Beweisgründe der „Anthropologie“ nur in
anderer Ordnung und in sorgfältigerer Ausführung,
dabei ohne jede directe Polemik wider die frühern
Gegner; und da unsere Ansicht nebenbei auch der
Vorwurf getroffen, sie sei mehr eine poetisch=ideale
Auffassung des Menschen, als eine streng wissenschaft=
lich durchzuführende Lehre, so sucht diese Schrift er=

neuert zu zeigen, wie sie ganz im Gegentheil auf der nüchternsten, aber vollständig gewürdigten Erfahrung beruht.

Der Verfasser wünscht diese entscheidendere Wendung seiner Sache auch noch aus einem andern Grunde. Er ist bereit, mit dem Werke, für welches die „Anthropologie" nur die grundlegenden Begriffe enthalten sollte, mit der „Psychologie", als der Lehre vom bewußten Geiste, öffentlich hervorzutreten. Aber er darf es nicht eher, als bis jener Realbegriff des Geistes allgemeinere Würdigung gefunden, indem der ganze Standpunkt, welchen die „Psychologie" von Anfang an voraussetzt, wie eine Menge von Einzeluntersuchungen derselben Werth und Verständlichkeit nur für den erhalten können, welcher sich über jenen Grundbegriff, wenigstens vorläufig, mit uns im Einverständnisse befindet.

Tübingen, im Juni 1858.

Der Verfasser.

Berichtigungen.

Seite 4, Zeile 9 v. o., statt: einschränkten, lies: eingeschränkten
„ 21, „ 14 v. o., st.: benen, l.: bem
„ 48, „ 12 v. u., st: Ansprüchen, l.: Aussprüchen

Inhaltsübersicht.

III. Urbewußtsein und Sinnenwissen.

IV. Das organische Doppelleben des Geistes.

Anhang.

I.

Verhältniß dieser Schrift zur „Anthropologie".

1. Der Zweck der nachfolgenden Erörterungen, wie der diesmal gewählten Vortragsweise, kann unsern Lesern kaum zweifelhaft sein. Es darf für ebenso erlaubt als zweckmäßig gelten, bei wichtigen, tief in die allgemeine Bildung eingreifenden Fragen den streng methodischen Vortrag einmal mit dem eines freiern persönlichen Bekenntnisses zu vertauschen; um in kurzen Sätzen ein Programm seiner Ueberzeugungen aufzustellen, in übersichtlicher Berichterstattung die entscheidenden Gründe und leitenden Motive hinzuzufügen und auch nicht zu verschweigen, wie die bisherige Kritik dazu sich verhalten habe, theils polemisch die aufgestellten Ansichten bekämpfend und berichtigend, theils sie weiterführend und bestätigend.

Dergleichen wissenschaftliche Herzensergießungen orientiren oft eindringlicher und nähern glücklicher die streitenden Parteien zu irgend einem vorläufigen Abschlusse, als langathmige wissenschaftliche Ausführungen oder wol gar eigentliche „Streitschriften" es vermögen, welche nur allzu leicht geeignet sind, den Stachel erneuerten Widerspruchs hervorzurufen, statt den Reiz annähernder Verständigung zu erwecken. Ohnehin aber sollten die Streitenden deß eingedenk bleiben bei allen Fragen, welche der Natur der Sache nach noch nicht entscheidungsreif sein können — und die „Seelenfrage" ist wenigstens in ihren Nebenbeziehungen von dieser Art, — daß ihr wahres Ziel und ihr eigentlicher Vortheil nicht darin besteht, den Gegner schachmatt zu machen, — denn die Partie kann von Beiden noch gar nicht zu Ende gespielt werden, — sondern mit überlegener Ruhe die möglichen Züge und Gegenzüge zu berechnen, um voraus zu beurtheilen, nach welcher Seite hin endlich wol der Sieg sich neigen werde.

Wie schon die Aufschrift des Gegenwärtigen bezeichnet, hat meine „Confession" die Absicht, auf den wesentlichen Inhalt der Anthropologie, ihn vertheidigend, berichtigend, neu begründend, zurückzukommen. Auf den wesentlichen Inhalt, sage ich; und unterscheide diesen ausdrücklich von den daran gereihten Nebenuntersuchungen, und von der Form und Anordnung des Ganzen. In Rücksicht der letztern hat ein einsichtsvoller Beurtheiler schon treffend bemerkt, das Buch gleiche weit weniger einem streng systematischen

Werke, als einer Reihe von Abhandlungen kritisch-
heuristischen Charakters, in denen von den verschiedensten Seiten her ein einziger Begriff, ein einfaches
Fundamentalresultat begründet werden solle. Und
wirklich kommt es mir nur auf das Letztere an. Die
untergeordneten daran gereihten Hypothesen gebe ich
willig Preis, wenn es nur gelingt, die Grundansicht
zu retten und bei der unleugbaren und zugestandenen
Paradorie, welche jene für die gewöhnliche Denkweise
behält, sie wenigstens im Gebiete der strengen Wissenschaft einzubürgern.

2. Hierdurch ist nun Umfang und Anordnung
der gegenwärtigen Schrift hinreichend bezeichnet.
Jenen Grundbegriff vom Seelenwesen aus all den
Umhüllungen herauszuschälen, die ihm eine verwickelte,
mit Kritik und Polemik durchflochtene Untersuchung
im frühern Werke gegeben hat, und nach seinen entscheidenden Beweisgründen neu darzustellen, wird das
nächste und das Haupterforderniß sein. Von da aus
wird es möglich werden, einen Blick auf die gesammte
Weltansicht zu werfen, in welche jener Begriff sich
einreiht, und innerhalb deren er erst allgemeinern
Werth und tiefere Bedeutung erhalten kann. Durch
diese letzte, weitergreifende Erörterung glauben wir
zugleich einen Punkt nachzuholen, welcher bei dem
Hauptwerke in den Hintergrund treten mußte; wir
meinen den innern Zusammenhang, in welchem unser
Begriff von Seele und Geist mit der gesammten von
uns vertretenen (bekanntlich monadologischen)
Weltansicht steht. Wenn wir in den letzten Abschnit-

1*

ten des gegenwärtigen Werks auf dies Verhältniß
einen Blick werfen, so geschieht dies in der ausdrücklichen Absicht, theils jene gesammte Weltansicht von
einer neuen Seite zu stützen, indem sich im Verlauf
unserer Untersuchung von neuem zeigen wird, wie
eine irgend ausreichende Erklärung der physiologischen
und psychologischen Phänomene gar nicht möglich sei,
ohne auf monadologische Voraussetzungen zurückzukommen; theils in welcher einschränkten Weise dennoch
diese Voraussetzungen nur bei uns Geltung haben, im
großen Unterschiede von den Ansichten der Herbart'-
schen Philosophie. Jene Seite der Sache hat zwar
auch die „Anthropologie" nicht unbeleuchtet gelassen;
doch mit Absicht hat sie einer eingehenden Erörterung
dieses Lehrpunktes sich enthalten, um nicht fremdartige
metaphysische Fragen ihrer empirisch-analytischen Untersuchung einzumischen. Vollends ungehörig wäre es
gewesen, auf die andere Seite der Sache einzugehen
und zu zeigen, warum der Begriff des Monadischen
kein letzter und definitiver sein könne, und in unserer
gesammten Weltansicht es auch nicht sei.

3. An gegenwärtiger Stelle bedarf es dieser doppelten Zurückhaltung nicht mehr; vielmehr ist es nöthig und wichtig, von Neuem auf das zwiefache Resultat hinzuweisen, den Vorurtheilen gegenüber, welche
in den Kreisen der Speculativen noch immer einer
relativen Anerkennung des monadologischen Princips sich entgegenstellen, und der absoluten Geltung
gegenüber, welche die Herbart'sche Philosophie für
dasselbe beansprucht. Doch berge ich nicht, daß auch

hier die metaphyſiſchen Fragen nur in zweiter Ord=
nung ſtehen und keinen Gegenſtand principiellen
Streites darbieten ſollen; den ganzen Nachdruck lege
ich auch bei dieſer Schrift darauf, die Anerkennung
des pſychologiſchen Reſultats in weitern Kreiſen und
entſchiedener zu fördern, als es bisher mir gelungen
zu ſein ſcheint.

Und ſo ſei denn geſtattet, jenes Hauptreſultat
gleich hier mit einfachen Worten auszuſprechen, wel=
ches die „Anthropologie" in den verwickelten Win=
dungen ihrer Unterſuchung vielleicht nicht ſo klar
hervortreten ließ.

4. Der Geiſt hat nicht blos aprioriſche Beſtand=
theile (Urerkenntniſſe, Urgefühle, Urſtrebungen) in ſei=
nem Bewußtſein; — wenn es hoch kam, ſchwang
ſich die Pſychologie ſeit Kant bis zu dieſer allerdings
wichtigen, aber unvollſtändigen Einſicht auf, — ſondern
er iſt nach ſeinem eigentlichen Beſtande ſelbſt ein
aprioriſches, vorempiriſches Weſen; und zwar nicht
blos in Geſtalt eines unperſönlichen Pneuma, einer
abſtract allgemeinen „Vernunft", wie Hegel dieſe
Transſcendenz faßte; — denn abgeſehen von den ein=
zelnen pſychologiſchen Schwierigkeiten, in welche dieſe
Hypotheſe verwickelt*), weiß die Beobachtung von
einer ſolchen uniformen Geiſtesbeſchaffenheit des zum
vollen Selbſtbewußtſein entwickelten Menſchen nicht
das Geringſte zu melden, ſondern nur vom Gegen=
theile, von erſtarkterer Eigenthümlichkeit. Vielmehr

*) Vgl. „Anthropologie", §. 55—59.

ist der Geist in seiner präexistirenden Wurzel schon als individualisirter, als Keim einer Eigenpersönlichkeit zu denken, so gewiß der Erfolg seines Sinnen- und Zeitlebens nur also ihn zeigt, und es ein Widerspruch wäre anzunehmen, daß dies Individuelle erst von außen ihm angebildet werde, zufälliges Product eines Zusammentreffens äußerer Umstände sei.

Diesem Erfahrungsbegriffe mußte die „Anthropologie" nun auch bei allen einzelnen Fragen gerecht werden, vom Probleme der Zeugung an, wo es sich als unmöglich erwies, dies geistig Individuelle im Zeugungsacte erst entstehen zu lassen, bis zu der Frage nach dem Verhältniß von Leib und Seele, wo die letztere nach diesen Prämissen in ein weit innigeres, und zugleich beherrschenderes Verhältniß zu ihrem Leibe gestellt werden mußte, als die hergebrachten Vorstellungen es gestatten.*) Wenn endlich dadurch

---

*) Lotze hat in seiner „Streitschrift" gegen mich (S. 130) mit gelind ausgedrücktem, aber höchst berechtigtem Spotte einer „organischen Durchduftung" erwähnt, welcher ich die Seele in Bezug auf den Körper unterwerfen soll. Ein allerdings lächerlicher Mißgriff, wenn ich ihn verschuldet hätte! In meiner „Anthropologie" kommt dieser Ausdruck nirgends vor; er kann nur von einem unangezeigt gebliebenen Druckfehler in einem frühern Aufsatze meiner „Zeitschrift für Philosophie" (XXV, 66, über die „Seelenlehre des Materialismus") herrühren, wo der schalkhafte Setzer mich von einer „wirksamen Durchwehung" des Leibes von der Seele sprechen läßt. Es soll aber Durchwohnung heißen,

dem Geiste eine Art von Präexistenz vor dem eignen
bewußten Leben beizulegen nothwendig wurde, so er=
hob sich die Frage über die nähere Beschaffenheit
einer solchen und über die allgemeine Analogie nach
der dieselbe zu denken sei.

5. Auch hierüber ließen uns allgemeine Naturanalo=
gien nicht im Stiche. So gewiß es unmöglich bleibt,
die höheren Daseinsstufen in der Natur, das Pflan=
zen= und das Thierleben aus bloßer Steigerung un=
organischer Stoffe und Processe herzuleiten, so gewiß
aber die vollkommneren Pflanzengattungen und höhe=
ren Thiere die spätern sind und der Mensch die
allerspäteste Erderscheinung, während es doch ebenso
unmöglich ist, das höhere Thier oder den Menschen
durch allmälige Entwickelung aus den niedrigeren
Thieren erklären zu wollen; so gewiß daher jede in
sich abgegrenzte Thier= und Pflanzengattung als ihr

und die Stelle lautet verbessert im Ganzen so, daß ich auch
jetzt mich zu ihr bekennen darf: „Kann man nun dennoch aus
den allertriftigsten Gründen, welche unter anderm auch aus
der Widerlegung des Materialismus sich ergeben werden, den
Begriff der Seele als einer realen, vom Leibe zu unterschei=
denden Substanz darum keineswegs preisgeben, worüber
Lotze als entschiedenster Gegner des Materialismus und nach
seinen sonstigen Principien gewiß mit mir einverstanden ist:
welches andere Verhältniß der Seele zum Leibe bleibt hier
übrig, als das einer wirksamen Durchwohnung, oder,
wie wir es bezeichnen, einer «dynamischen Allge=
genwart» derselben im ganzen Nervensystem und
Organismus?"

eigner Anfang und eigner Erklärungsgrund zu denken
ist*): so entsteht für die gesammte Naturwissenschaft
ein sehr universaler Begriff der Präexistenz, von
welcher die des menschlichen Geistes nur ein beson=
derer Ausdruck und eine einzelne Folge ist. Jedes in
sich geschlossene (individualisirte) Naturwesen, — inner=
halb der lebendigen und seelischen Natur die Pflanzen=
und die Thiergattungen, innerhalb der geistigen
Sphäre der Einzelgeist des Menschen — muß ewig
präexistiren, wenn es möglich sein soll, daß
es zeitlich seine Eigenthümlichkeit zur Er=
scheinung bringe; denn keine dieser Eigenthümlich=
keiten ist eine beliebig so oder anders zu denkende oder
nur zeitlicher und zufälliger Weise entstehende, sondern
jede ist integrirender Theil eines geschlossenen Ganzen
in seiner Art, und ewig hineinberechnet in die be=
sondere, wie in die allgemeine Harmonie der Welt.

Und so muß man dem, wie sich ergibt, ganz un=
abweislichen Begriffe universaler Präexistenz auch in
der Psychologie Eingang verstatten und genau ihn
anreihen an die Naturanalogien, auf welche uns die
geologische Geschichte der Erde hinleitet. Auch hier
existiren schon auf ewige Weise die künftigen Pflanzen=
und Thiergeschlechter und sind in ihrer ganzen Eigen=
thümlichkeit schon vorhanden; denn diese gerade gibt

---

*) Man vergleiche im Anhange die erste Anmer=
kung „über die Geschichte der Schöpfung in ihrem Verhältnisse
zum Theismus", indem das dort Nachgewiesene die hier ge=
zogenen Folgerungen bestätigt.

ihnen ihre unverlierbare Stellung im ewigen Weltplane. Zeitliche Existenz aber gewinnen sie erst dann und nur so lange, wenn der Lebensstoff und die äußern Bedingungen ihrer Verwirklichung im Wechsel der Erdepochen mit jener ewigen Uranlage zusammen=treffen. Ganz analog verhält es sich mit der Geistes=monade; sie bedarf des seelisch=organischen Verleib=lichungsprocesses, um der Bedingungen des Bewußt=seins theilhaftig zu werden. Sobald dieser Lebensstoff ihr geboten ist — was ohne Zweifel im Zeugungs=acte geschieht —, beginnt sogleich der ganze Verzeit=lichungsproceß, zunächst als Verleiblichung, so=dann als Bewußtwerden, in welchem Allen jedoch nur die Ureigenthümlichkeit des Geistes Gestalt ge=winnen und zu sich selbst kommen kann, so gewiß überhaupt und in allen Fällen allein das=jenige in zeitliche Entfaltung auseinander=treten kann, was schon in ᵉwiger Einheit und Umschlossenheit vorgebildet ist.

6. Dies das Ergebniß, zu welchem eine consequent sich abschließende Naturbetrachtung unvermeidlich ge=langen muß, während darin die nothwendigen Vor=aussetzungen wirklicher Erfahrung nirgends überschritten werden. Dies auch die Grenze, in welcher die „Anthropologie" mit Vorbedacht sich ge=halten hat. Theologische Erörterungen sind durchaus davon abzuscheiden. Man könnte nämlich behaupten und hat behauptet, daß durch den Willen Gottes aus dem „Nichts" hervorgerufen, die spätern Geschöpfe erst hinzugekommen seien zu dem frühern Weltzu=

stande. Man könnte in gleicher Analogie behaupten wollen und hat behauptet, daß die Menschenseelen jedesmal neu hinzugeschaffen würden zum Leibe, der seinerseits in der Zeugung formirt werde. Ueber so willkürliche Annahmen zu streiten, verlohnt in Wahrheit kaum der Mühe; denn wir greifen hiermit überhaupt in die Region unentscheidbarer Fragen hinüber, weil keinerlei wirkliche Erfahrung bis dahin hinaufreicht. Es ist und bleibt das Gebiet ungewisser Vermuthung, nie abzuschließenden Verhandelns, welches man wohlthut von dem Umkreise erreichbaren Wissens so scharf als möglich abzuscheiden. Wenn aber jene Hypothese des besondern Glaubens lebt, vorzugsweise die theistischen Interessen zu vertreten, so ist ihr schon mehr als einmal gezeigt worden, daß sie sich im Irrthume befinde, ja wie kleinlich und anstößig überhaupt sie erscheinen müsse der großen, gerade durch empirische Betrachtung* sich aufdrängenden Idee einer vollendeten, keiner Nachbesserung und keinerlei Nachtrages bedürfenden Schöpfung, welche wir in dem bis ins Einzelnste gegliederten Kunstwerke des Wirklichen thatsächlich vor uns ausgebreitet sehen.

7. Wie sich dies indeß auch verhalte, es bleibt ferner zu erwägen, daß meine ganze Grundansicht sammt ihren nothwendigen Consequenzen auch darum nichts Willkürliches oder Beliebiges sei, weil sie als lange vorbereitetes Ergebniß der gesammten Geschichte der Psychologie sich erweist. Sie ist nur das letzte Wort und die nothwendige Folge einer langen, aber sichern Entwickelung, welche das gründliche Studium der

geistigen Natur des Menschen durchlaufen hat. Um
hier von Leibniz zu schweigen und den frühern Den=
kern insgesammt, welchen die folgenreiche Erkenntniß
aufgegangen war, daß das menschliche Bewußtsein
„ewiger Wahrheiten" mächtig sei: — wie anders
wollen wir die letzte Consequenz von Kant's Idealis=
mus und seiner noch nicht widerlegten Beweisführung:
„daß im menschlichen Bewußtsein ein apriorischer,
aller Erfahrung vorausgehender und sie allererst
möglich machender Inhalt gefunden werde"; — wie
anders wollen wir die letzte Consequenz dieser großen
Entdeckung uns deuten, denn also, daß der Geist auch
realiter eine (irgendwie zu denkende) Existenz
oder Daseinsform vor seinem Erfahrungsdasein
und dem eignen Bewußtsein dieser Erfahrung be=
sitzen müsse?

Hiermit ward von Kant ein Gebiet transscenden=
taler Präexistenz in der empirischen wenigstens im
Allgemeinen und wie in unbestimmter Ferne gezeigt,
wobei wir nur an den merkwürdigen Begriff eines
„homo noumenon" erinnern wollen. Es war das
großartige Aperçu J. G. Fichte's, die eigentliche That
dieses Denkers, jenes Gebiet bestimmt zu entdecken
und der philosophischen Untersuchung als ihr eigent=
liches Ziel zu bezeichnen. Dahinein pflanzte er sein
„unendliches Ich", aus welchem er alle vorbewuß=
ten Bedingungen des „endlichen Ich", des empiri=
schen Bewußtseins abzuleiten unternahm: ein kühner
Versuch, das neuentdeckte Gebiet in kurzem Anlauf
zu erobern, wo bei der unvollständigen Vorbereitung

zu dieser Aufgabe große Lücken übrig bleiben mußten. Das Charakteristische seines Standpunktes ist, daß in jene transscendentale Region das Individuelle, Persönliche nicht hinaufreicht: das endliche Ich, das persönliche Bewußtsein ist Product einer Beschränkung, einer „Theilbarkeit" des unendlichen Ich und fällt somit dem Gebiete der Endlichkeit und der bloßen Erscheinung zu. Der folgenreiche Irrthum der nächsten Systeme kündigt hier in den ersten Spuren sich an, mit Rückkehr zu Spinoza unbehutsamer Weise die Begriffe des Endlichen und des Individuellen ineinanderfallen zu lassen. Wie Fichte's Lehre im Ganzen ihrer Entwickelung diese Schranken durchbrach und wenigstens im sittlichen Ich zur Anerkenntniß des Princips der Persönlichkeit gelangte, ist in unserer „Geschichte der Ethik" nachgewiesen.*)

8. Hegel hat es in Betreff dieses Cardinalpunktes zu keinen andern Resultaten gebracht, vielmehr auch in diesem Theile seiner Lehre nur Fichte's Grundgedanken weitergebildet. Auch ihm fehlt gänzlich und principiell, ja mit entschiedenster Zurückweisung desselben, der Begriff endlicher Substantialität. Um so stärker betont er den Begriff der Transcendenz und Präexistenz des Geistes, ohne gerade dieser Ausdrücke sich zu bedienen; denn seine ganze Lehre vom „absoluten Geiste" hat nur auf diesem Boden erwachsen können.

------

*) „System der Ethik", erster kritischer Theil (Leipzig 1850), S. 163 fg.

Dagegen bleibt es Hegel's Verdienst, den Begriff des Geistes, der „Vernunft", wie Kant überhaupt ihn wieder neu entdeckt, Fichte als das Producirende des Bewußtseins bezeichnet hatte, in die Psychologie, mit dem ersten Versuche einer völligen Umgestaltung derselben von hieraus, eingeführt zu haben. Ihm verdankt die neuere Psychologie den zur bestimmtern Ausführung gekommenen Gedanken (denn der allgemeine Begriff einer solchen Entwickelung findet sich schon bei Steffens, ausdrücklicher und ausgeführter bei Troxler): daß dasjenige, was der Geist „an sich" (apriorischer oder präexistentieller Weise) schon ist, zufolge seiner Entwickelung nun auch „für ihn" werde. Es wird nachgewiesen, wie der Geist an der äußern Natur und aus seinen eignen natürlichen Bedingungen zu Sich selbst kommt, sein Ansich zum Selbstbewußtsein herauslebt. Treffend nennt dies Hegel das „Zusammenschließen des Geistes mit sich", sein „Sich zu sich selbst Hervorbringen". Hiermit ist einestheils (antimaterialistisch und antisensualistisch) das über die Natur Hinaussein des Geistes, anderntheils (idealistisch) die Apriorität, innere Ewigkeit und Ursprünglichkeit der Substanz des Geistes, sein Sichselbervorausgehen, so nachdrücklich bezeichnet, daß für das Zeugniß der Wahrheit kaum Etwas zu wünschen übrig bleibt.

Durchaus verdorben wird alles dies Treffliche jedoch durch das nirgends bewiesene, überall blos stillschweigend vorausgesetzte Vorurtheil, daß das Individuelle das nur Endliche, Unwahre, Aufzuhebende sei, jener im menschlichen Bewußtsein zu sich selbst kommende apriorische Geist sei somit nur als unpersönliches Pneuma, als allgemeine Vernunft zu denken, ja sei eigentlich der (sich im Menschen individualisirende) Geist Gottes selber; das Ziel der ganzen Bewußt= seinsentwickelung könne daher kein anderes sein, als diese Allgemeinheit (im Ich = Ich) auch für das Be= wußtsein herzustellen. In welche Gewaltsamkeiten und Widersprüche gegen den wahren und unbefangenen Ausdruck des menschlichen Selbstbewußtseins Hegel durch jene ganze Auffassung sich hineingearbeitet habe, wie es überhaupt völlig unmöglich bleibe, aus pan= theistisch = monistischen Principien die Beschaffenheit unsers Bewußtseins zu erklären, oder, was dasselbe bedeutet, eine consequente Psychologie auf sie zu grün= den; dies hat die „Anthropologie" ausreichend ge= zeigt. Und wenn Hegel im Ich=Ich die Gegenwart des allgemeinen Begriffes, des Denkens, in der Seele und darin die Aufhebung des Scheins ihrer Individuali= tät findet, so ist ihm darin die Verwechselung nach= gewiesen worden, daß darum, weil die Ichvorstellung uns Allen gemeinsam und für uns Alle die gleiche ist, noch keineswegs folge, daß dies lediglich for= male und an sich leere Schema auch das con= crete **Wesen** unsers Geistes bezeichne oder im Geringsten erschöpfe.*) Hier jedoch legen wir den Nachdruck nicht mehr auf die Irrthümer,

---

*) „Anthropologie", §. 49 u. 58—60. Vgl. S. 144.

welche Hegel dem starr festgehaltenen Monismus verdankt; hier hat nur für uns Werth der auch von
ihm vertretene große Gedanke von der Apriorität und
innern Ewigkeit der Substanz des Geistes, gleichviel
zunächst, ob diese Substanz abstract monistisch oder,
wie die Erfahrung es fordert, individualistisch gedacht werde. Vielmehr hat das entschiedene Hervor-
kehren des Monismus bei Hegel indirect der Wissenschaft den Vortheil gebracht, seine Schwäche zu entdecken und von ihm selber aus zum Individualismus als dem nothwendig ergänzenden Gedanken
die Brücke zu schlagen.

9. Hierin liegt nun die große kritische Bedeutung,
welche wir der Herbart'schen Untersuchung über den
(Fichte'schen) Begriff des reinen Ich beilegen mußten.
Herbart hat bewiesen und dadurch mittelbar, ohne es
selbst zu beabsichtigen, der ganzen monistischen Psychologie und so auch Hegel's Ergebnissen ein Ende
gemacht, oder besser: sie berichtigt und zu weiterer
Entwickelung veranlaßt. Er hat dargethan, daß die
Ichvorstellung durchaus nichts Allgemeines sein,
noch etwas Allgemeines bezeichnen könne; sie
bildet sich nur vom Standpunkte des individuellen
Subjects und bleibt Ausdruck desselben. So viel
Iche daher, ganz ebenso viel Zeichen und Merkmale
einer individuellen Seele. Herbart hat damit
für immer der Psychologie das Princip des
Individualismus gesichert.*)

*) „Anthropologie", §. 65.

Was aber sodann den noch wichtigern Begriff
der Apriorität des Seelen= (oder Geist=) Wesens
betrifft, so ist in der ganzen Herbart'schen Psychologie
kein allgemeiner Satz und kein Einzelergebniß anzu=
treffen, welches demselben widerspräche oder ihn aus=
schlösse. Im Gegentheil liegt dieser Gedanke, wie
eine noch unentwickelte, aber deutlich erkennbare Vor=
aussetzung im Hintergrunde der ganzen Lehre; und
es bedarf nur weiterer Ausbildung derselben, es be=
darf vor Allem der Ausdehnung ihrer Principien auf
Thatsachen, denen sie bisher keine Beachtung zuge=
wendet, um sie zu veranlassen, auch mit ausdrücklichem
Bewußtsein sich zu ihm zu bekennen.

Nach Herbart ist die Seele ein einfaches, unzer=
legbares Reale; für ihr Vorstellen empfängt sie
keinen Stoff von außen; vielmehr sind die Vor=
stellungen nur vervielfachte Ausdrücke für die innere,
eigene Qualität der Seele. Im sinnlichen Vor=
stellen daher bildet sie nicht die äußere Qualität des
sie afficirenden Realen, sondern die eigenthümliche
Selbsterhaltung ab, zu welchem sie durch die Affection
erregt wird. Dies entschieden antisensualistische, ja
ächt idealistische Resultat, — sichert es nicht über=
haupt der Seele die Stellung eines mitten im Sinn=
lichen durchaus jenseitigen, der „Sinnenwelt" nicht ange=
hörenden Wesens, da sie ja auch nach Herbart dies Sin=
nenbewußtsein aufs Eigentlichste aus sich producirt?
(Denn daß nach Herbart's genauern Bestimmungen,
— die indeß bei weiterer Entwickelung der Lehre sich

bereits als unzulänglich erwiesen haben *), — das
Vorstellen nur ein inneres Geschehen an der Seele,
dem an sich einfachen, vorstellungs- und bewußtlosen
Wesen, nicht etwas eigentlich von ihr Erzeugtes oder
Bewirktes sei, dieser Nebenumstand ändert bei der hier
verhandelten Frage an jenem idealistischen Grundre-
sultate nicht das Mindeste.)

Fügen wir noch hinzu, was Herbart, bei Gelegenheit seiner Betrachtungen über den künftigen Zustand
der Seele nach dem Ablegen des Leibes **), von der
Bedeutung der (äußern) Leiblichkeit für die Seele
und ihre Vorstellungsprocesse behauptet, — Betrachtungen übrigens, welche, trotz ihrer schwankenden und
ungewissen Haltung im Einzelnen, den tiefsten Einblick
gestatten in den innern Geist der ganzen Lehre und
auch darüber keinen Zweifel lassen, wie sehr ihr Urheber von der Möglichkeit einer weitern Ausbildung
ihrer Principien durchdrungen war: so kann man sich
der Ueberzeugung kaum erwehren, daß Herbart einer
Erweiterung im analogen Sinne, wie wir sie beabsichtigen, principiell nicht entgegengewesen wäre, vorausgesetzt nämlich, worin wir völlig mit ihm übereinstimmen, daß „die nothwendige Entwickelung der
Erfahrungsbegriffe" dazu gebieterische Veranlassung geben würde!

10. Indem nun die „Anthropologie" diese Erb-

---

*) Vgl. „Anthropologie", S. 148.

**) „Lehrbuch der Psychologie", dritte Auflage (Leipzig 1850),
S. 171—174.

Fichte, Zur Seelenfrage.   2

schaft ihrer Vorgänger antrat, mit dem vollkommenen Bewußtsein ihres Werthes und mit der deutlichen Einsicht ihres wahren Ergebnisses: konnte sie sich zu andern Grundüberzeugungen bekennen, als wie sie in ihr vorliegen? Und wenn sie deshalb den Vorwurf idealistischer Ueberspannung und eines fast ascetischen Herabsetzens des Leibes und Sinnenlebens auf sich geladen hat, so mögen die solchen Betrachtungen Abgeneigten wohl sich prüfen, wo eigentlich der Grund ihres Widerstrebens liege: ob im Wesen des betrachteten Gegenstandes selbst, der eine solche Auffassung erfahrungsmäßig geradezu ausschließe; ob nicht vielmehr in der Trägheit hergebrachter Vorurtheile, welche mit der erweiterten Beobachtung auch auf erweiterte Gesichtspunkte der Theorie nicht eingehen will. Denn wenigstens das muß man uns zugestehen, daß was wir behauptet, nicht einer aprioristischen Theorie zu Gefallen blos postulirt, sondern auf den Anlaß wirklicher Thatsachen und zur Erklärung derselben gewonnen worden, daß es außerdem noch das Endergebniß der ganzen bisherigen Psychologie sei.

Hier bleibt also nur die Alternative übrig: entweder den Gesammtgewinn einer jahrhundertelangen Entwickelung der Seelenlehre geradezu preiszugeben und für nicht vorhanden zu erachten, oder wenigstens in die Prüfung der Resultate einzugehen, welchen die Anthropologie sich zugewendet hat; denn nicht willkürlich oder sprungweise, sondern in genauem Anschlusse an den Gesammtertrag der Vergangenheit sind diese errungen worden.

II.

Das menschliche Seelenwesen oder der „Geist".

11. Ausdrücklich hat die „Anthropologie" sich angekündigt als ersten vorbereitenden Theil für einen zweiten: die „Psychologie", welcher die Lehre vom bewußten Geiste zuzuweisen sei. In welchem Sinne indeß jenes Verhältniß zu fassen, zu welchem Ergebniß sodann jene vorbereitenden Untersuchungen geführt haben: das scheint nicht von allen meinen Beurtheilern vollständig erkannt, wenigstens nicht überall richtig bezeichnet zu sein. Ich erkläre mich näher.

12. Um die bewußten Zustände des Geistes zu begründen, worin wol nach allgemeinem Zugeständnisse die eigenthümliche Aufgabe der Psychologie besteht, muß vom unbewußten Zustande desselben ausgegangen werden, oder, was dasselbe bedeutet: vom

2*

Geiste, als schon entfalteter, in sich reflectirter Sub=
jectivität, zurückgegangen auf sein noch unreflec=
tirtes, substantielles Wesen. Diese Untersuchung
schließt eine doppelte, sachlich zwar nicht zu tren=
nende, begriffsmäßig aber wohl zu unterscheidende
Frage ein.

13. Dem Bewußtsein actu muß Bewußtsein in
bloßer Potentialität zu Grunde liegen, d. h. ein
Mittelzustand des Geistes, in dem er, noch nicht
bewußt, dennoch den specifischen Charakter der Intel=
ligenz objectiv schon an sich trägt; aus diesen Be=
dingungen vorbewußter Existenz sodann muß das
wirkliche Bewußtsein erklärt und stufenweise entwickelt
werden. Dies ist der erste Gesichtspunkt der
Untersuchung: Genesis des Bewußtseins aus den
Bedingungen einer vorbewußten Existenz des
Geistes.

(Einer „vorbewußten", sagen wir, nicht „unbe=
wußten"; denn der Geist ist niemals von blos ob=
jectiver oder dinglicher Beschaffenheit. Dies ist
eins der am vielseitigsten und motivirtesten ausgeführ=
ten Ergebnisse unserer „Anthropologie" in ihrem
kritischen wie theoretischen Theile. Das Vermögen
des „Bewußtseins", der Selbstverdoppelung und
Rückkehr in sich, ist ein durchaus ursprüngliches und
eigenthümliches, weder erklärbar aus dem Zustande
blos einfacher Objectivität noch aus bloßer Hinzu=
nahme einer zweiten, den ersten Zustand abspie=
gelnden Vorstellungsreihe; denn diese Annahme
würde nur eine Spiegelung überhaupt, nicht aber

den Zustand der Selbstspiegelung erklären, in welcher gerade das Bewußtsein besteht und die in der Vorstellung des Ich culminirt. Der Geist ist daher, um dieser ursprünglichen, weder aus etwas anderm zu erklärenden, noch von außen in ihn hineingetragenen Eigenschaft des Bewußtseins, ein Wesen eigener Art; er bildet in der Reihe der Dinge eine Wesensstufe für sich. Um desto bedeutungsvoller muß der Anthropologie der Umstand entgegentreten, daß jene ursprüngliche Eigenschaft des Bewußtseins dennoch in der unmittelbaren Existenz des Geistes nicht gefunden wird. In seinen Anfängen ist er noch im Mittelzustande träumender Bewußtlosigkeit befangen, denen er erst stufenweise sich entwindet. So mußte es die weitere Aufgabe der Anthropologie werden, ebenso das Charakteristische jener noch nicht zum Bewußtsein gelangten Geistigkeit, wie den Grund dieser Gebundenheit des Bewußtseins zu erforschen. Ueber das Ergebniß später.)

14. Auf der Stufe des Bewußtseins tritt aber der Geist zugleich in eine Mannichfaltigkeit von Bewußtseinsunterschieden auseinander, während er doch in diesen Unterschieden realiter Eins ist, im vollbewußten Zustande als Eins sich weiß.

So geht mit dem ersten Gesichtspunkte der Untersuchung (§. 13) der zweite Hand in Hand. Wenn wir das Bewußtsein aus vorbewußten Bedingungen zu erklären suchen, so bezeichnen diese zugleich das untheilbare, substantielle Wesen des Geistes; und es muß daher zur besondern (übrigens der eigentlichen

Psychologie zu überlassenden) Frage werden, wie aus jener einfachen Substantialität des Geistes nicht nur eine unendliche Mannichfaltigkeit einzelnen Vorstellungs=inhaltes, sondern gewisse bleibende Grundunterschiede in der Richtung des Bewußtseins entstehen können, welche als Erkennen, Fühlen und Wollen bezeichnet werden.

15. Das Verfahren in Untersuchung beider Fra=gen (§§. 13 und 14) kann nur den Verlauf nehmen, daß man aus den Grundthatsachen, welche im wirk=lichen Bewußtsein vor uns liegen, zurückschließe auf die (verborgenen) Bedingungen im Geiste, welche jene Wirkung hervorzubringen im Stande sind. Wir geben hier einen (übrigens unvermeidlichen) Cirkel des Verfahrens zu: aus den Leistungen des Geistes in seinen bewußten Acten schließen wir zurück auf seine vorbewußten Fähigkeiten und auf seine ganze substan=tielle Natur. So setzt die Anthropologie offenbar schon gewisse psychologische Resultate für sich voraus; und dennoch soll sie nach gegenwärtiger Behandlung die nothwendigen Voruntersuchungen zu einer solchen enthalten. Dieser methodische Cirkel ist jedoch ganz und gar kein anderer, als der in jeder auf Induction beruhenden Erfahrungswissenschaft uns begegnet und hier vollkommen gerechtfertigt ist. Jede „Theorie" hat ursprünglich nur auf regressivem Wege, durch Induction und Analyse der charakteristischen That=sachen, den gemeinsamen Erklärungsgrund derselben gewinnen können, um nun, wenn er sicher gefunden, dies heuristische Verfahren aufzugeben, und auf dem

Wege der Deduction, durch erschöpfende Erklärung der Thatsache aus jenem Begriffe, die Richtigkeit der ganzen Theorie zu erhärten.

16. In vorliegendem Falle ist nun die Anthropologie um so mehr im Stande, solche Voruntersuchungen der eigentlichen Psychologie voranzustellen, als sie dabei auf eine bedeutende historische Entwickelung der letztern zurückblicken und deren kritisches Ergebniß den festen Resultaten jener Voruntersuchung beizählen darf. Hierüber haben wir bereits im Vorigen (§§. 7—10) uns verbreitet und können nunmehr dies Ergebniß in folgende drei Sätze zusammenfassen:

a. Der menschliche Geist ist individuelle Substanz.

b. Das ihm beizulegende Vermögen des Bewußtseins („Vorstellens") ist seine ursprüngliche, keineswegs blos per accidens ihm zukommende Eigenschaft.

c. Der Geist ist endlich nicht blos dies leere Vermögen des Vorstellens, ein inhaltsloser Spiegel, der seine Erfüllung erst von außen (durch die „Erfahrung") zu erwarten hätte; sondern er besitzt ursprünglich (vorempirisch) schon gewisse Grundanlagen, deren Wirkung eben am Bewußtseinsprocesse hervortritt, in welchem sie selber zur Sichtbarkeit gelangen.

17. Durch den ersten Satz (a) wird die moni=
stisch=pantheistische Hypothese beseitigt, daß das mensch=
liche Subject substanzlos, ein blos flüssiger Moment,
gesetzte und wiederaufgehobene Erscheinung eines All=
gemeingeistes, als des allein Substantiellen in ihm
sei. Der Begriff des Individualgeistes ist gerettet,
das monadologische Princip an diesem Theile zu sei=
ner Geltung gebracht. Daß dieser Begriff jeden=
noch keineswegs ein letzter und höchster sei, daß vielmehr
durch jene Individualgeister hindurch eine höhere Einheit
sie durchgeistend walte, dies übersieht andererseits die
Anthropologie so wenig, daß sie im Gegentheil aus
jener Unterschiedlichkeit und dem Anerkennen des In=
dividualismus den directesten Beweis eines nun eben
höhern oder gesteigerten Monismus schöpft; aus welchen
vollständigen Gründen und in welchen bestimmten Be=
zügen, dies kann freilich erst die „Psychologie" in einer
ausgeführten Ideenlehre nachweisen. Hier aber ist schon
die Warnung auszusprechen, daß es höchst übereilt wäre,
den Gedanken jener höhern Einheit sofort schon zum
Wesen Gottes zu hypostasiren. Die Feststellung
dieses Fragepunktes bedarf vielmehr der umsichtigsten
Erwägungen, worüber in den spätern Abschnitten ge=
genwärtiger Schrift ein Mehreres.

18. Der zweite Satz (b) berichtigt Herbart's
ursprüngliche Auffassung, welcher die Vorstellungen
gleichsam ablöst von der Seele, „dem an sich ein=
fachen, vorstellungs= und bewußtlosen We=
sen", und sie wie selbständige Elemente an ihr oder
in ihr behandelt. Das Ungenügende oder Unvoll=

ständige dieser Erklärungsweise hat sich uns ergeben; aber auch im Kreise der Herbart'schen Schule ist ihr schon die nothwendige Berichtigung zu Theil geworden. Drobisch, wol der Einzige, welcher die Herbart'sche Psychologie selbständig weiter geführt, da Lotze bekanntlich die solidarische Verbindung mit diesen Principien entschieden von sich ablehnt, — Drobisch hat die hier obwaltende Lücke glücklich ausgefüllt: die Seele ist ihm ein ursprünglich und unabläſſig vorstellendes Wesen, dessen Thätigkeit im bestimmten Falle der Hinderung, in ein Streben vorzustellen, sich verwandelt. (Vgl. „Anthropologie", §. 66, S. 148.)

19. Durch diese, wie es zunächst scheinen könnte, unbedeutende Veränderung vermag dennoch Herbart's Psychologie die wesentlichste Erweiterung, ja einen völlig andern Charakter zu gewinnen. Nicht nur den höchst fruchtbaren Gedanken der Leibniz'schen Seelenlehre und Metaphysik von den bewußtlosen Vorstellungen hat sie damit in sich aufgenommen, sondern sogar dem großen, in seinem unvergänglichen Werthe bestätigten Grundaperçu des Idealismus hat sie sich angenähert: daß zwischen dem Subjectiven und Objectiven, dem Bewußtsein und dem Bewußtlosen, kein Gegensatz, sondern nur ein Gradunterschied obwalte. Die Gesammtheit der vorbewußten (organischen) Seelenzustände ist ihrer innern Wirkung und ihrem eigentlichen Charakter nach schon ein Vorstellen, ohne aber „die Schwelle des Bewußtseins" zu erreichen. In diesem einfachen Gedanken liegt

nichts Geringeres als eine neue Zukunft für die Psy=
chologie, wie für die Frage nach dem Verhältnisse
von Leib und Seele. Die „Anthropologie" ihrerseits
hat nichts anderes versucht, als diesem Gedanken eine
concrete, Hand in Hand mit der Erfahrung
gehende Ausbildung zu geben. Wenn sie daher im
morphologischen und im Lebensprocesse ein solches,
Raumgestalten entwerfendes Vorstellen wirksam er=
blickt, welches, wegen seiner offenbaren Analogie mit
den Kunsttrieben der Thiere oder in höchster Potenz
sogar mit der schöpferisch bildenden Künstlerphantasie,
wol als „leibgestaltende Phantasiethätigkeit der Seele"
bezeichnet werden darf: so glaubt sie damit doch nur
treu und treffend den eigentlichen Charakter der Er=
fahrung wiedergegeben zu haben.

20. Bei diesem Punkte sei es mir gestattet, etwas
weiter auszuholen. Vielleicht gelingt es mir auf
diesem Wege, meine Ansicht der meines hochverehrten
Gegners Lotze näher zu bringen, wenigstens sie ihm
in günstigerm Lichte zu zeigen. Wer nämlich, wie
er, zu Leibniz'schen Principien sich bekennt, sollte auch
seiner Lehre von den dunkel bleibenden Perceptionen
nicht aus dem Wege gehen; denn in der That ist
in dieser eine Welt der verschiedensten psychologischen
Erfahrungen zusammengedrängt und treffend gedeutet.

Es wäre nämlich, wie Lotze gewiß am wenigsten
in Abrede stellen wird, da er überall das selbständige
und ideale Wesen der Seele aufs stärkste betont,
ein ganz unvollständiger und erfahrungswidriger Ge=
danke, die Veränderungen der Seele, mit denen sie

auf die äußern Einwirkungen antwortet, blos als
das Product eines von außen kommenden,
mechanisch=nothwendigen Geschehens in der
Seele betrachten zu wollen, nicht vielmehr als den
Ausbruck ursprünglicher Selbständigkeit und Selbst=
bestimmung des Seelenwesens. Und dies gilt nicht
blos im Gebiete eigentlicher, bewußter Selbstbestim=
mung, oder im Bereiche „freier Handlungen" —
(daß und in welchem Sinne der Mensch „frei" zu
nennen sei, d. h. daß jede Handlung nur Ausbruck
der beharrlichen, aus sich selbst sich bestimmenden
Eigenthümlichkeit des Geistwesens sei, keineswegs blo=
ßes Product eines mechanischen Ablaufs äußerer Wir=
kungen in der Seele, dies glaube ich in meiner
„Ethik" nach allen Instanzen gezeigt zu haben*); und
die etwaigen Zweifler an der Freiheit in diesem Sinne
wären darauf zu verweisen) —, sondern das ganz
Analoge läßt sich von Stufe zu Stufe herabverfolgen
bis zu dem völlig unbewußten Verhalten der Seele.
Sie erwidert auch hier nicht blos, wie die unbeseelten
Naturelemente, die von außen kommenden Wirkungen
mit einer einfachen, streng nothwendigen Veränderung;
sie reagirt selbständig und eigenthümlich, aber zu=
gleich auf „zweckmäßige" Art, d. h. wie wir dies vom
Standpunkte vollständigen Bewußtseins, in dem Wir
uns befinden, nur bezeichnen können mit zutreffen=
der Auswahl unter den möglichen Mitteln. Da
indeß in dem Gebiete, von welchem hier es sich han=

---

*) „System der Ethik", Theil 2, Abth. 1, S. 79—91.

delt, von Bewußtsein und Wahl nicht die Rede ist, so bleibt nur übrig zur Bezeichnung jenes Zustandes an die Analogie des Thierinstinctes zu erinnern und jene bewußtlos-zweckmäßigen Verrichtungen geradezu Instincthandlungen der Seele zu nennen.

21. Daß nun die ganze morphologische und organische Thätigkeit bis hinauf zu den unwillkürlichen leiblichen Bewegungen und Gewohnheiten den gemeinsamen Charakter der Instincthandlungen an sich trage, darüber glaubt es die „Anthropologie" an den nöthigen Erfahrungsbeweisen nicht fehlen gelassen zu haben. Damit hat sie aber auch das Recht erworben, jene Instincthandlungen nirgends andershin als in die Seele zu verlegen.

Im übrigen ist dieser Gedanke in seiner Allgemeinheit weder sonderlich neu, noch kann er, der zwingenden Bedeutung der Thatsachen gegenüber, für irgend hypothetisch oder zweifelhaft gehalten werden. Die universale instinctive Zweckmäßigkeit aller organischen Wirkungen ist eine so entschiedene, in den complicirtesten Erfolgen so mächtig auftretende Grundthatsache, daß sie auch hier den gewissesten Ausgangspunkt der Untersuchung bietet. Weniger bekannt und sicher gestellt dagegen möchte sein, was „Instinct" selber bedeute und auf welchen innern Bedingungen er beruhe?

22. Offenbar setzt er ein Doppeltes voraus: er ist ein ursprünglich (apriori) der Seele gegenwärtiger (nicht erst von außen ihr eingeflößter oder

durch Zufall in sie hineingelangender) Trieb, gerich=
tet auf ein durchaus Bestimmtes außer ihr — sei
dies nun ein gewisser Gegenstand oder eine gewisse
Existentialbedingung —, welches jedoch die instinct=
behaftete Seele, eben um es in seiner Bestimmt=
heit ergreifen zu können, und wenn sie es ergriffen, sich
darin befriedigt zu fühlen, bereits vorausbesitzen
muß in einer dunkel ihr vorschwebenden, das Object
anticipirenden Vorstellung. Instinct wäre demnach
zu definiren, als ein durch apriorisches und
eben darum bewußtlos bleibendes Vorstellen
geleiteter Trieb.

Da nun ferner die Erfahrung zeigt, daß die Acte
des morphologischen und Lebensprocesses gar nicht
denkbar sind ohne stete Mitwirkung jener instinctiven
Kraft, so durfte die Anthropologie dies in dem Satze
aussprechen (es ist ihr Hauptsatz, mit dem ihre ganze
Lehre vom Verhältniß der Seele zum Leibe steht oder
fällt): daß wo nur irgend organische Thätigkeit auf=
tritt, dies nicht ohne Mitwirkung eines Vorstellungs=
processes möglich sei, der unbestritten doch nur in
die Seele fallen kann, welcher jedoch, eben weil er
dem wirklichen Empfinden, dem Wecker des eigentlichen
Bewußtseins, seinem Causalverhältnisse nach weit vor=
ausgeht, nothwendig bewußtlos bleiben muß. So hat
Leibniz' Hypothese von den dunkeln Perceptionen, welche
er zunächst an den Handlungen der Thiere exemplificirte,
eine weitere Ausdehnung und zugleich einen bestäti=
genden Erweis aus der Erfahrung erhalten: sie ziehen
sich bis in die verborgenste Thätigkeit unsers Seelen=

lebens hinein und selbst im Lebensprocesse erweiset
sie sich noch mitwirksam.

In diesen ursprünglichen, aber höchst mannichfachen
Seelentrieben, geleitet durch ein dunkel vorbildliches
Vorstellen, liegt nun zugleich der eigentliche Aus-
gangs= und Mittelpunkt des bewußten Seelenlebens, die untheilbare Einheit von Wille, Erkenntniß und Gefühl, die von hier aus ins Bewußtsein
treten und eben in ihm und durch dasselbe Unter-
scheidung gewinnen.

23. So wird Lotze selber vielleicht einzuräumen
geneigt sein, daß unsere Grundansicht der Erfahrung
gegenüber unstreitige Vortheile besitze; denn sie ist
eigentlich nur der rationelle Exponent dieser Erfahrung. Daß sie zugleich aber auch durch die ganze
bisherige Entwickelung der Psychologie geradezu gefordert werde und nur der letzte Abschluß einer langen
Reihe vorbereitender Untersuchungen sei, möchte ein
weiterer Anspruch auf Beachtung für dieselbe werden.

Lotze wenigstens, der sich als Leibniz' Nachfolger
erklärt, sollte sie um so weniger verschmähen, da
auch sie ja eigentlich auf Leibniz'schen Grundgedanken
beruht.

Wer ferner, wie Drobisch von der Herbart'schen
Psychologie aus, ein die Schwelle des Bewußtseins
nur nicht erreichendes, sonst aber eigentliches, d. h.
den Charakter der Intelligenz an sich tragendes Vorstellen in der Seele überhaupt für zulässig hält, der
kann sich auch jenen Folgerungen nicht entziehen, ja
er muß gerade in ihnen das lösende Wort des Räth-

fels finden, welches für alle dualistischen Theorien
unlösbar in der innigen Einheit von Leib und Seele
enthalten ist. Vollends aber weicht jeder Zweifel,
wenn auf dem Wege der Specialforschung, wie jetzt
durch Fortlage, der durchgängige Parallelismus
erwiesen wird, der zwischen den organischen Trieb=
phänomenen und denen des Bewußtseins obwaltet.

24. Dadurch ist der Uebergang schon gebahnt
zum Inhalt des dritten (c) Lehrsatzes (§. 16), wel=
cher das soeben Gesagte (§§. 21—23) nur in kürzerer
Formel zusammenfaßt.

Der Geist ist (§. 4) seiner Grundbeschaffenheit
nach ein apriorisches Wesen, mit einem Systeme von
Trieben und Instincten behaftet, aus welchen er wirkt
und ins Bewußtsein sich herauslebt, um nun eben
dadurch das empirische Bewußtsein zu erzeugen, so=
daß er aufs eigentlichste als vorempirischer, seinen
bewußten Erfahrungszuständen vorausgehender,
weil sie producirender gedacht werden muß.

Dieser Satz, mit seinen entscheidenden Consequen=
zen, bleibt auch für alles Folgende bestehen, und so=
fern wir schon hier einen Blick auf die Ergebnisse der
„Psychologie“ werfen dürfen, ist zu sagen, daß auch
diese ihn vollkommen bestätigen und sein Resultat ins
einzelne durchführen werde. Damit bleiben aber
nach rückwärts noch zwei andere Fragen unerledigt,
die nicht minder von entscheidender Wichtigkeit sind.
Zwar haben wir auch für diese den Endbescheid
schon angedeutet (§. 4); ein anderes aber ist es, die

Art der Beweisführung noch genauer zu beleuchten. Dies sei jetzt unser Zweck.

Einestheils nämlich galt es, den Umfang jener präexistirenden Grundanlagen des Geistes zu ermessen; anderntheils reihte sich daran die entscheidende Frage, ob der Geist in der Beschaffenheit jener Anlagen schon als ein individualisirter sich zeige, oder als allgemeines unpersönliches Pneuma; kurz; ob sich aus jenem Principe entscheidende Gründe für die Wahrheit des Individualismus oder des Monis= mus ergeben?

Es wird wohlgethan sein, beide Fragepunkte be= stimmter zu sondern und nach ihrem letzten, von der Anthropologie gegebenen Resultate deutlicher auszu= sprechen, als es vielleicht in dem Werke selbst geschehen sein mag. So ist es gekommen, daß man Neben= punkten einen selbständigen Werth beigelegt und die eigentliche Endabsicht des Ganzen nicht richtig gewür= digt hat. Ebenso hat man das Herbeiziehen von Thatsachen anstößig gefunden, welche dem berüchtigten „Nachtgebiete" der Seele angehören. Man hat dabei übersehen, daß nicht dem einzelnen Thatbestande für sich besondere Bedeutung zugeschrieben, noch auch das Ganze einem begrifflosen Anstaunen preisgegeben werde, sondern daß das Einzelne nur dazu dienen sollte, um auch an ihm das allgemeine Wesen des Geistes zu ergründen, aus dessen Tiefen, wenn auch nur sporadisch, so merkwürdige Erscheinungen emporsteigen können.

25. Wenn es jedoch bezeichnetermaßen Aufgabe

der Anthropologie war, gleich ursprünglich einen sol=
chen Begriff des Geistes zu gewinnen und der „Psy=
chologie" unterzubreiten, aus welchem diese die ganze
Fülle und Mannichfaltigkeit seines bewußten Lebens
erschöpfend zu erklären vermöge: so kam es, wie man
sieht, vor allem darauf an, den Umfang jenes Be=
griffs nicht zu eng und zu dürftig zu fassen, sondern
in der ganzen Breite und Tiefe seines Thatbestandes
zu überblicken. Nicht lediglich nach den currenten,
von der dürftigen Oberfläche des Geistes abgeschöpf=
ten „Thatsachen des Bewußtseins", mit denen die
gewöhnliche Psychologie fast ausschließlich verkehrt, ist
sein wahrhaftes Wesen zu ermessen; ebenso wenig darf
blos das Individuum in seinem täglich wiederkehren=
den, gemein nüchternen Bestande dabei zur Quelle
und zum Gegenbilde dienen. Der Geist der gesamm=
ten Menschheit in der Fülle seiner idealen (theoretischen,
künstlerischen, ethischen und religiösen) Erlebnisse, in
der Macht seiner natur= und weltüberwindenden Thaten
ist hier zum Ausgangspunkte zu nehmen; und es war
ein Vorsatz, durchaus entsprechend dem Tiefblick eines
Lotze, wenn er einen ganz ähnlichen Gedanken dem
Plane seines „Mikrokosmus" zu Grunde legte.

Aber auch das Seltene, nur ausnahmsweise Sich=
ereignende bleibt aufs sorgsamste zu erwägen und
ist in die Berechnung des Ganzen hineinzuziehen; nach
der unbestreitbaren Regel aller Forschung, daß auch
dasjenige, was nur selten und nur unter besonders
günstigen Umständen an einem Naturgegenstande zur
Erscheinung kommt, dennoch ebenso gut in seinem all=

gemeinen Wesen vorgebildet sei und zum Umfange seiner Natur gerechnet werden müsse, als das Gewöhn= liche und täglich Wiederkehrende.

26. Noch wichtiger aber für die gesammte Grund= lage unserer Theorie ist es, wenn man erwägt, daß gerade die eigentlichen Schöpferthaten des Geistes einer Quelle in ihm entstammen, welche man der Region des Vorbewußten zuzurechnen genöthigt ist. Die Eingebungen des Künstlers, die unwillkürlichen Lichtblicke theoretischer Evidenz, welche plötzlich ein lange fortgesetztes Sinnen und Zweifeln zum Abschluß bringen, nach einer Richtung hin und zu einem Re= sultate, welche gar oft dem zuerst eingeschlagenen Wege des bewußt=reflectirenden Denkens nicht ent= sprechen, vielmehr ganz anderswohin einlenken; mehr noch die innern Offenbarungen des ethischen und des religiösen Lebens: sie alle sind nicht absichts= voll herbeigeführte Ergebnisse der Ueberlegung, viel= mehr haben sie ihren Ursprung in einem Gebiete, welches, der reflectirenden Freiheit des Bewußtseins durchaus entrückt, jenseit desselben liegt und dessen Wirkungen daher von dem deutlichen und unableug= baren Gefühle einer unserer Willkür völlig unzugäng= lichen Macht begleitet sind. „Eingebung" ist ein weit universalerer Begriff, als man theologischerseits bisher gemeint, während die gewöhnliche Psychologie ihn offenkundig aufs vollständigste ignorirt hat.

Aber dies unwillkürlich Sichoffenbarende, unwider= stehlich uns Ergreifende ist gerade der einzige Ur= sprung des specifisch Menschlichen in unserm

Bewußtsein. Wir erinnern an den Satz, den die Anthropologie von allen Seiten zur Geltung brachte: daß der Menschengeist jeglichen Idealgehaltes bar und ledig wäre, daß er gar keine Geschichte zu erzeugen vermöchte, wenn er des Inhalts jener Eingebungen entbehrte und allein angewiesen wäre auf die vom sinnlich Gegebenen abstrahirten Erfahrungsbegriffe. Die Thatsache der Geschichte führt den factischen Beweis, daß der Geist von Haus aus ein supranaturales, übersinnlichen Eingebungen geöffnetes Wesen sei. Das Größte, Entscheidende bereitet sich in ihm vor jenseit seines Bewußtseins und ist gar nicht Product desselben; umgekehrt gibt dies erst den bewußten Processen ihren Inhalt, ihre Leitung und ihren Abschluß.

27. Hier ist nun die zweite, ebenso entscheidende Frage: ob jenes Gebiet vorbewußter Wirkungen jenseit des Menschenwesens liege oder ob nicht vielmehr in ihm gerade die Wurzel und der Ursprung des Individuellen in uns, der „Persönlichkeit", zu suchen sei? Wo bisher die Speculation zur eigentlich wissenschaftlichen Anerkenntniß jenes Supranaturalen in uns hindurchgedrungen, da hat sie bis zur Stunde blos die erste Antwort in Bereitschaft gehabt. Wir brauchen zum Belege nur an Fichte's „unendliches Ich", in späterer Form an sein „Wissen" als „absolute Erscheinung Gottes", bei Hegel nur an seine Lehre vom „absoluten Geiste" zu erinnern, während für Kant die ganze Alternative unentschieden, ja völlig unerörtert

3*

blieb, indem er überhaupt zwar apriorische Bestand=
theile im menschlichen Bewußtsein anerkannte, nicht
aber über das Wesen des Geistes, als „Dinges an
sich", zu entscheiden sich getraute. Wenn die An=
thropologie zur entgegengesetzten Auskunft sich be=
kennt, so geschieht dies auf den Grund sehr com=
plicirter Untersuchungen, deren einzelne Theile in
geordneter Folge hier vorzuführen von nöthen sein
wird.

Keinem entgeht übrigens, daß in diese Frage, wie
in einen Knotenpunkt, die wichtigsten Entscheidungen
sich zusammendrängen. In ihr liegen die letzten
Gründe, um von einer Unsterblichkeit menschlicher
Persönlichkeit reden zu dürfen; ebenso werden auch
die Ansichten über das Verhältniß von Geist und Leib
aufs wesentlichste sich danach modificiren. Und end=
lich, wenn es sich von einer Kritik des Pantheismus
handelt, welche nicht blos von abstract=metaphysischen
Gründen aus, sondern nach dem Erfunde des That=
sächlichen sich über ihn entscheidet, so wird man an die
hierher fallende Erörterung sich zu halten haben: ob
es unerläßlich, ja ob es auch nur im entferntesten
möglich sei, in jenen unwillkürlichen und vorbewußten
Regungen des Menschen, die Gegenwart und Wirkung
eines absoluten (göttlichen) Geistes zu sehen, ob nicht
vielmehr diese Voraussetzung, consequent durchgeführt,
zu den gewagtesten und abstoßendsten Resultaten füh=
ren müsse? Durch kein Argument aber wird der
Pantheismus empfindlicher getroffen und sicherer ent=
waffnet, als indem man seine Unzulänglichkeit im

Gebiete derjenigen Thatsachen aufzeigt, aus welchen
er bisher den wesentlichsten Anspruch auf Berechtigung
schöpfte. Es ist eben dasjenige Erfahrungsgebiet,
welches Hegel dem „absoluten Geiste" zuwies und
wo er, consequenterweise, behaupten mußte und auch
behauptete, daß in jenen höchsten Erzeugnissen mensch=
lichen Geistes, Staat, Kunst, Religion, Wissenschaft,
eben der göttliche Geist rein und ungetrübt von
menschlicher Individualität zur Erscheinung komme;
denn das Menschlich=Individuelle fällt nach Hegel
nur in die Region des Seelisch=Organischen, nicht des
Geistes.*) Die Menschwerdung Gottes ist ihm eine uni=
verselle und ununterbrochene; denn sie bringt überhaupt
erst das geistige Princip in den Menschen hinein,
welches daher dem Individuellen in ihm durchaus
jenseitig bleibt. Wie in dieser Ansicht die tiefe Wahr=
heit, welche der Monismus allerdings zu beanspruchen
hat, mit entschiedenem Irrthume verwachsen sei,
braucht hier nicht mehr gezeigt zu werden; auch ist
letzterer in den bittersten Früchten so hinreichend zu
Tage gekommen, um sich selbst gerichtet zu haben.
An gegenwärtiger Stelle handelt es sich nur darum,
ob die psychologischen Voraussetzungen dieser An=
sicht dem Thatsächlichen entsprechen oder nicht, d. h.
ob das geistige Princip im Menschen wirklich sich als
blos allgemeines erweise?

28. Als Ausgangspunkt dieser Untersuchung ist

---

*) Die entscheidenden Belege dazu in der „Anthropologie",
S. 123, 124, 136.

der Fundamentalsatz zu betrachten: daß, wie das Be=
wußtsein nirgendwo anders, denn als ein individuelles,
persönliches erscheint (wir haben keinerlei factische
Kunde von einer andern Bewußtseinsart), eben also
das ihm zu Grunde liegende, es tragende Seelen=
wesen nur ein individuelles, aber beharrliches sein
könne. Die Substanz des Geistes in ein individuelles,
ist keinem Betrachte ein allgemeines Wesen; denn nur
also bethätigt sie sich in ihrem bewußten Da=
sein, dem unmittelbarsten Zeugen und Exponenten
ihrer innern verborgenen Natur. Ebenso ist das
Selbstgefühl dieses Individuellen so sehr das ge=
wisseste Factum, so völlig identisch mit der Gewißheit
seiner eigenen Existenz, daß hierbei ein quid pro quo,
eine unwillkürliche Selbsttäuschung anzunehmen, zu
den grundlosesten und willkürlichsten Hypothesen ge=
hören würde, die je ersonnen worden sind.

Was sodann von ewigem, allgemeingültigem und
unveränderlichem Gehalte in den Bereich dieses Be=
wußtseins tritt, es wird sogleich von der Macht seines
Individuellen ergriffen und schein tnur hindurch durch
die eigenthümliche Färbung desselben. In allem, was
wir Eingebung nennen können (§. 26), in jedem
Ergriffensein von einem Idealgehalte, verräth sich die
Wechselwirkung zweier Geistesfactoren, eines
höhern, mittheilenden und eines niedern, aber selb=
ständig empfangenden. Aber der niedere Geist fühlt
darin zugleich sich erhoben und die Kraft seiner In=
dividualität gesteigert, ja ins Ungemessene befeuert,
nicht herabgestimmt oder ins dumpfe Gefühl eines

Allgemeinen verschwommen. Es ist, was wir „Be=
geisterung" nennen, welche stets das Selbstgefühl
des Individuellen steigert, nicht herabdrückt. Dies
und kein anderes ist das Ergebniß der psychologischen
Betrachtung, wenn sie jene Zustände des Bewußtseins
einer scharfen Analyse unterwirft; und sie muß dieser
Erfahrung mit allen ihren Consequenzen Rechnung
tragen. Dies alles gab der „Anthropologie" zu dem
Endurtheile Veranlassung, daß der einseitige und bloße
Monismus unfähig sei, eine objective Psychologie zu
begründen: ein Urtheil, welches sie, besonders ge=
wissen irre leitenden Bildungsrichtungen gegenüber, für
bedeutungsvoll und entscheidend anzusprechen berech=
tigt ist.

29. Jenes Geistwesen nun, welches während sei=
nes bewußten Lebens durchaus als individuelles
sich erweist, reicht zugleich weit zurück vor diese be=
wußten Zustände und ist selbst der Grund und die
Voraussetzung für dieselben. Hier nun fragt sich
— es ist die zweite entscheidende Frage —, ob in
diesen Vorbedingungen bewußten Lebens es gleichfalls
schon als individuelles sich zeige, oder ob hier die
Wirkungen geschlossener Eigenthümlichkeit sich noch
nicht verrathen, vielmehr blos allgemeine, uniformi=
rende Gesetze wirksam sind?

Die Frage, wie man sieht, fällt zusammen mit
der andern, gleichfalls von uns angeregten: ob der
Leib des Menschen blos einem äußerlich dem Geiste
angepaßten, bei jedem gleichförmig beschaffenen
Werkzeuge gleiche, oder ob auch in ihm, wenigstens

in leisern Zügen und in schwachen Vorankündigungen
seiner Individualität, die Eigenthümlichkeit eines jeden
gleich anfangs und ursprünglich sich abdrücke? Ist das
erstere der Fall, so läßt sich die dualistische Theorie
einer relativen Unabhängigkeit und wechselseitigen An=
passung von Leib und Seele, welche an Lotze neuer=
dings einen beredten und sachkundigen Vertheidiger
gefunden hat, wenigstens von hier aus nicht wider=
legen. Zeigt sich die letztere Auffassung als mehr
berechtigt, so wäre zugleich damit jede dualistische
Hypothese außer Kraft gesetzt und ein Hülfsbeweis
nicht unwichtiger Art gegen dieselbe gewonnen.

30. Aber auch in anderer Beziehung ist die weit=
reichende Wichtigkeit dieser Frage wol unverkennbar,
bis auf ihre Folgen für Ethik und Pädagogik herab.
Müssen wir die zweite Alternative (§. 29) bejahen,
so ist der Beweis vollendet, daß das individualisirende
Princip in uns allem Bewußtsein und Zeitverlaufe
vorausgehe. Zeigt sich dagegen, daß das Seelenwe=
sen in seinem frühesten, vorbewußten Wirken — und
dies Wirken schließt zunächst seine leibgestaltende
Thätigkeit ein — noch keinerlei Spuren individueller
Begabung verrathe: so bleibt die Auffassung nicht
abgeschnitten, daß das Individuelle in uns nur em=
pirischen und zufälligen Ursprungs, daß es in den
factischen Verhältnissen seinen Grund habe, die auf
das Bewußtsein einwirken. Wir treten geistig
gleichartig in die Welt, — gleichviel dabei, ob man
dem Geiste einen gewissen apriorischen Besitz zuge=
stehe, der dann eben in allen eine völlig gleichar=

tige Form wäre, oder ob er selbst nur als tabula
rasa, als leer receptives Vermögen betrachtet werde;
— was uns zu Verschiedenen macht, ist lediglich der
Unterschied der Einwirkungen, die in unser Bewußt=
sein fallen, wobei höchstens eine Verschiedenheit in
der „Regsamkeit" dieses Bewußtseins anzunehmen
wäre.

Man muß bekennen: so sehr auch die höhere
philosophische Bildung der Gegenwart und der tiefere
Sinn, ja die gründlichere psychologische Beobachtung
bisher dieser Auffassung sich widersetzte, eine allge=
meine Widerlegung hat sie noch nicht erfahren.

Dabei darf jedoch nicht unerwogen bleiben, welchen
Antheil überhaupt die Anthropologie nehmen könne
an der Beantwortung dieser Frage, welche ihrem
wesentlichen Bestande nach noch gar nicht in ihr,
sondern nur in der Psychologie entschieden werden
kann. Denn eben diese hat zu zeigen, — es ist ihre
Hauptaufgabe: — was innerhalb des Bewußt=
seins Werk der Selbstthätigkeit des Geistes sei,
was umgekehrt das Objective, die sogenannte „Erfah=
rung", mit dazubringe. Je mehr nun infolge dieser
Untersuchung der Antheil der letztern dabei ein=
schrumpft, desto entschiedener erhebt sich die Macht
und der Umfang des Geistes nach seinem apriorischen
Bestande, und desto mehr werden wir zur Anerkennt=
niß gezwungen, daß die Mannichfaltigkeit geistiger
Wirkungen, die uns in dem reichgegliederten Geister=
leben überall entgegentritt, nicht das Resultat zufäl=
liger Umstände oder von außen hinzutretender Anre=

gungen sei, sondern in der vorbewußten Eigenthümlichkeit des Subjects ihre Wurzel habe. Die Psychologie führt auf allen ihren Blättern den factischen
Beweis vom apriorischen Wesen der Eigenpersönlichkeit, des „Genius", indem sie seine ins Bewußtsein fallenden Spuren verzeichnet.

Nach dem Gesetze der Stetigkeit und der sprung-
losen Uebergänge aber, welches nirgends in der Natur,
und so auch nicht im vorbewußten und bewußten
Doppelzustande des Menschen sich verleugnet, müssen
die Wirkungen jener Eigenthümlichkeit auch bis in
seine vorbewußte Existenz verfolgt und die Grenze
bestimmt werden, bis zu welcher sie bemerkbar sind.
Und dies ist die (jene psychologische Untersuchung
vorbereitende) Aufgabe der Anthropologie.

31. Begreiflicherweise kann der Kreis dieser
anthropologischen Thatsachen nur in die Sphäre leiblicher Erscheinung des Menschen fallen; und die ganze
zwischen der dualistischen und antidualistischen Hypothese (beziehungsweise also zwischen Lotze und uns)
obwaltende Differenz läßt sich in die Alternative
fassen: entweder ist der Organismus ursprünglich nach
Grundgestalt und Wirkungsweise für alle völlig der
gleiche, und erst während des weitern Lebens und
infolge der Bewußtseinsprocesse der Seele
werden die individuellen Züge allmählich ihm angebildet (Anpassungshypothese); — oder ursprünglich und von Anfang an, d. h. in der
vorbewußten Region, legt schon die leibgestaltende

Seele das Abbild ihrer Individualität in denselben hinein (Gestaltungshypothese).

Gleich hier bleibe jedoch nicht unbemerkt, daß dieser Gegensatz zwar in der begriffspaltenden Theorie ganz berechtigt sich ausnehmen mag, dagegen in seiner Ausschließlichkeit festgehalten, an Beobachtung und Erfahrung nirgends recht sich anschließt. Kein Anhänger der Anpassungstheorie wird leugnen, wenn er sich mit der Erfahrung nicht geradezu in Widerspruch setzen will, daß schon in der frühesten Kindheit des Menschen sein Leib gewisse individuelle Züge wie in knospenhafter Vorahnung errathen lasse, welche in stetiger Progression immer schärfer hervortretend, später aufs entschiedenste seine geistige Eigenthümlichkeit, seinen „Charakter" ausprägen, der somit in jenen schwachen Leibesspuren schon ursprünglich (vorbewußt) latibiren mußte. Hier ist die Anpassungstheorie genöthigt, der Gestaltungshypothese einen Schritt entgegenzuthun, welche eben behauptet, daß der Leib, schon vor allem Bewußtsein und jeder freibewußten Einwirkung des Geistes auf ihn, ein individuelles Gepräge trage, in dem sich nur das leibgewordene Abbild der geistigen Eigenthümlichkeit verrathe.

Umgekehrt wird der Anhänger der letztern Hypothese nicht so abstract einseitig sein, behaupten zu wollen — wenigstens ist dem Verfasser dies nie in den Sinn gekommen und ebenso wenig weiß er bei seinen Vorgängern von einer solchen Meinung —: daß der Geist seinen Leib ganz und vollständig (gleich-

sam aus dem „Nichts") sich anerbaue. Wir behaupten nur, daß er als Formprincip in den Stoffen
der Organisation walte und ihren anderweitigen, von
ihm unabhängigen Bedingungen sich „anpasse". Es
handelt sich daher in Wahrheit hier von keinem directen Gegensatze zwischen beiden Auffassungsweisen,
sondern nur von einem Mehr oder Minder ihrer
gegenseitigen Berechtigung.

Und so werden beide Hypothesen wohlthun, eben
an der Hand der Erfahrung, einander sich anzunähern,
statt direct sich ausschließen zu wollen. Von gemeinsamem Interesse für beide ist daher die von uns an-
geregte Frage: wie tief in die Anfänge der Organisation und wie weit in die einzelnen Theile derselben,
innerhalb ihrer festen Grundgestalt, das individualisirende Princip sich hineinerstrecke? Auf diese Weise
allein würde, wie man sieht, ganz von selbst und erfahrungsmäßig jene Grenzberichtigung erfolgen, welche
die streitenden Parteien zu versöhnen im Stande
wäre.

In diesem Betreff jedoch müssen wir gestehen, daß
es nach dem gegenwärtigen Stande der psychologischen
Kenntnisse unmöglich sei, auf dem Wege directer
Beobachtung über jene Frage auch nur annähernd
zur Gewißheit zu kommen. Nach der dualistischen
wie antidualistischen Hypothese ist das Nervensystem
als eigentliches Seelenorgan zu betrachten, und die
Differenz, daß jene nur in einem verhältnißmäßig
kleinen Theile desselben, in gewissen Hirnpartien,
diese in der ungetheilten Ganzheit des Nervensystems

solches Organ findet, ist dabei von keinem wesentlichen
Belange. Die fragliche Gleichförmigkeit oder Verschiedenheit des leiblichen Organismus könnte daher in
nichts anderm, als in dem Nervensysteme, und zwar
in seinen feinsten Unterschieden und innersten
Wirkungen gesucht werden.

32. So genau nun auch die mikroskopische Anatomie das Hirn und Nervensystem zu durchforschen
angefangen, jene Frage ausreichend zu beantworten
ist sie noch nicht im Stande; sowenig als die Phy=
siologie etwas Sicheres über die innern Wirkungen
ergründet hat, welche im Nerven während seiner
Thätigkeit sich ereignen.*) Bekannt ist nur in Betreff der allgemeinen anatomischen Grundverhältnisse,
daß während der Theil des Nervensystems, welcher
der Sinnenempfindung und den auf den Leib wirkenden Willensoperationen dient, wenigstens dem ober-
flächlichen Anscheine nach, bei allen Individuen und
zu allen Zeiten des gesunden Individuums, einen
constant gleichartigen Typus verräth, es sich anders
zu verhalten scheint mit den Nerven des Sympathicus,
welcher den vegetativen Functionen vorsteht, wie mit
denjenigen Theilen des großen Hirns, in denen wol
unbestritten hauptsächlich die intelligenten Bewußtseinsprocesse vor sich gehen, wir meinen die sogenannten

---

*) Man vergleiche über den gegenwärtigen Stand der
Nervenphysiologie im „Anhange“ die zweite Anmerkung
über „Die Elementarorganisation des Nervensy=
stems“.

Windungen des großen Hirns. Jene Beobachtung
über die Veränderlichkeit in den Nerven des Sympathicus, wenn sie auch schon zu bestimmtern Resultaten sich ausgebildet hätte, gewährt keine sichere
Ausbeute für die vorliegende Frage, weil über die
Bedeutung jener Nerventheile im einzelnen noch
nichts Gewisses erforscht ist. Entschieden dagegen ist
der Unterschied der Hirnwindungen nach Zahl und
Stärke, bei den verschiedenen Rassen und Individuen
nicht nur, sondern auch während des Wachsthums
und des bewußten Lebens des einzelnen; und für
ebenso entschieden darf wol die Beobachtung gelten,
daß die Höhe der Intelligenz mit der Zahl und
Stärke jener Windungen in entsprechendem Verhältnisse stehe. Aber auch diese Thatsachen geben noch
keinen entscheidenden Ausschlag für die Gestaltungshypothese, indem der entgegengesetzten Auffassung
immer noch die Erklärung übrig bleibt, daß hierin
eben der allmähliche Einfluß des bewußten Lebens
sich zeigt, welches auch sonst niemals aufhört, willkürlich oder unwillkürlich auf die Leibeszustände ein-
zuwirken. — Da bleibt nun die entscheidende Frage,
wie man sich diesen unwillkürlichen Einfluß zu
denken habe; und hier gerade wäre der Punkt gefunden, wo die Anpassungs- und die Gestaltungshypothese entweder für immer miteinander brechen oder
gegenseitig sich ausgleichen können.

33. Dies ist zugleich daher auch der Punkt, bei welchem
ich, nach Lotze's jüngsten Erklärungen, eine Ausgleichung
mit ihm hoffen darf. Entschiedener nämlich, als ich

wenigstens in seinen frühern Schriften es zu finden vermochte, hat derselbe sich nunmehr zu dem Satze bekannt: „daß unter den Substanzen, welche nach den
Gesetzen eines allgemeinen Mechanismus zu dem
Baue des Körpers zusammenwirken, sich auch die
Seele befinde, ja daß sie vielleicht als ein bevorzugtes Element, als ein erstes unter gleichen, ihn
auch vorzugsweise beherrsche".*) Doch wollen
wir in diese allerdings charakteristische Aeußerung nicht
zu viel hineintragen. Sie enthält nur eine eigenthümliche Erweiterung der von ihm vertheidigten Anpassungstheorie, keineswegs schon eine Annäherung an die unsere,
an die Gestaltungshypothese. Die Frage ist nur, wohin
am Ende der Ausschlag der Entscheidung fallen werde,
wenn man einmal so viel eingeräumt?

Bei den Veränderungen im Organismus, welche
Lotze hier im Auge hat, ist ihm auch jetzt noch die
Seele selbst nie das direct „Einwirkende" — obgleich er jetzt so sich ausdrückt, wie er früher sogar
von einem „plastischen Einflusse" der Seele auf den
Körper redete**) —, sondern nur das „Veranlassende" derselben.

Der charakteristische Gegensatz dieser doppelten
Auffassung ist nicht zu verkennen; und nicht wohlgethan scheint es uns, ihn abzuschwächen oder ganz zu
verwischen durch Ausdrücke und Wendungen, sollten
diese auch nur gleichnißweise Geltung haben, welche

---

*) „Streitschriften", S. 72 fg.
**) „Medicinische Psychologie", S. 125.

der entgegengesetzten Ansicht entlehnt sind. Ueberhaupt
darf ich gegen den trefflichen Denker die Bemerkung
nicht unterdrücken — sie liegt auch der nicht selten
gehörten Klage über die Schwierigkeit seiner Schriften
zu Grunde —, daß er, durch seinen reichen Geist
und luxurirenden Scharfsinn verleitet, unaufhörlich
zwischen den vielseitigsten Erwägungen sich hin= und
herwiegt und so schwer erkennen läßt, wohin seine eigent=
liche und letzte Meinung falle. Deshalb darf auch ich
vielleicht Verzeihung erwarten für die „Misverständ=
nisse“, die allerdings mir begegnet sind, vielleicht aber
nur dadurch oder insofern, als ich auf diejenigen Er=
klärungen bei ihm das entscheidende Gewicht legte,
welche ihm eine consequente und in sich abgeschlossene
Ansicht leihen, — es ist eben die occasionalistische
oder Anpassungstheorie, wie er ja auch gegenwärtig
noch seine Hypothese über die Verbindung von Leib
und Seele als „praktischen Occasionalismus“
bezeichnet, — während ich den andern Ansprüchen
nicht gleiches Gewicht gab, welche mit jener Grund=
ansicht nicht völlig sich reimen wollten und über deren
Deutung der allgemeine Charakter seiner Darstellun=
gen mich beruhigte.

Wie dem indeß auch sei, jetzt wenigstens scheint
eine Wendung eingetreten, welche unsere Controverse
ungemein vereinfacht, ja einer gänzlichen Ausgleichung
näher bringt, sofern man nur von beiden Seiten sich
entschließt, ein halbes Zugeständniß zu einem ganzen
und consequenten zu machen.

34. Lotze unterscheidet bestimmter, als es bisher

geschehen sein mag bei jener allgemeinen Frage über
das Verhältniß von Geist und Organismus, zwischen
solchen Veränderungen in letzterm, welche aus rein
immanenten Gesetzen seines Wachsthums und seiner
Selbsterhaltung erklärbar sind, und solchen, deren Grund
in der Seele und zwar in dem Kreise ihrer unwill=
kürlichen und bewußtlosen Wirkungen liegt. In Be=
zug auf die letztern gesteht er der Seele zu, sogar
als „bevorzugtes Element am Baue des Körpers
mitzuwirken". Dennoch was die letztgenannten Ver=
änderungen im Körper wirklich hervorbringt, ist
unmittelbar nicht die Seele — wie besäße sie doch
nach seiner ganzen Grundansicht dazu die Mittel! —
sondern abermals jener allgemeine „physisch=psychische
Mechanismus", welcher „gebietet, daß bestimmten
Veränderungen der Seele auch gewisse Körperverän=
derungen entsprechen müssen".

Daß wir Lotze nicht unrichtig auslegen bei diesem
wichtigen Punkte, der obenhin betrachtet, auf ein völ=
liges Eingehen in unsere Ansicht zu deuten schiene,
geht aus der Analogie hervor, nach welcher er jenes
Verhältniß erläutert („Streitschriften", S. 73).
Der Wille, ein Glied zu regen, ist ein Vorgang im
Bewußtsein; die wirkliche Bewegung des Gliedes er=
folgt aber nur, weil mit dem Willen jener physisch=
psychische Mechanismus den Eintritt einer Verände=
rung in den motorischen Nerven verknüpft hat. Die
Verknüpfung selbst liegt aber gänzlich außerhalb des
Bewußtseins (und damit auch außer dem Vermögen
der Seele). Die innern Zustände nun, fährt der

Fichte, Zur Seelenfrage.   4

Verfasser fort, welche die plastischen Wirkungen der Seele begründen, haben nicht den Charakter der Absicht und des Wollens, gleich den Vorstellungen der Bewegung; „sie sind vielmehr nur Träume, in denen das Bild einer zu erzeugenden Kör= pergestalt vorüberzieht". Die Seele will nicht ihre Verwirklichung, „aber gewiß ist es möglich, daß jener Zug von Traumvorstellungen nach den allgemeinen Gesetzen des physisch=psychischen Mechanismus in der That mit einer ähnlichen Wirksamkeit auf die gestaltbaren Massen begabt wäre". Die unmittelbare Wirkung also geht nicht von der Seele aus, sondern vom „physisch=psychischen Mecha= nismus" aus Veranlassung der Seele. Und eine „plastische Wirkung" wird ihr nur darum beigelegt, um dies Veranlassende, welches in dunkel bleibenden Traumvorstellungen der Seele bestehen soll, von den andern, den bewußten Willensveranlassungen charak= teristisch zu unterscheiden.

In der letztern Wendung findet Lotze nun den Anlaß zu der Aeußerung (a. a. O., S. 74; vgl. S. 91), daß auch für ihn die Seele, „unbeschadet der allgemeinen Gesetzlichkeit der mechanischen Auffassung", als ein specifischer Coefficient von hervorragendem Einfluß auf den Leib erscheine. Ja er sagt, daß es ein Versuch sei, „die unbewußte Vernunft des zweck= mäßigen" (organischen) „Wirkens, so sehr als mög= lich in ein einziges Element" (die Seele) „zu con= centriren und den übrigen nur die Bedeutung eines gestaltbaren Materials zu lassen". Er findet in die=

fer Auffassung sogar eine Stelle für meine Theorie
von der leibgestaltenden Phantasie, wiewol er nachher
bekennt, daß er dieselbe aus andern Gründen längst
beiseite gesetzt habe. An letzterm hat er durchaus
wohlgethan, auch nach meinem Urtheil; denn jene
traumhaften Vorstellungen in der Seele, die dem „all=
gemeinen Gesetze des physisch=psychischen Mechanis=
mus" Veranlassung geben sollen, sie allmählich im
Körper auszuwirken, haben auch für mich keinen son=
derlichen Werth, weder als objective Macht in der
Seele, noch als genügender Erklärungsgrund in der
Theorie. Sie gleichen einer halben Maßregel, sind
nur ein unvollständiges Erklärungsprincip, so lange
der Seele selbst nicht das Recht eingeräumt wird,
ihre innern Vorstellungsgestalten durch wahrhaft
„plastisches Wirken" auch ihrem Organismus einzu=
verleiben, solange zwischen beide immer noch der
unbestimmte, ja — dürfen wir es sagen? — der
nichtserklärende Begriff eines „physisch=psychischen
Mechanismus" eingeschoben wird.

35. Denn was bedeutet doch eigentlich hierbei
der Begriff eines „physischen" Mechanismus —
da wir füglich von seiner „psychischen" Seite hier
absehen können, welche sich nur auf den bei dieser
Frage nichts verschlagenden Umstand bezieht, daß
die Seele dabei als vielbestimmender Factor einzu=
rechnen sei? Nichts anderes offenbar soll jener Be=
griff bedeuten, als was auch Lotze (S. 75 u. sonst)
mit bezeichnenden Zügen hervorhebt: den ganzen,

4*

sehr zusammengesetzten Complex jener mechanisch
physikalisch-chemischen Gesetze, welche bei allen organischen Processen des Leibes concurriren, sodaß „das
Organische, in derselben Welt zusammenhängend mit
dem Unorganischen, aus diesem seine Stoffe und die
anregenden Reize seiner Entwickelung entlehnend,
sich vor demselben nicht durch eine eigenthümliche,
den physischen Kräften ungleichartige und eben
deshalb physisch erfolglose Macht, sondern nur
durch die eigenthümliche Form der Zusammen-
fassung und Benutzungsweise auszeichnen könne, in
welcher es die allgemeinen Wirkungsmittel der Natur für seine Zwecke vereinigt enthält". Darin ist
allerdings das Wesentliche vollständig bezeichnet: von
jenen Gesetzen versteht sich von selbst, daß nur innerhalb ihrer scharfbestimmten Grenzen und unter
ihrem einschränkenden Einflusse der Lebensproceß erfolgen kann.

Dennoch sind sie eben damit nur die negativen
Bedingungen, ohne welche nicht, keineswegs aber
die positiven Ursachen, durch welche allein die
Lebenserscheinungen hervorgebracht werden. Und was
ist nun für Lotze die Macht, welcher es gelingt, „eine
eigenthümliche Form und Benutzungsweise" jener
allgemeinen Bedingungen für sich auszuwirken, welche
es vermag, „die allgemeinen Wirkungsmittel der
Natur für ihre" (eigenthümlichen) „Zwecke" stets
angemessen zu verwenden? Hierüber finden wir
bei Lotze auch jetzt noch keine Antwort, während wir
selber, fortgerissen durch die Thatsache, daß allen

Lebenserscheinungen, soweit wir sie beobachten können,
n e b e n dem allgemein gesetzlichen Typus zugleich
ein individualisirendes Element sich beigeselle, nur eine
gleichfalls i n d i v i d u e l l e Substanz, die Seele, als
vollgenügenden Erklärungsgrund dafür entdecken können.
Eine „Seele" aber muß auch darum hier zu Grunde
liegen, weil, wie wir ferner zeigten (§§. 19—23), alle
Lebensverrichtungen zugleich „I n s t i n c t h a n d l u n g e n"
sind, d. h. ein nur bewußtlos bleibendes V o r s t e l l e n,
welches irgendwoanders hin als in eine Seele zu
verlegen, offenbar widersinnig wäre. Vortrefflich hat
daher noch ganz neuerdings auch Rudolf Wagner
auf die hier klaffende Lücke aufmerksam gemacht, indem er erinnert, daß der, wie es schien, für immer
abgedankte Vitalismus plötzlich, durch die innere
Nothwendigkeit der Thatsachen, in alter Kraft wieder=
erstanden sei, wenn auch nur in der untergeordneten
Form eines Vitalismus der „Zellen". Für Virchow
nämlich sind die Zellen „vitale Einheiten", und noch
bedeutungsvoller setzt dieser hinzu — eine Bemerkung,
die sich unter gehöriger Modification auch auf Lotze's
Ansichten erstreckt—: „Man muß doch einmal die natur=
wissenschaftliche Prüderie aufgeben, in den Lebensvor=
gängen durchaus nur ein mechanisches Resultat der
den constituirenden Körpertheilen inhärirenden Mole=
cularkräfte zu sehen."*)

---

*) R. Virchow, „Cellularpathologie", im ersten Heft
des achten Bandes seines Archivs, und R. Wagner, „Der
Kampf um die Seele vom Standpunkt der Wissenschaft",

36. Dürfte ich daher schon hier es wagen eine Parallele zu ziehen zwischen meinen Ansichten und denen meines trefflichen Gegners, den ich indeß, wie sich ergeben wird, gar nicht mehr als eigentlichen Gegner bezeichnen kann: so wäre der Stand der Sache nunmehr, wie wenigstens mir es erscheinen will, etwa so zu fassen.

Lotze hat eine entscheidende Thatsache anerkannt, wenigstens mehr betont als früher: „daß die Seele eine außerordentliche morphotische Kraft besitze" („Streitschriften", S. 91). Aber diesem „Zuge= ständnisse", wie er selbst es bezeichnet, hat er seine allgemeine Theorie noch nicht angepaßt. Denn offen= bar genügt dafür nicht mehr die Annahme eines bloß allgemeinen Mechanismus, wiewol dieser Begriff in seinem Bereiche auch nach meiner Ueberzeugung niemals aufgegeben werden darf. Die morphotische Kraft der Seele wirkt dagegen individualisirend auf ihren Leib; und zwar je mächtiger die Seele, je ent= schiedener sie als „Geist" auftritt, desto eigenthüm= licher nach „Physiognomie" und „Geberde" erscheint auch ihr Leib.

Dies individualisirende Gestaltungselement des Leibes enthält nun offenbar mehr, als die Allgemein= heit jener physikalisch=chemischen Gesetze je zu erwirken vermöchte; mehr sodann, als der allgemeine organische Typus vorschreibt, durch den der menschliche Orga=

(Göttingen 1857), S. 57, 58. Wir werden später noch einmal auf den Inhalt dieses wichtigen Werks zurückkommen.

nismus von dem des Affen z. B. oder eines Vier=
füßers sich unterscheidet; mehr endlich, als was durch
den bloßen Rassenthpus erklärt werden könnte: ja so=
gar der von den Aeltern ererbten Familieneigenthüm=
lichkeit mischt es noch ein Besonderes, nur dem ein=
zelnen Angehörendes hinzu. So schwierig es daher
sein mag, zu entscheiden, wie weit dies individualisi=
rende Moment bis in die ersten morphologischen
Anfänge der Leibbildung zurückreiche: dennoch ist es
unableugbar vorhanden, in derselben bald leiser, bald
vernehmlicher sich ankündigend; es muß daher in sorg=
samste Rechnung gebracht werden, ebenso wol bei der
Frage nach dem allgemeinen Verhältnisse von Leib
und Seele, als nach der besondern Art und dem
Grade einer morphotischen Kraft in der letztern.

Allein aus diesen, durch die Thatsachen gebotenen
Gründen bekannte ich mich zu der alten, jetzt aber
zurückgedrängten Lehre: daß nur die Seele, als
untheilbarer Einheitsgrund unserer Indi=
vidualität, dies leibgestaltende Princip sein
könne. Lotze kommt aber in Wahrheit diesem Ge=
danken auf halbem Wege entgegen, indem er gleich
uns, in ebenso scharfer Bekämpfung des monistischen
Pantheismus, wie des seelenleugnenden Naturalismus,
dieselbe ausdrücklich als einfache, aber mit Eigenthüm=
lichkeit behaftete Substanz erklärt. Woher anders
also, denn unmittelbar aus der Seele, kann
das individuelle Gepräge des Leibes stammen, da kein
anderer, irgendwie begreiflicher Erklärungsgrund dafür
sich uns darbietet?

Und dies war die erste Antwort, mit der ich in die bezeichnete Lücke (§. 35) einzutreten suchte.

37. Wie aber und nach welcher begreiflichen Analogie wirkt die Seele in jenen unwillkürlichen Vollziehungen? Dies ist die andere Frage, und der Versuch, eine solche durchgreifende Analogie aufzufinden, kann als das Neue betrachtet werden, was ich der neuen Lehre hinzugebracht.

Der Einwand übrigens, welchen Lotze der ganzen Auffassungsweise entgegenzuhalten pflegt, daß die Seele nicht wisse, weder wie sie den leibgestaltenden Apparat in Bewegung zu setzen habe, noch daß sie überhaupt dergleichen vollziehe, daß folgerichtig also auch solche Wirkungen gar nicht von ihr, dem vorstellenden, bewußten Wesen, ausgehen können:— dieser ganze Einwand darf hier für völlig erledigt betrachtet werden, indem die „Anthropologie" auf dem Wege der Induction gezeigt hat, daß erfahrungsgemäß die Seele als ein ihrem größern Theile nach unbewußt, überall aber nach dem Charakter der Intelligenz wirkendes Wesen gedacht werden müsse.

Treffender könnte ein zweiter Einwurf erscheinen: daß in jenen morphotischen Veränderungen des Organismus, die wir beide hier vorzugsweise im Auge haben, in jenen allmählichen Umbildungen nach Physiognomie, Geberde und Gewohnheit, in denen die Eigenthümlichkeit der Seele leiblich sich ausprägt, der Organismus in seinem realen Grundbestande schon vorhanden sein, alle Lebensfunctionen und Processe schon in wirksamstem Fortgange sich befinden

müssen, um der Seele die angegebenen modificiren=
den Nachwirkungen überhaupt nur möglich zu machen.
Die Veränderungen ferner, welche der Seele auf die=
sem Wege gelingen, können, im ganzen betrachtet,
jener festen, nach unveränderlichem Typus ausgepräg=
ten Grundgestalt des Leibes gegenüber, nur als rela=
tiv geringfügige Modificationen in Anschlag gebracht
werden. Der Organismus in seinem Grundbestande
muß gegeben sein, die Seele muß ihn vorfinden, um
nunmehr ihre Eigenthümlichkeit ihm einbilden, über=
haupt ihn beherrschen und in sehr bescheidenem Maße
auch ihn umbilden zu können.

Hier daher könnte unser Freund mit Fug uns
entgegenhalten — und ohne Zweifel treffen wir da=
mit seine wahrhafte Meinung —, daß zugegeben auch,
er erkenne in jenen accessorischen Nachbildungen am
Leibe wirklich eine (unbestimmt wie zu denkende) un=
mittelbare Einwirkung der Seele auf ihren Orga=
nismus an, darin noch im geringsten nicht unser viel
weiter ausgedehnter Satz Unterstützung finde: die
Seele sei überhaupt leibgestaltendes Princip. Die
Grundbeschaffenheit des Leibes rühre weder her von
der Seele, noch hänge sie ab von ihr, sondern er sei
durch eine allgemeine Naturordnung ihr zum bleiben=
den Gefährten verliehen, mit einer auf sehr bestimmte
Grenzen eingeschränkten Macht der Seele, ihn nach=
träglich zu modificiren.

Und bei diesem Punkte glaube ich meinerseits der
Lotze'schen Theorie einen Schritt entgegenthun zu
müssen, indem ich es versuche, was allerdings bisher

von mir verfäumt worden, die hier zurückbleibenden
Unbeſtimmtheiten oder die überſehenen Zwiſchenbegriffe
ſchärfer auseinander zu halten. Hierin wird zugleich,
wie ich hoffe, ein Grund zu bleibender Verſtändigung
liegen. Deſſenungeachtet glaube ich nicht, damit das
Weſentliche meiner frühern Anſichten aufgeben zu
müſſen, obwol ſie beſtimmter auszubilden und genauer
zu begrenzen ſind. Der Grund dieſer Unnachgiebig=
keit liegt indeß abermals lediglich im zwingenden
Charakter des Thatſächlichen.

38. Was man nämlich in ſeiner unſtreitigen Be=
deutung nicht immer erwogen zu haben ſcheint, iſt
folgender Umſtand. Als gemeinſame Vorbedingung,
welche allen morphologiſchen und organiſchen Proceſſen
ebenſo ſehr, wie ſpäter den auf Umgeſtaltung des
Leibes gerichteten Nachwirkungen der Seele zu Grunde
liegt, müſſen wir nothwendig ein allgemeines
Raumſchema des Leibes uns denken, in welchem
alle Lagen und Größenverhältniſſe genau ineinander
berechnet und auch nach den kleinſten Beziehungen
geordnet und vorgezeichnet liegen, in welches ſodann „die
zahlloſen organiſchen Zellen", die den realen Grund=
beſtand des Leibes ausmachen mögen, ſich hineinbilden
und ſo jenes Leibesſchema auszufüllen im Stande
ſind. Ohne ein ſolches ſtets ſich erzeugendes und
ſtetig ſich veränderndes ſchematiſches Vorbild
wäre, wie auch Fortlage ſo vortrefflich gezeigt hat,
eine eigentliche Leibgeſtaltung gar nicht möglich. Man
hat dies zwar beſonders in älteſter und älterer Zeit
nicht durchaus überſehen, noch weniger kann man dieſer

Betrachtung, ist sie einmal zur Geltung gekommen, willkürlich sich entziehen oder ihren thatsächlichen Grund in Abrede stellen; aber man hat doch bis vor kurzem, soweit mir bekannt, außer der eben bezeichneten, so höchst bedeutungsvollen Ausnahme, diesen Begriff weder bestimmt formulirt, noch viel weniger seine weitern Bedingungen untersucht und seine ganze Consequenz ausgesprochen.

39. Diese geometrisirende Thätigkeit zuvörderst, welche aller Leibgestaltung zwar nicht zeitlich, aber bedingend vorangeht und die sie auch im Fortgange aller ihrer Veränderungen stets begleitet, — welchem Subjecte oder realen Träger werden wir sie beilegen müssen? Denn daß es überhaupt eines solchen realen Substrates bedürfe, daß weder ein reines, subjectlos in der Luft schwebendes Raumschema, noch ein „allgemeines Gesetz" hier ausreiche, dies geht eben aus der Wirkung jener Thätigkeit hervor, welche ohne die Annahme einer beharrlichen Substanz und eines individuell monadischen Wesens gar nicht denkbar ist. Auch Lotze wird vielleicht zugestehen, daß, hat man überhaupt einmal zur Annahme eines solchen, Raumschemen entwerfenden Bildvermögens im Organismus sich entschließen müssen, es folgerichtig nur in den Mittelpunkt einer Seele verlegt werden könne, welche vorbildlich gestaltend und harmonisirend, von den ersten Leibesanfängen an bis zum Abstreifen dieser ganzen Lebensform im Tode, mit alldurchdringendem, wenigstens schematischem Vermögen in ihrem Leibe gegenwärtig sein muß. Wenn wir früher

vielleicht nicht unrichtig die Seele einer individuellen „Vorsehung" ihres Leibes verglichen, so ist dies individuell Ordnende und Bewahrende nur auf der Grundlage eines solchen schematischen Vermögens denkbar; und wenn Lotze nunmehr, sei es · auch in untergeordneter und beiläufiger Weise, zu einem morphotischen Vermögen der Seele sich bekennt, so kann er nur, will er dessen Wirkungsbedingungen sich näher rücken, auf analoge Vorstellungen zurückkommen.

Lediglich im Vorbeigehen wollen wir einer weitern Nebenfolge erwähnen. Offenbar nämlich scheint uns Lotze durch den auch nur theilweise eingeräumten Begriff einer morphotischen Seelenthätigkeit einigermaßen in Widerspruch zu gerathen mit seiner Grundansicht von der Seele, als einer „einfachen unräumlichen Substanz". Es leuchtet ein, daß die Seele einer solchen „descriptiven Geometrie" überhaupt gar nicht fähig wäre, wenn sie nicht ursprünglich schon ein räumliches, d. h. in Ausdehnungsform sich setzendes, ebenso als räumlich sich fühlendes Wesen wäre. Doch werden wir diesen entscheidenden Grund, der auch Lotze's Lehre, wie wir glauben, thatsächlich widerlegt, an einer spätern Stelle (§. 96 fg.) umfassend zur Sprache bringen. Sodann nöthigt aber auch ein zweiter Umstand, jene raumconstruirende Thätigkeit nirgends anderswohin als in ein seelenartiges Wesen zu verlegen; und daß dies für einen individuellen Organismus keinerlei All= oder Weltseele, sondern nur ein ebenso individuelles Seelenwesen sein könne, scheint sich von selbst zu verstehen und ist zum Ueberfluß noch im Vorhergehenden deut= lich gezeigt.

Jene geometrisirende Thätigkeit führt uns nämlich mit Nothwendigkeit auf die allgemeine Analogie eines Vorstellungsprocesses zurück. Sie fällt daher in das große Gebiet eines dunkel bleibenden, vorbe= wußten Vorstellens, welches wir überhaupt von sehr verschiedenen factischen Anlässen aus anzuerkennen genöthigt waren. Vorstellen aber ist niemals ohne Seele; und so ist die Paradoxie unserer frühern Be= hauptung: „Der morphologische und der Lebensproceß seien wesentlich als Seelenvorgänge zu betrachten", wenigstens insoweit und in dem Theile gerechtfer= tigt, als die Nothwendigkeit erwiesen worden, als Mitbedingendes in ihnen ein raumconstruirendes Vor= stellen anzunehmen. Dies aber ist nur eine besondere Art jener allgemeinen, bewußtlos bleibenden Vorstel= lungsthätigkeit.

Nun galt es jedoch weiter, den bestimmtern Charakter jenes raumconstruirenden Vermögens anzugeben und womöglich eine allgemeine Ana= logie zu finden, an welche sein Begriff sich anlehnen und so das Befremdliche verlieren könnte, dem er in seiner vereinzelten Fassung auch nach unserm Zuge= ständnisse ausgesetzt bleibt. Hierüber indeß dürfen wir uns auf das Ergebniß der „Anthropologie" berufen, dem wir vorerst nichts hinzuzusetzen wüßten.

Dieselbe zeigt nämlich, daß das raumconstruirende Vermögen nur einen Theil, eine bestimmte Mo= dification der allgemeinen „Phantasiethätig=

keit" ausmache, welche, dunkel oder in bewußteren Gestaltungen hervortretend, in blos subjectiven (Traum=) Bildern sich genügend oder plastisch sich objectivirend im Organismus, allgegenwärtig und in den vielseitigsten Wirkungen auf allen Stufen des Lebens sich kund gibt.

Die „Anthropologie" erweist in dieser Beziehung zweierlei. Einerseits zeigt sie die mannichfache, that-sächliche Einwirkung bloßer Phantasievorstellungen auf den Organismus, sodaß an ihrer plastisch eingrei-fenden Macht auf denselben factisch gar nicht zu zweifeln ist. Und so wäre in der einen Beziehung eine erfahrungsmäßige, mit den reichsten Thatsachen ausgestattete und gar leicht noch weiter auszustattende Analogie für die fragliche Erscheinung gefunden. An-bererseits ist es aber kein irrationales, niederes Bild-vermögen, die sogenannte „Einbildungskraft" mit ihren bedeutungslosen „Vorstellungsassociationen", welche darin sich kundbar macht; es ist aufs eigent-lichste die „Phantasie", die Intelligenz (das Denken) in ihrer instinctiv sichern Wirkung, welche schon in jenen dunkelsten Anfängen sich zeigt, überhaupt aber das Band zwischen den bewußten und den bewußtlosen Regionen des Geistes bildet, indem sie in stetiger Stufenfolge vom höchsten Gipfel besonnener Kunst-schöpfung durch die Zwischenstufen des „Traumes" in seiner Vielgestalt, der Ahnung und den Instinct-handlungen, bis in jenes raumconstruirende Vorstellen der Seele herab sich verfolgen läßt.

Dies ist auch der Grund, um deswillen ich das Wir-

kungsgebiet der Phantasie nicht blos und ausschließlich,
wie andere, in der ästhetischen Productivität finden kann,
sondern in diesem Punkte, wie sonst überall dem Gesetze
der Stetigkeit nachgehend, in der künstlerischen Wirk=
samkeit nur das von der Idee des Schönen befruchtete,
formell aber gleichartige Gestaltungsvermögen er=
blicke, welches schon im Traume und in der Eigen=
thümlichkeit jenes plastischen Vorstellens sich offenbart.
Hierüber jedoch weiter unten ein Mehreres!

41. Nun aber räume ich willig ein, bei diesem allen
auf einen dritten Umstand bisher nicht gebührende Auf=
merksamkeit gerichtet zu haben. Die Seele und ihre Phan=
tasiethätigkeit in den sämmtlichen bezeichneten Processen
kann nur als gestaltendes, formgebendes Princip
bezeichnet werden und als nichts weiter. Wie dies
ihr allgemeiner Charakter ist, so bedingt es auch
die charakteristische Grenze ihrer Wirksamkeit. Weder
vermag sie die realen, umzugestaltenden Körperele=
mente zu erzeugen, noch auch die vorhandenen herbei=
zuziehen durch eine Art von dynamischer Attraction —
einer an sich sehr unklaren, übrigens auch durch
nichts Factisches zu belegenden Hypothese —, noch
endlich qualitativ verändernd in sie einzudringen.
Mit Einem Worte: die Stoffbildung und Stoffver=
änderung, der Chemismus in allen jenen Processen,
als nothwendige Unterlage aller Leibgestaltung, ist ihr
völlig fremd. Dieser beruht allerdings auf allgemei=
nen, von ihr unabhängigen Gesetzen, unter deren
Bedingung zwar sie ihre morphologische Thätigkeit
vollzieht, an denen selbst aber sie nichts ändern oder

auch im einzelnen nur das Geringste umbeugen kann. Die Seele ist allerdings die Gestalt, und zugleich das Formende ihres Körpers, dieser ihr Abbild: aber nur wie es in eine Welt ursprünglich ihr fremder, eigenen Gesetzen folgender Stoffelemente von ihr hineingeworfen werden kann.

Hier also werden wir volle Veranlassung finden, mit Lotze einen „physisch=psychischen Mechanismus" anzuerkennen, d. h. das Gebundensein der Seele in all ihren organischen wie Bewußtseinsverrichtungen an die Gesetze eines aus ihr selbst nicht erklärlichen Naturmechanismus. Das „Nicht=Ich", um in alter Weise zu reden, tritt dem „Ich", der Seele, als eine zweite, reale, von ihr unabhängige Macht gegenüber; zwar kann sie es sich unterwerfen, zum eigenen Darstellungsmittel verbrauchen, aber nur in sehr bestimmten Grenzen und nicht ohne Einschränkungen und Einbuße für sie selbst. Auch dieser Nebenzug im Totalgemälde dieser Verhältnisse darf nicht übersehen werden; denn nur zu sichtbar zeigen sich die Spuren desselben. Der angebildete Organismus bietet der Seele nicht nur die nothwendigen sinnlichen Bedingungen ihres Bewußtwerdens; er bindet und beschränkt auch ihr bewußtes Vermögen; denn in ihren leibfreien Zuständen können wir eine Entbindung desselben beobachten.

42. Ebenso müssen wir mit Lotze aufs vollständigste zwischen den beiden Sphären ein teleologisches Verhältniß, eine dem höchsten Ursprunge der Dinge entstammende „Anordnung" erblicken, welche

ebenfalls die Seele sich nicht gegeben, noch die sie nach den Bedingungen dieser Gegebenheit im geringsten zu ändern vermöchte. Wenn er daher in seiner „Streitschrift" tadelnd bemerkt, daß ich die Menschenseele, den „Genius" viel zu sehr als ein übermächtiges, die Weltverhältnisse mit idealer Willkür bewältigendes Wesen darzustellen liebe, dabei aber die factischen Grenzen dieser Bemächtigung übersehen oder überschritten habe: so bin ich dieses bösen Scheins offen geständig, weil ich einräumen muß, im Eifer meines doppelten Kampfes gegen die herrschenden materialistischen, wie abstract spiritualistischen Lehren, die direct entgegengesetzte Ansicht gleichfalls zu einseitig betont und die Motive zu jener Grenzberichtigung nicht mit gleicher Stärke entwickelt zu haben. Denn an sich und dem allgemeinen Principe nach sind sie keineswegs von mir übersehen worden. Stets habe ich behauptet, dem großen Grundgesetze des Besitzens und Besessenwerdens gemäß, nach welchem jede höhere Daseinsstufe zwar an der niedern sich verleiblicht, nicht aber damit deren eigene Natur zu einer andern zu machen vermag, daß die Seele bei ihrer Selbstverleiblichung an alle Bedingungen gebunden sei, welche die Gesetze des organischen Chemismus ihr auferlegen. Und so lag darin schon, wiewol nicht ausdrücklich ausgesprochen oder von jeder andern Deutung bestimmt ausgeschieden, die Consequenz, daß die Seele nur als Formendes, nicht als real Wirksames in ihrer Corporisation gedacht werden könne.

Fichte, Zur Seelenfrage.   5

43. Aber nach einer andern Seite hin glaube ich einen Vorbehalt nicht aufgeben zu dürfen: ich habe mit jenem Zugeständniß nichts eingeräumt, was einer dualistischen oder occasionalistischen Ansicht im geringsten ähnlich wäre. Nicht neben einander existiren und wirken Seele und Leib, nach dem bekannten Geulincx-Leibniz'schen Gleichnisse zweier gleichgestellter Uhren, unabhängig voneinander ihren parallelen Lauf vollendend: ihre Einheit entsteht nicht aus einer von außen in sie hineingebrachten künstlichen Uebereinstimmung. Das Ineinandersein beider, in wirklicher, auch räumlich zu denkender Wechseldurchdringung, bringt diese Harmonie hervor, und zwar geht sie, nach der Consequenz unserer gesammten Grundansicht und in Uebereinstimmung mit dem Thatsächlichen, vom höhern Principe, von der Seele aus. Auch hier daher führt uns die Entscheidung auf die Grundfrage zurück nach dem ursprünglichen Verhältnisse des Seelenwesens zum Raume, über welches in dem sechsten Abschnitte dieser Schrift mit meinem verehrten Freunde mich auseinanderzusetzen mir erlaubt sei.

44. Vorläufig indeß dürfte unser Verhältniß, soweit ich sehen kann, sich also gestalten.

Er ist nicht abgeneigt, morphotische Einwirkungen der Seele auf den Leib in bestimmten Grenzen zuzugeben; ja ausdrücklich behauptet er, daß es nöthig sei, „die unbewußte Vernunft des zweckmäßigen Wirkens, so sehr als möglich, in ein einziges Element" (es kann nur die Seele sein!) „zu concentriren und den übrigen nur die Bedeutung eines gestaltbaren

Materials zu laſſen" (§. 34). Allerdings wichtige,
ja principiell entſcheidende Erklärungen! Dennoch
liegt in ihnen, wie ſich ergab, nur ein halbes Zuge=
ſtändniß. Wie er nämlich, nach den ſonſtigen Prä=
miſſen ſeiner Grundanſicht, die Bedingungen und
Hülfsmittel ſich denke, mit welchen die Seele auch
nur theilweiſe und in den engſten Grenzen dieſe um=
geſtaltenden Wirkungen ausführe, bleibt völlig im
Dunkel. Iſt die Seele dabei nur das „Veran=
laſſende", nicht das direct „Bewirkende", was
vielmehr dem „allgemeinen Geſetze des phyſiſch=pſy=
chiſchen Mechanismus" zu überlaſſen iſt: ſo bleibt
völlig unverſtändlich, wie ein allgemeines Geſetz
ſo individuelle und ſo in jedem Individuum anders ſich
modificirende Wirkungen üben könne. Iſt dagegen
die Seele ſelber darin als unmittelbar wirkſam zu
denken — und wir ſehen nicht ab, wie unſer Freund,
nachdem er einmal ſo weit gegangen, dieſer Einräu=
mung ſich entziehen will —, dann können wir uns
den Widerſpruch mit ſeiner Fundamentalanſicht von
der Seele, als „einfachem, unräumlichem Weſen",
nicht verbergen, welcher die Möglichkeit jeglicher di=
recten Einwirkung der Seele auf räumliche Verhält=
niſſe ſchlechthin ausſchließt und die Theorie unwieder=
bringlich in occaſionaliſtiſche Vorausſetzungen einengt.
Hier bleibt daher vorerſt eine Lücke auszufüllen.

In dieſe nun ſuchte ich einzutreten; und zwar
nicht auf dem Wege vereinzelter Hypotheſen oder ge=
waltſamer Erklärungsverſuche, ſondern durch eine
umfaſſende, auf empiriſch beglaubigten Naturanalo=

5*

gien gegründete Theorie vom Wesen der Seele. Doch
war diese in Gefahr, bei der ersten Darstellung im
einzelnen und besondern in erfahrungswidrige Ueber=
spannung und damit in bedenkliche Unsicherheit zu
gerathen; hier erkenne ich die belehrenden Warnungen
dankbar an, mit welchen Lotze mich zurecht wies, um
dadurch das Mittel zu gewinnen, schärfer und erfah=
rungsmäßiger jenes Erklärungsprincip auf sein objec=
tives Maß zurückzuführen.

III.

Urbewußtsein und Sinnenwissen.

45. Die vorstehenden Verhandlungen haben nur
im besondern bestätigt, was die „Anthropologie" um=
fassend zu begründen bestimmt war, um damit der
„Psychologie" einen zugleich vollständigen und berich=
tigten Allgemeinbegriff der Seele als sicheres Funda=
ment entgegenzubringen. Die Menschenseele — so sagten
wir schon einmal (§. 4) — hat nicht nur in ihrem
Bewußtsein vorempirische Bestandtheile; sie ist ein
apriorisches, mit durchaus bestimmten Trieben und
Instincten ausgestattetes Wesen, welches schon eine
Reihe höchst wirksamer, aber bewußtlos bleibender
Vorstellungsprocesse vollzogen hat, ehe es in eigent=
liches, bewußtes Vorstellen hervorbricht.

Was wir dabei unter dem sonst vieldeutigen
Worte „Instinct" verstehen, konnte nicht zweifelhaft

sein (§. 22). Jene ursprünglichen Seelentriebe sind
darum zugleich instinctiver Natur, auf ein ihnen
entsprechendes Objective gerichtet, weil sie (zufolge
des allgemeinen consensus im Universum) ein ursprüngliches Vorbild dieses Objectiven in sich tragen.
Dies gilt im Gebiete des Bewußtseins, wie des Vorbewußten. Das Bewußtsein kann nur dasjenige erkennen, mit dem es selbst gewisse Daseinsbedingungen
gemein hat; es kann nur begehren und lieben,
was es in dunkelm Vorgefühle schon besitzt; es kann
nur dasjenige als „Angenehmes" empfinden oder als
„Schönes" prädiciren, was es zufolge eines ursprünglichen Urtheilsactes als seiner organischen oder
seiner geistigen Natur harmonisch bezeichnen muß.
Wie weit in das Besondere dieser Parallelismus
zwischen Geist und Welt hinabreiche, hat eben die
„Psychologie" zu zeigen, welche bei Erklärung der
einzelnen Bewußtseinsvorgänge oft genug auf jenes
aprioristisch Mitbedingende zurückzugreifen genöthigt
sein wird.

46. Hatte jedoch die Anthropologie in dieser
Grundansicht einmal Wurzel gefaßt, hatte sie ferner
gezeigt, daß, was wir Bewußtsein nennen und worin
man nach den herrschenden psychologischen Vorstellungen sogar die ganze Existenz des Geistes aufgehen
läßt, — jenes durch sinnliche Vermittelung erzeugte
empirische Wissen mit seinem ganzen Zubehör —, wiewol es apriorische Bestandtheile in sich birgt und
dadurch seine „transscendentale", überempirische Ab-
kunft deutlich genug an den Tag legt, dennoch im

großen und ganzen gemessen, nur einen relativ geringfügigen Bestandtheil desjenigen darbietet, was die Menschenseele an sich ist und was in ihr vorgeht: so durfte sie der zweiten Frage sich nicht entziehen, ob nicht auch während der gewöhnlichen, sinnlich vermittelten Bewußtseinsprocesse und im Hintergrunde derselben, ja unaufhörlich sie begleitend, ein eigenthümliches tieferes „Urbewußtsein" jener apriorischen Beziehungen sich geltend mache, indem es plötzlich sie durchbrechend, in die gewöhnliche Bewußtseinsform hineinscheint?

Erst nach Erledigung dieser Frage konnte sie behaupten, den ganzen Umfang des Apriorischen in der Menschenseele ermessen zu haben; vielleicht auch durfte sie hoffen, dabei in das Dunkel von Verhältnissen und Wechselwirkungen einzudringen, welchen die Menschenseele in dieser verborgenen Innerlichkeit geöffnet sein mag und die mitbedingend auch in ihre bewußte Region einsprechen können, ohne daß sie davon das Geringste empfindet, weil eben dies alles jenseit ihres sinnlich bewußten Horizontes fällt.

Auch diese Untersuchung, wenigstens in ihren ersten Umrissen und Grundzügen, gehörte noch in den vorbereitenden Theil, in die „Anthropologie", weil es überhaupt hier galt, einen vollständigern Begriff des Seelenwesens zu gewinnen, als man gemeinhin der Lehre von den bewußten Zuständen desselben unterlegt. Andererseits kann freilich der vollständige Beweis eines solchen ineinander geschichteten Doppelbewußtseins der Seele nur von der Psychologie erwartet werden. Indem diese zeigt, was in der Reihe der vollständig erschöpften Thatsachen des Bewußtseins innerhalb des „Sinnenwissens" liegt und vollständig aus der Entwickelung desselben sich erklären läßt, muß sich ganz von selbst eine Gruppe gewisser anderer Bewußtseinserscheinungen ausscheiden, bei denen die Annahme einer solchen blos sinnlichen Vermittelung nicht mehr ausreicht, welche auf einen andern „übersinnlichen" Ursprung zurückweisen. Aufgabe der Anthropologie kann es nur sein, überhaupt die Existenz einer solchen Region in der Seele zu erweisen und damit zugleich den für die bisherige Psychologie · allerdings bedenklichen Umstand zu constatiren, daß sie gerade nur mit der einen Hälfte der Seelenexistenz sich beschäftigt und von ihr Kunde genommen habe, noch dazu von derjenigen, welche blos aus sich selbst gar nicht begründet oder erschöpfend erklärt werden kann.

47. Und so befremdet mich auch nicht im geringsten die Erfahrung, daß dieser Theil meiner Untersuchungen, weil er ein unbeachtetes, ja den meisten verrufenes Gebiet berührt, bei der herrschenden Meinung des Tags dem entschiedensten Widerstreben begegnen mußte. Sogar von sehr hervorragender Stelle her ist mir verargt worden, mit Phänomenen mich beschäftigt zu haben, die allerdings einen Theil, wenn auch nur einen untergeordneten, in jener vorempirischen Region der Seele bilden. Man schilt sie „trübselige Schnörkel" am psychischen Leben des Menschen und gibt nicht undeutlich zu verstehen, daß

überhaupt nur unwissenschaftliche Auffassung ihnen
Werth zugestehen könne.*)

Gleichviel indeß, ob trübselig oder heiter, ob
krankhaft oder gesund, die Thatsachen müssen begriffen, nicht blos geschmäht; erklärt, nicht in unver-
schuldeten Verruf gebracht werden, sammt Dem, der
sich um ihre Erklärung wirklich bemüht. Denn als
Thatsache muß anerkannt werden, wozu sich Belege
finden, Belege aus allen Jahrhunderten unserer Geschichte und aus allen Bildungsstufen der Menschheit,
und eine so reichlich darüber aufgespeicherte Berichterstattung entlegenster und voneinander ganz unab-
hängiger Zeugen, daß wenn man mit diesen Dingen
überhaupt nur sich beschäftigen mag, statt sie a priori
als Täuschung oder Betrug zu bezeichnen und solcher-
gestalt sich vom Leibe zu halten, man billig behutsam
werden sollte. **)

------

*) Lotze in den „Göttinger gelehrten Anzeigen" (1857),
Nr. 52, S. 520.

**) Die „Anthropologie" berichtet nirgends über das
Factische, welches sie ihren Untersuchungen zu Grunde legt,
sondern setzt Leser voraus, welche entweder mit dem Thatbestande bekannt sind oder die sich damit bekannt machen wollen,
und verweist wegen dieses Thatsächlichen auf andere Werke.
So ist es auch in Betreff jenes Gegenstandes geschehen, wobei ich freilich beklagen mußte, daß eine umfassende kritische
Geschichte dieser mannichfachen und zum Theil höchst verwickelten Erscheinungen des Seelenlebens uns noch fehle. Seitdem
hat H. B. Schindler in seinem soeben erschienenen Buche: „Das
magische Geistesleben, ein Beitrag zur Psychologie" (Breslau

Diese behutsamern Erwägungen haben nun wirklich mich geleitet, um jenen verdächtigten Phänomenen
mit dem Rechte der Existenz, welches sie beanspruchen
können, auch den Versuch einer gründlichern Erklärung
zuzuwenden. Die sonstigen Verunglimpfungen, welchen
ich mich dadurch aussetzte, kamen mir nicht unerwartet;
denn wohl wußte ich, daß es nichts Intoleranteres
gibt, auch gegen Thatsächliches, als eine bornirte,
im vermeintlich unantastbaren Besitze gewisser Vorstellungen zur Ruhe gesetzte Empirie. Ueberraschender
war es mir, auch einen Denker erster Ordnung,
einen tiefsinnigen und vornehmen Geist, wie Lotze, hier
mit der Geringfügigkeit jener gewöhnlichen Ausreden
sich genugthun zu sehen, ohne daß er es der Mühe

1857) diese Lücke auf dankenswerthe Weise auszufüllen gesucht: — ein, was die Uebersicht des Thatsächlichen betrifft,
reichhaltiges und wohlgeordnetes Werk; doch wäre die Zurückweisung auf die Quellen, aus denen der Verfasser im einzelnen geschöpft, zur Controle dieses einzelnen oft wünschenswerth
gewesen. In Betreff der Erklärung strebt es den streng
wissenschaftlichen Standpunkt festzuhalten, indem es jeden Einfluß eines „Jenseitigen" ausschließt und darin, den Begriff
der Jenseitigkeit im gewöhnlichen Sinne unkritischen Aberglau-
bens genommen, auch unbestritten recht hat. Dagegen ist es
eine ganz andere Frage, ob alles und jedes, was als Inhalt
der Vision auftritt, sich wie im gewöhnlichen Traume als bloßer Reflex und Nachhall des Sinnenbewußtseins erklären
lasse. Dies ist ein neuer, noch nicht angeregter Gesichtspunkt,
welchen die „Anthropologie" aufstellt, und ein anderer Begriff
der „Jenseitigkeit", von welchem sogleich im Folgenden ein
Weiteres.

werth gehalten hätte, auch nur problematisch den
Thatbestand zu prüfen oder die großen Perspectiven,
welche sich von da aus für den Gesammtbegriff der
Seele eröffnen, auch nur vorübergehend ins Auge zu
fassen. Dennoch glauben wir den innern, ihm selbst
vielleicht unbewußt bleibenden Grund dieser Zurück=
haltung wohl zu kennen. Wer auf der punktuellen,
schlechthin raumlosen Einfachheit des Seelenwesens
besteht, welches nur mittels eines äußerlich ihm an=
gepaßten Leibes in Raumbeziehungen tritt, der muß
eine unwillkürliche Apprehension empfinden gegen
Thatsachen, in denen die Seele, bei offenbar al=
terirtem Verhältnisse zu ihrem Organismus, dennoch
Räumliches percipiren und sogar fernwirkend im
Raume auftreten soll. Wenn aber die Unerbittlichkeit
der Thatsachen ein solches Zugeständniß dennoch for=
dert, so wird man wohlthun, seine Theorie danach
zu reformiren, statt umgekehrt die Thatsachen nach
dieser zurecht legen zu wollen. Ich bekenne, daß in
vorliegendem Falle dies mein Bildungsgang gewesen
ist, und so hat jener wiederholte Tadel, neben
dem Unwillen, den er allerdings erregte, eine fast ko=
mische Nebenwirkung auf mich geübt; er führte mir
nur dasselbe zu Gemüthe, was ich längst bedacht und
längst aus guten Gründen aufgegeben hatte. Denn
in der That hat es ebenso viel Unwürdiges als
Komisches, immer von neuem aus Prämissen sich wider=
legt zu sehen, denen man selbst früher Beifall schenkte,
deren Ungenügendes man aber bei reiferer Erwägung
erkannt hat.

48. Nun aber — was ist es eigentlich, das mich veranlaßt, im Widerstreite gegen die Autorität der meisten „wissenschaftlichen" Psychologen, den magischen Erscheinungen des Seelenlebens überhaupt ein so großes Gewicht beizulegen? Meine Uebereinstimmung mit der gewöhnlichen Theorie über Somnambulismus, Hellsehen 2c. ist es offenbar nicht, wiewol man auch diese ziemlich unkritischen Vorstellungen mir imputirt hat; vielmehr habe ich mich gegen dieselben aus den motivirtesten Gründen erklärt.

Dagegen ist es folgender, im Thatsächlichen begründeter Umstand. Es läßt sich nicht verkennen, daß alle die scheinbar abnormen Phänomene, welche im Wachtraum, in Vision, Deuteroskopie und Ekstase den Menschen ergreifen, demselben Gebiete des Unwillkürlichen und Vorbewußten entstammen, aus welchem auch die eigentlich idealen Eingebungen ihren Ursprung nehmen. Dennoch können sie in der Regel und nach ihrem weit überwiegenden Gehalte keineswegs jenem eigentlich idealen Gebiete zugerechnet werden; dazu sind sie in den allermeisten Fällen innerlich zu bedeutungslos. Andererseits lassen sie sich doch auch nicht, wie der gewöhnliche Traum und alles, was mit ihm zusammenhängt, so leicht und gefügig nach den bekannten Gesetzen der Vorstellungsassociation aus bloßer Reminiscenz der Sinnenerfahrung erklären. Denn wenn dem Deuteroskopen später wirklich eintretende, übrigens zufällige Begebenheiten in traumhafter Objectivität vorgespiegelt werden, sodaß die Zukunft ihm zur Gegenwart wird;

wenn der Visionär, die seinem sinnlichen Empfinden gesteckten Raumschranken durchbrechend, das fern von ihm Vorgehende wirklich erschaut, sodaß das räumlich Entlegene traumhaft in seine unmittelbarste Nähe rückt; wenn daher ein erweislich Objectives, Factisches in jenen unwillkürlich erregten Schauungen sich darlegt: wie in aller Welt will man hier noch die gewöhnliche, ebenso flache, als gewaltsame Erklärung gelten lassen, daß auch darin blos die Nachwirkungen des empirischen Bewußtseins, lediglich Producte gewöhnlicher Vorstellungsassociation zu erkennen seien, die nur durch „Zufall" mit der Wahrheit zusammentreffen? Etwas gründlicher pflegt man die „Ahnung" künftiger Ereignisse, sofern sie sich bewahrheitet, aus dem logischen Processe eines in seinen Prämissen undeutlich bleibenden Wahrscheinlichkeitsschlusses zu erklären; in gewissen Fällen sicherlich berechtigt, da wir auch sonst die Zukunft unwillkürlich so zu beurtheilen gewohnt sind. Und den auf diese Weise in Erfüllung gegangenen Ahnungen pflegt man die zahllosen unerfüllt gebliebenen entgegenzustellen, deren niemand gedenke, um jene vorzugsweise und ausschließlich zu beachten, obgleich sie doch an sich nicht mehr objectiven Werth haben als die andern. Wir erkennen das Berechtigte dieser Erklärungsweise vollkommen an; wir behaupten nur, daß sie nicht ausreiche, um alle dabei einschlagenden Fälle zu erklären, und allerdings kommt es darauf an, eine Musterung über das Charakteristische derselben zu halten.

49. Ein zukünftiges Ereigniß von durchaus zufälliger Beschaffenheit ("zufällig" heißt hier nur, dessen innere Causalitätsverhältnisse unserer Kenntniß entrückt sind), welches dennoch mit allen, selbst den kleinsten Nebenumständen wirklich also eintritt, wie es das "zweite Gesicht" uns vorgespiegelt, kann nimmermehr bloßes Product eines bewußtlos bleibenden Wahrscheinlichkeitsschlusses, überhaupt eines logischen Processes sein; denn das logisch Gefolgerte trägt überall und nothwendig den Stempel des unbildlich Allgemeinen; es kann sich über den Charakter unbestimmter Vermuthung, recht eigentlich daher der "Ahnung", nirgends erheben, kann niemals eigentliche "Vision" erzeugen. Je stärker daher und je intensiver die unwillkürliche Denkthätigkeit wirkt, desto mehr wird ihr (bewußtes oder unbewußtes) Product von aller bildlichen Anschaulichkeit sich entfernen: sie kann das Richtige voraussehen, aber nur im Charakter treffender Beurtheilung, nicht im geringsten in der Form eines wirklichen Bildes. Beides, das bildlos Logische und das bildlich Anschauliche sind durch ein unüberschreitbares psychisches Gesetz, dessen Erklärung uns anderswo beschäftigen wird, ewig voneinander geschieden.

Und wie vollends getraut man sich die andere Form der Vision, in der ein räumlich entferntes, aber wirklich vorgehendes oder schon vorgegangenes Ereigniß mit aller Eindringlichkeit und Treue des Wirklichen dem Seher sich darstellt, aus solchen Wahrscheinlichkeitsschlüssen zu erklären? Hier sind die

Prämiſſen, auf deren Combination die Beurtheilung eines Zukünftigen beruhen könnte, gar nicht mehr vorhanden; ſie gehören der unveränderlich abgeſchloſſenen Vergangenheit an. Man kann ſie nur factiſch wiſſen oder erfahren, nicht mehr blos ſie vermuthen oder erſchließen.

Erwägt man nun die bezeichneten Thatſachen und was weiter in Analogie mit ihnen ſteht in ſeinem ganzen Umfange (von welchem allen zahlloſe, factiſch vollkommen erwahrte Beiſpiele in den Sammelwerken vorkommen, welche dieſen Dingen gewidmet ſind): ſo leuchtet wol unwiderſprechlich ein, daß hierzu die bisherigen Erklärungsmethoden ſich ungenügend erweiſen, ſowol die ¡Erklärung, all dergleichen ſeien bloße Nachwirkungen aus dem Vorrathe unſers empiriſchen Bewußtſeins, welche durch „Zufall“ Bedeutung erhalten; wie auch die andere, allerdings gründlichere und für eine gewiſſe Sphäre auch ausreichende, welche in den viſionären Zuſtänden nur eine beſondere Art unwillkürlichen logiſchen Denkens erblicken will. Man ſieht, das Erklärungsprincip muß erweitert, dabei nach einer ganz andern Seite hin gerichtet werden. Aber nach welcher? Hier möge man mit ſeinem Endbeſcheide ſich nicht übereilen. Die „Anthropologie“ hat nach ihrer ganzen vorbereitenden Stellung auch in dieſem Betreff nur zeigen wollen, was pſychologiſch ſchlechterdings nicht genüge.

50. Die Bewußtſeinsform, welcher alles Viſionäre, das objectiv bedeutungsvolle, wie das bedeutungsloſeſte, gleicherweiſe zufällt, iſt die des Traums. Jede

eigentliche Vision steigert sich zum „Wachtraume", zu einer zwischen die Empfindungen und Vorstellungen des wachen Bewußtseins mitten hineintretenden, der Lebhaftigkeit und Bildlichkeit des eigentlichen Traums analogen Vorstellung. Schon darum muß man dem Traume psychologisch eine universellere Bedeutung geben, als bisher geschehen. Traum nämlich müssen wir alle diejenigen Bewußtseinszustände nennen, in denen uns, ohne jede unmittelbare Sinneserregung, dennoch in Form sinnlicher Anschaulichkeit Bilder vor das Bewußtsein treten, gleichviel ob unser Urtheil, die begleitende Reflexion, ihnen Objectivität beilege (wie im Schlaftraume) oder nicht.

Was nun ist am Traume realen oder objectiven, was subjectiven Ursprungs? Die von alters her vielverhandelte, neuerdings beseitigte, aber nicht im geringsten erledigte Frage nach der „Bedeutung" der Träume kehrt zurück. Sie kann nur nach der allgemeinen Analogie dessen gelöst werden, was überhaupt die verschiedenen Quellen der Objectivität in unserm Gesammtbewußtsein sind.

Zu allernächst wird man von dem Wahne zurückkommen müssen, daß dem Traume deshalb keine objective Bedeutung zukomme, weil er eine Bildersprache redet. Man muß sich überzeugen, daß auch der sinnliche Empfindungsinhalt, dem man vorzugsweise, ja ausschließlich Objectivität beizumessen gewohnt ist, lediglich eine Bildersprache, nur anderer Art, enthalte, zwar eine streng gesetzliche, aber doch eine solche, die in ganz anderer Weise das Wesen

desjenigen bezeichnet, was an objectiven Erregungen
ihr zu Grunde liegt. Das „Roth" unserer Gesichts-
empfindung steht qualitativ nicht in der geringsten
Analogie mit der eigenthümlichen Oscillation des
Aethers, welcher es in der Bildersprache unserer
Sinne entspricht.

Warum nun — so muß man zunächst ganz allgemein fragen — soll es mit dem Werthe der Traumbilder
nicht ebenso sich verhalten? Wir können in ihnen
ganz wohl die bildliche Einkleidung eines höchst realen
Kerns vermuthen, wir können sogar das Eintreten
eines eigenthümlichen Wahrheitsgehaltes in diese Bewußtseinsform gelten lassen, wenn die Thatsachen
davon Zeugniß geben, ohne damit den Charakter des
Traums im geringsten aufzugeben, oder ihn in seiner
sonstigen Bedeutung fälschlich zu überspannen. Alles,
wie man sieht, entscheidet sich danach, wozu man
durch unbefangene Erforschung des Thatbestandes
genöthigt wird.

51. Welches sind nun die objectiven Quellen dieses Traumbewußtseins und des mannichfachen, darin
sich darstellenden Gehaltes? Hier sei es gestattet, der
künftigen psychologischen Darstellung vorzugreifen und
ihre Hauptresultate in einige übersichtliche Sätze zusammenzufassen.

Zuvörderst ist zu erinnern, daß nach der Consequenz unserer Grundansicht vom Geiste diejenige Seite
desselben, welche in der universellen Form des Traums
sich darstellt, für uns ganz die gleiche Bedeutung und
denselben psychologischen Werth haben müsse, der in

der Regel nur dem wachen Sinnenbewußtsein zugestanden wird. Wenn wir gezeigt haben, daß der Geist
zugleich ein jenseitiges Leben im diesseitigen, sinnlich
bewußten führt: so sind die Spuren des erstern nur
in jenen unwillkürlichen Traumeingebungen zu entdecken. Der Traum wendet die innere, gewöhnlich
uns verborgene Seite des Geistes dem Lichte des
Bewußtseins zu, und so ist er die einzige Form, in
der die andere Hälfte seines Daseins, der Hintergrund
auch seines wachbewußten Lebens in vorübergehenden
Fulgurationen sich abzuspiegeln vermag. Bei dieser
Ansicht kann von einseitiger Ueberschätzung der einen
wie der andern Bewußtseinsform, in welche man wol
früher sich getheilt hat, nicht mehr die Rede sein.
Beide gehören unabtrennbar zueinander und aus
beiden Hälften erst, nicht aus der einen, der des
wachen Sinnenlebens, wie die herrschende Psychologie
bisher es meinte, läßt sich das ganze Wesen unsers
Geistes ermessen.

Aber auch nach entgegengesetzter Seite hin bietet
unsere Ansicht keinerlei Veranlassung, die visionären
Zustände einseitig zu überschätzen und in ihnen sofort
schon „Aufschlüsse über das Jenseits" zu erblicken, wozu,
im Proteste gegen den dürftigen psychologischen Ratio-
nalismus unserer Tage, einige sonst tüchtige Geister
vielleicht allzu sehr sich haben verleiten lassen. Nicht
der Inhalt in diesen Zuständen ist das Bedeutungsvolle, sondern ihre Form und die Existenz eines
solchen Bewußtseins überhaupt.

Daß aber dasselbe in der That eine weit tiefere

allgemein menschliche Bedeutung habe, als man ge=
wöhnlich ihm zugesteht, möchte schon folgende einfache
Beobachtung lehren. Der Unterschied der Cultur=
stufen, welcher im Wachen die einzelnen Individuen
auf das durchgreifendste abscheidet, verschwindet bei=
nahe völlig für den Traum. Der begabteste, wie
der beschränkteste Geist, das gebildetste, wie das un=
entwickeltste Bewußtsein, mögen sie im Wachen durch
jedes Wort, durch jeden Urtheilsact noch so entschie=
den sich sondern, — daß auch die Träume der einen
höher ständen, als die der andern, läßt sich nicht im
geringsten behaupten. Im trivialsten, beschränktesten
Geiste des Wachens vielmehr entwickelt sich oft genug
das originalste, tiefsinnigste Traum= und Seherleben,
indem die innerlich unberührten Schätze seiner Indi=
vidualität erst darin zum Durchbruch gelangen. Ueber=
haupt aber belehrt uns dies, daß die im gewöhn=
lichen Leben so stark hervortretenden Gei=
stesabstufungen unter den Menschen dem
Wesen nach geringfügige und bedeutungslose
sind; und der alte Satz der „Anthropologie“ bestätigt
sich, daß der Mensch seinem eigentlichen Wesen nach
unendlich reicher und tiefgegründeter ist, als in seiner
der Welt zugekehrten Bewußtseinsform jemals zur
Erscheinung kommt.

52. Bei der Frage nun nach den Stufen und
der allmählich tiefer greifenden Bedeutung des Traum=
bewußtseins (§. 50) haben wir, wie schon bemerkt,
zwei Grundformen desselben zu unterscheiden: den
durch gewöhnlichen Schlaf vermittelten, und den zwi=

6 *

schen die Vorstellungen des Wachens mittenhinein=
tretenden Zustand der Vision, — oder Schlaf=
traum und Wachtraum. Aus bekannten, leicht zu
enträthselnden Gründen ergibt sich zugleich, daß nur
im Schlafe, während des Schweigens oder wenig=
stens des Zurücktretens der Sinnenperceptionen, die
vollständige und regelmäßige Ausbildung des Traums
möglich sei. Zugleich aber findet sich erweislich die=
selbe Stufenfolge und Analogie bei den Wachträumen;
sodaß man für jede Stufe des Traums eine dop=
pelte Form, die des Schlafs und die im Wachen,
deutlich erkennen kann. Immer aber dient die erstere
zum erklärenden Exponenten für die zweite, weil die
normale, in ihrem eigenthümlichen Charakter ausge=
bildete Traumform nur im Schlafe möglich ist. Darf
ich hier schon versuchen, was die „Psychologie“ in
vollständiger Ausführung zu geben gedenkt, kurz zu=
sammenzustellen, so würden ungefähr folgende Abstu=
fungen des Traumbewußtseins anzunehmen sein.*)

------

*) Um vorläufig dem Leser eine weitere, besonders durch
Factisches beglaubigte Ausführung bieten zu können, ist ein
früherer Aufsatz: „Ueber Traum, Ahnung, Vision und
die damit zusammenhängenden Seelenerschei=
nungen“ aus der „Allgemeinen Monatsschrift für
Wissenschaft und Literatur“ (April 1854), im „Anhange“
wieder abgedruckt worden, mit Hinweglassung oder Abkürzung
der Stellen, welche sich auf seine gelegentliche Veranlassung
als populärer Vortrag vor einer gemischten Zuhörerschaft be=
zogen. Vgl. Anhang, Anmerkung III.

53. Die erste, bekannteste, zugleich aber am niedrigsten stehende Form desselben ist der (gewöhnliche) Traum als Nachwirkung von im Wachen eingelebten Vorstellungen oder als Effect von (äußern oder innern) Empfindungen, die während des Schlafs in das Bewußtsein eintreten; welches beides die Phantasiethätigkeit des Traums zu sinnbildlicher Darstellung anregt. Zu bemerken bleibt nämlich, daß auch der gewöhnliche Traum niemals lediglich Wiederholung des Erlebten, kein bloßes „Gedächtnißbild" des Wachens sei; er symbolisirt unwillkürlich künstlerisch, namentlich das an sich Bildlose und Unanschauliche, die innern Stimmungen und Gefühle, zu bestimmten „Visionen".

Hier nun geht der Traum blos begleitend dem täglichen Leben des Wachens parallel: er bleibt die unwillkürlich umgestaltende Abspiegelung desselben, und nichts ist in ihm zu entdecken, was der Region des Vorbewußten entflossen wäre. Aber auch in dieser Gestalt ist er tiefgesetzmäßig und bedeutungsvoll; eine Betrachtung, der auch die oberflächlichste Reflexion sich nicht verschließen kann, wenn sie bedenkt, daß alle unsere Träume der Willkür und der Ueberlegung durchaus entrückt sind.

Die parallele Form des Wachtraums zu dieser Stufe des Traumbewußtseins ist offenbar in dem zu finden, was man als „Sinnentäuschungen" (Hallucinationen) zu bezeichnen pflegt, insofern uneigentlich oder wenigstens ungenau, als in diesen flüchtigen Visionen nicht eigentliche Täuschungen der Sinne (wie

Doppelsehen, subjective Farben, Klänge und dergleichen)
obwalten, indem für alles dies ein bestimmter Reiz-
zustand der Sinnennerven die Veranlassung bildet,
sondern welche das innere Erzeugniß des organischen
Sinnenapparates sind ohne einen vorangehenden
äußern Reiz; — ein Vorkommniß, dessen Möglichkeit
um so weniger zu beanstanden ist, als ja nach der
ganzen jetzt sicher begründeten Theorie der Empfindung auch ihr Inhalt nur aus einer eigenthümlichen
Gegenwirkung der Sinnennerven auf den äußern
Reiz hervorgeht. So wird völlig erklärbar, wie
auch eine von innenher, d. h. aus der Seele stam-
mende Wirkung einen dem wirklichen Empfinden analogen Zustand hervorrufen könne. Freilich ist diese
Wirkung der Seele eine unwillkürliche; sie beruht auf
innern in der Seele verborgenen Gründen; und so
ist diese Gestalt des Wachtraums im normalen Zustande des Bewußtseins nur in ihren flüchtig-
sten Regungen zu beobachten. Auf dieser untersten Stufe sind die Wachträume noch bedeutungslose Nachklänge gehabter Vorstellungen, dergleichen
wir, besonders vor dem Einschlafen, häufig beobachten
können; sie sind völlig den gewöhnlichen, nicht eigentlich symbolisch zu nennenden Schlafträumen zu vergleichen. Dahin gehören auch die „Gedächtnißbilder" Purkinje's, der sie mit dem Abklingen der
Farben im Gesichtssinne vergleicht und ohne Zweifel
richtig als ein allmähliches Nachlassen von stark erregenden Vorstellungen im Bewußtsein bezeichnet.
Tritt dazu nun noch weiter bildend die symbo-

lifirende Phantafietthätigkeit, fo entftehen Anfänge ei=
gentlicher Vifion, wie in den von uns (in der Ab=
handlung, Anmerkung III) angeführten Beifpielen von
Goethe und Burdach. Erft auf der folgenden Stufe,
wo ein subjectiv und dauernd Erregendes Grund
des Traums wird, tritt er in ausgebildeter Geftalt
hervor und gewinnt den Charakter der „Vifion".

54. Der zweiten Stufe gehören die Träume
an, in welchen irgendeine subjective Seite unfers
Innern in symbolifchem Bilde fich widerfpiegelt.
Wir können fie „wahrfagende" Träume von subjec=
tiver Bedeutung nennen, weil ein realer Kern mit
Phantafiehülle umkleidet in ihnen hervorfcheint.
Grundftimmungen des Organismus, eingewurzelte
Gefühle und Affecte des bewußten Geiftes erzeu=
gen in uns gewiffe vorherrfchende Traumbilder, welche
den Spiegel unfers verborgenen Gefammtzuftan=
des uns vorhalten. Zunächft dies im Schlafe; aber
bei tieferer und gewaltfamerer Aufregung des Geiftes
können folche Stimmungen nach der fchon angegebenen
Analogie (§. 53) auch während des wachen Bewußt=
feins aus dem Kreife des bildlofen Gefühls heraus=
treten und zum eigentlichen Wachtraume werden, wo=
mit fchon die Grenze deffen berührt ift, was man
„fixe Idee", Wahnbild nennt. Schon die „Anthro=
pologie" hat darauf aufmerkfam gemacht, daß zwifchen
eigentlicher Geiftesftörung und leichter unwillkürlicher
Einbildung fo ftetige und unmerkliche Uebergänge wal=
ten, daß im einzelnen eine fefte Grenze zu ziehen
höchft fchwierig wird. Beides ift nur ein in verfchie=

denen Stadien seiner Intensität festgehaltener Wach =
traum.

Aber auch innere, im wachen Bewußtsein nicht
zur Verwirklichung kommende Anlagen (Neigungen,
Talente) des Geistes können im Traume sich Luft
machen und so sich schadlos halten, um dem Bewußt=
sein aus der einseitigen Richtung seines Wachens zur
Ganzheit und zur Selbstbefriedigung zu verhelfen.
In diesem Sinne ist auch der Schlaf nicht blos phy=
siologisch ein Erholungsmittel des Organismus, sondern
oft ebenso entschieden die Wiederherstellung und In=
tegration des Geistes selbst, der aus den zersplittern=
den Thätigkeiten, oder aus der unwillkürlichen Einsei=
tigkeit des Wachens sich durch ihn zur Ganzheit
wiederherstellt und den unterdrückten Richtungen ihr
Recht gibt. Daher die häufige Beobachtung von
Träumen, welche mit dem wachen Zustande contrasti=
ren, welche das Gewünschte, aber Versagte, wenigstens
im Bilde nachzuholen suchen. (Merkwürdige Bei=
spiele dieser Art erzählt Schubert in seiner „Symbolik
des Traums"; aber auch im eigenen Erlebnisse eines
jeden werden sie sich bieten, wenn er nur darauf
aufmerksam sein will.) Dieser Contrast kann sich wol
bis zum eigentlichen Doppelleben im Wachen und
im Schlafe steigern, dessen Steffens und Schubert
gedenken, jener, indem er auf die häufigen Fälle zu=
sammenhängender Traumbilder in verschiedenen Zeiten
und Nächten aufmerksam machte, dieser indem er von
einem Manne erzählt, der, mit unüberwindlicher Nei=
gung zum Soldatenstande, dies Soldatenleben im

Traume neben seinem bürgerlichen Berufe vollständig
abspielte. Schiebt nun ein solches Traumleben all=
mählich dem gewöhnlichen wachen Bewußtsein sich unter,
verdrängt sein Trauminhalt immer mehr das Bewußt=
sein des wirklichen Lebens, so erzeugt sich ein habi=
tueller Wachtraum, den wir als eigentliche Geistes=
störung bezeichnen müssen. Aber auch hier kann die
ursprüngliche Neigung, welche zu Grunde liegt, eine
edle, ja höchst berechtigte sein: im „religiösen Wahn=
sinn" ist es eigentlich nur das tiefe Gefühl vom Un=
genügenden und Hohlen des gemein sinnlichen Lebens
und seiner Interessen, der überwältigende Drang die=
ser Leere zu entfliehen, ohne freilich die wahre Quelle
des Ewigen im Zeitlichen finden zu können, der hier
unbewacht und sich selber überlassen, den Wahnsinn
erzeugte. Das Gefühl ist berechtigt, aber sein letztes
Ergebniß unheilvoll; so sehr gilt es, daß in den un=
willkürlichen Regungen des Geistes die stärksten Ge=
gensätze sich berühren.

55. In allen bisher bezeichneten Fällen bleibt der
Erklärungsgrund dieser Erscheinungen ganz im Umkreise
diesseitiger Erfahrung. Anders verhält es sich mit
den Traumbildungen der dritten Stufe. In ihnen
machen sich objective Beziehungen unsers Innern
(von seiner organischen oder seiner geistigen
Seite her) geltend, welche im wachen Zustande
durchaus bewußtlos bleiben, für ihn demnach
als „jenseitige" zu bezeichnen sind. Wir könnten diese
Träume daher „wahrsagende" in objectivem Sinne
nennen (§. 54). Hier aber beginnt auch der Zweifel

an der Objectivität derselben; man suchte sie mit den
ersterwähnten Traumbildungen in eine Klasse zu werfen, weil man des Schlüssels zu ihrer Erklärung
entbehrte: er liegt in der durch uns festgestellten Lehre
von einer vorbewußten Region des Seelenwesens,
welche sporadisch hineinscheint in sein bewußtes Leben.

Daher ist auch der Umfang dieser Erscheinungen
ein höchst mannichfacher, und was man Somnambulismus nennt, nur eine besonders ausgebildete Art
dieses Wachtraums. Wir haben deshalb eine Bezeichnung vorgeschlagen, welche das Eigenthümliche der
ganzen Gattung wenigstens negativ zu charakterisiren geeignet wäre und durch den Namen zugleich an das Fremdartige und Ausnahmsweise der Erscheinung erinnert:
„magische" nennen wir alle diese Thatsachen und
meinen darunter alles dasjenige Vernehmen
oder Wirken, welches nicht durch die gewohnte
sinnliche Vermittelung stattfindet, sondern we
eine andere, zuerst noch weiter zu untersuchende und
unserm gewöhnlichen Bewußtsein unbekannte Art
der Perception und der Wirkung anzunehmen ist.
Und auch bei diesen Erscheinungen ist, dem allgemeinen Charakter der Traumbildung gemäß, das phanta-
siemäßige, symbolische Beiwerk wohl zu unterscheiden
von dem innern, objectiven Kerne, der auf Bedeutung, manchmal sogar auf tiefe Wahrheit Anspruch
zu machen hat. Die gemeine, auch wissenschaftliche Ansicht von diesen Dingen hält beides nicht
auseinander und glaubt, wenn sie das phantastisch
Visionäre an der Erscheinung nachgewiesen hat, auch

ihren Kern verwerfen zu dürfen. Nichts ist oberfläch=
licher als dies Verfahren; wir verweisen darüber aus=
drücklich an die Abhandlung über den Traum, wo am
Beispiele der „Heilträume" ausführlich nachgewiesen
wird, wie genau man den objectiven Gehalt von der
subjectiven Beimischung zu sondern vermöge.

56. Entscheidend an gegenwärtiger Stelle ist es
jedoch, den Umfang und die Grenze dieses
Gebiets von Wachträumen zu erforschen. Ueber die
Art der Vermittelung, welche dabei stattfindet,
wird später zu reden sein. Und so sei zuerst die
Gattung objectiver Wachträume bezeichnet, in denen
verborgene (vorbewußte) Beziehungen („Rap=
porte") anderer Körper zu unserm Organis=
mus ins Bewußtsein treten und zum Bilde
des Gegenstandes sich steigern können, während sie
sonst trotz ihres verborgenen Vorhandenseins entweder
völlig unbewußt bleiben oder blos in unbestimmten
Gefühlen verharren mögen. Solcher „magischen
Rapporte" sympathetischer oder antipathischer
Art gibt es unzählige, die meisten bewußtlos bleibend,
aber darum keineswegs ohne verborgene Einwirkung
auf unser bewußtes Verhalten. Die Heilträume,
in denen ein sehr erklärlicher und von denkenden
Aerzten längst anerkannter Heilinstinct zum eigent=
lichen Bilde, zur „Vision" gesteigert erscheint, sind nur
ein einzelnes Beispiel aus diesem reichen Gebiete.
Am meisten walten diese vorbewußten Beziehungen in
der Region des Seelisch=Organischen, zwischen den
beiden Geschlechtern in ihrer Vollkraft, zwischen näch=

sten Blutsverwandten, Aeltern und Kindern und sonst
durch gleiche Abstammung Verbundenen; nur höchst
selten hier zum deutlichen Traumbilde sich steigernd,
während dennoch die Möglichkeit nicht zu bestreiten
ist, daß der tiefe organische Rapport von Mutter
und Kind z. B. ein magisches Fernfühlen und Fern-
wirken zwischen beiden hervorrufen könne, wovon es
bekanntlich an beglaubigten Beispielen nicht fehlt.
Aber auch hier wäre das Wesen des Menschen nicht
eigentlich erweitert, sondern nur sein Bewußtsein
vertieft. Ob dies übrigens genüge, um alle Fälle
zu erklären, welche bei der eigentlichen „Ahnung"
eintreten, wird weiter unten erwogen werden.

Sodann haben wir die Gattung von Traumbil-
dern zu unterscheiden, in denen ein geistiger Gehalt
aus dem Gebiete der Ideen dem Bewußtsein sich ein-
senkt: wir können sie ideale Offenbarungen
nennen, aber nicht in der Form eines klaren Schauens,
einer von unterscheidendem Denken durchdrungenen
Evidenz, sondern mit intensivster unwillkürlicher
Macht den Geist ergreifend und ebendamit seine bewußte Freiheit völlig in Beschlag nehmend. In
dieser Region des Unwillkürlichen waltet nun recht
eigentlich die Phantasie; denn sie ist selber nur die
Intelligenz in ihrem vorbewußten unwillkürlichen
Gestaltungstriebe. Und so muß denn auch hier wohl
unterschieden werden die bildliche Ueberkleidung von dem
objectiven Geistesgehalte, der in sie eingetreten. In der
religiösen Vision kann ihr Gehalt und Sinn daher
Wahrheit, und zwar tiefe Wahrheit haben; dennoch

enthält ihre sinnbildliche Umhüllung nichts Objec=
tives, was schon daraus hervorgeht, daß sich die=
selbe durchaus nach den sonstigen religiösen (confes=
sionellen) oder persönlichen Bildungsbedingungen des
Visionärs richtet. Auch darüber hat die angeführte
„Abhandlung" es an Beispielen nicht fehlen lassen.
Dasselbe würde sich ohne Zweifel an den Künstler=
visionen ästhetischen Gehalts nachweisen lassen, wenn
häufigere Beispiele von ihnen beobachtet wären.
Nehmen wir die Legende, daß der olympische Zeus
dem Phidias im Traume erschienen sei, für hinreichend
beglaubigt an, so konnte ihm das Bild höchster
Würde in Menschengestalt nur im Rassenthypus seines
Volks sich darstellen, eben weil er Hellene war, wäh=
rend der Mongole oder der Abyssinier es nur nach
seinem Rassenthypus hätte gestalten können.

57. Hier sind wir nun zu dem Punkte gelangt,
wo sich beurtheilen läßt, ob durchaus alle Gattungen
des Wachtraums aus den bisher geltend gemachten
Prämissen sich erklären lassen oder nicht. Warum
diese Frage von entscheidender Wichtigkeit sei, um das
allgemeine Wesen des Geistes erkennen zu lassen,
haben wir gezeigt. Erst indem wir den ganzen Um=
fang seiner vorbewußten Kräfte und Beziehungen
zu ergründen suchen, kann uns der volle Umfang sei=
nes Wesens und die Tiefe, aus welcher es stammt,
wenigstens annähernd klar werden. ●

Schon oben (§. 48 fg.) wurden wir aufmerksam
auf die Eigenthümlichkeiten des „zweiten Gesichts",
ebenso was von Beispielen einer „Ahnung" räumlich

entfernter oder zeitlich zukünftiger Ereignisse berichtet wird. Hier ist es weder ein geistiger, der Welt der Ideen entflossener Gehalt, noch auch irgendein allgemeinerer, sei's organischer, sei's seelischer Rapport, der diese Erscheinungen hervorrufen könnte, eben weil ihr Gegenstand ein durchaus factischer, einzelner und zufälliger ist. Bei den „Ahnungen" dieser Art die Analogie unwillkürlicher Wahrscheinlichkeitsschlüsse zu Hülfe zu nehmen, ist von mir in der angeführten „Abhandlung" versucht worden, und ich glaube, was in diesem Gebiete sich wirklich daraus erklären läßt, nicht unerwogen gelassen zu haben. Dennoch reicht dies Erklärungsprincip auch hier nicht überall zu, wie wir im Vorigen (§. 49) schon andeuteten und wie im Folgenden noch näher gezeigt werden soll.

Was also ist das gemeinsam Charakteristische dieser Erscheinungen, im Unterschiede von denen, mit welchen wir bisher uns beschäftigten? Bei den letztgenannten genügte die Annahme eines vertieftern Bewußtseins, in welches Anlagen und Beziehungen hineinscheinen, welche in unserm vorbewußten Wesen präformirt liegen. Hier erscheint unser Wissen erweitert, und zwar nicht gerade mit Erkenntnissen von tieferer, sinnvoller Bedeutung, sondern von ganz empirischem, oft werthlosem Charakter. Im „zweiten Gesicht" wird ein völlig zufälliges Ereigniß gerade also, wie es nachher wirklich eintritt, mit allen, oder wenigstens mit den charakteristischen Hauptzügen, in bildlicher Ausführlichkeit vorausgeschaut. Da dies

als oftmals beobachtetes „Krankheitssymptom", als
eine Art von „Monomanie" (durch welchen Spitz=
namen manche sehr geistreich und gründlich die Sache
selbst erklärt zu haben meinten) an gewissen Individuen
und Familien sogar erblich haftet und vorzugsweise
in gewissen Landstrichen auftritt: so trägt es einen
ganz unverfänglichen, objectiven Charakter*); und auch
die hartnäckigsten Zweifler an der Echtheit des Hell=
sehens während somnambuler Zustände haben doch
jene Erscheinung in ihrem factischen Bestande nicht
anzutasten gewagt, freilich unbekümmert um die Frage,
unter welchen innern Bedingungen ein so
auffallendes Phänomen überhaupt zu Stande
kommen könne. Daher sind sie auch sehr fern da=
von, zu beurtheilen, welch ein ungeheueres Zugeständ=
niß sie mit jener gezwungenen Anerkennung gemacht,
zu welchen weitern Consequenzen es nothwendig sie
hindrängen müsse.

58. Zu dem allgemeinen Zugeständniß zuvörderst,
daß auch die ganze Reihe der andern Erscheinungen
des Wachtraums wenigstens möglich sein müsse, wenn
man dieser einzelnen Wirklichkeit zugesteht. Denn
fürwahr nichts Seltsameres und Auffälligeres kann
es geben, als eine Vorschau solcher Art, welche ge=
wisse Individuen plötzlich und ohne ihr Zuthun, ja

*) Das Thatsächliche hat G. K. Horst in einem ausführlichen
Sammelwerke zusammengestellt: „Deuteroskopie oder merk=
würdige psychische und physiologische Erscheinungen" u. s. w.
(2 Bde., Frankfurt 1830).

wider ihren eigenen Willen, in einen paſſiven Spiegel
künftiger Ereigniſſe verwandelt, eine Art theilweiſer
Allwiſſenheit ihnen verleiht und zugleich doch ihr
Bewußtſein zur entſchiedenſten Unfreiwilligkeit herab-
ſetzt. Wenn man jedoch überhaupt unſern Geiſt einer
ſolchen Sehergabe fähig hält, ſo ſieht man wol, daß
man im Principe ihm alles aufs verſchwende-
riſchſte zugeſtanden hat, was auch die übrigen ſeheri-
ſchen Zuſtände erklären würde.

Und hiermit kommen wir zum zweiten Punkte.
Geſtehen wir das Factum zu, ſo müſſen wir uns auch,
wenigſtens annäherungsweiſe, mit den Bedingungen
beſchäftigen, durch die es allein zu Stande kommen
kann. — Ein künftiges oder räumlich fernes, aber durchaus zufälliges, durch Wahrſcheinlichkeitsſchluß nicht zu
ermittelndes, ſondern aus dem Zuſammenfluß unvor-
hergeſehener Umſtände hervorgehendes Ereigniß wird
im „zweiten Geſicht“ dem Geiſte vorgeſpiegelt. Es folgt
hieraus zuerſt, daß hierin der Bereich unſers
gewöhnlichen Wiſſens und Erkennens wirklich überſchritten iſt; denn jener Inhalt überſteigt
ebenſo die Bedingungen ſinnlicher Wahrnehmung
(das Vorgeſchaute iſt ja noch gar nicht da), wie es
dem durch Denken zu entdeckenden Cauſalzuſammen-
hange fern liegt (denn ſein Inhalt iſt ein durchaus
zufälliger).

Sodann bleibt dieſe Vorſchau nicht immer auf
der Stufe beſtimmter, aber bildhafter Vorahnung
ſtehen, wobei dieſe Art des innern Schauens noch in
unentwickelter Geſtalt aufzutreten ſcheint. Sie ſteigen

ch zugleich zur eindringenden Anschaulichkeit
ines wirklichen Gesichts, mit allen Bedingungen
es eigentlichen, aber durchaus reellen Wachtraums,
nd mit dem völligen oder fast gänzlichen Zurück-
:eten umbildender Phantasiethätigkeit.

Dieser Umstand ist außerordentlich bedeutend.
Die Wahrheit eben und die anschauliche Sicherheit
er Vision bis in ihre Nebenzüge hinein ist einerseits
as Charakteristische, andererseits das Räthselhafte
nd der Erklärung Bedürftige. Offenbar reichen die,
n vorigen geltend gemachten Erklärungsgründe nicht
iehr aus; eine neue Reihe von Wirkungen und Be-
.ehungen scheint zu beginnen. Bei den Wachträumen
voriger Art blieb es möglich, aus immanenten, dem
orbewußten, aber eigenen Wesen des Geistes ent-
>ringenden Bedingungen das Charakteristische der-
:elben zu erklären. Dies hört hier auf; eine so aus-
rückliche, so bis ins einzelne genaue Vorschau kann
immermehr aus der Region des Vorbewußten
atspringen; sie nöthigt uns die überraschende, aber
nvermeidliche Folgerung ab, daß ihr eine wirkliche,
uf Anschauung beruhende Erkenntniß zu Grunde
ege, die daher nur in einem persönlichen
Geiste und dessen Bewußtsein ihren Sitz
aben kann und von hier aus auf das Bewußtsein
es Sehens übertragen werde, aufs eigentlichste hin-
inscheine in seinen Geist.

59. Hiermit ist offenbar eine Reihe weiterer Fol-
erungen eröffnet, welche uns den Blick in eine völlig
ngeahnte Region gestatten würden, die bisher kaum

Fichte, Zur Seelenfrage. .   7

berührt, am wenigsten von der Wissenschaft beachtet
worden ist. Dies alles wäre nur möglich unter
Voraussetzung unmittelbarer Einwirkung („Einsprache") des einen Geistes in den andern, und dies
würde ferner uns nöthigen, eine verborgene Geister-
gemeinschaft, hinter dem Rücken unsers gewöhnlichen
Bewußtseins und unsers sinnlich empirischen Verkehrs,
für uns anzunehmen.

Dabei müssen wir einräumen, daß die allgemeinen
Prämissen unserer Grundansicht vom Seelenwesen keinerlei Gründe gegen diese Möglichkeit darbieten. Ist
erwiesen worden, daß der größte und wesentlichste
Theil unsers Geistes, vom sinnlichen Bewußtsein ab-
gekehrt und unerschöpft von ihm, im Hintergrunde
desselben bleibe, so läßt sich kaum annehmen, daß er
in diesem Zustande durchaus beziehungslos und aller
Einflüsse aus jener für uns unsichtbaren Region ledig
dastehen solle. Im Gegentheil: eine solche Annahme
wäre in hohem Grade unwahrscheinlich zu nennen.
Wie unser Geist jenseit der Sinnenerscheinung gründet und hier sein Wesen hat, ebenalso wird er auch
verborgener- und unsinnlicherweise in Wechselbeziehung
stehen mit den realen Wesen dieser Region, und zwar
ebenso wol mit denjenigen, die noch gleich ihm in die
Sinnenerscheinung eintreten — die Möglichkeit nämlich
eines doppelten, sinnlich vermittelten und eines
unsichtbaren („magischen", §. 55) Verkehrs unter den
Sinnenwesen selbst, läßt sich kaum bestreiten; denn
schon die oben (§. 56) erwähnten Thatsachen leiten

auf diese Vermuthung, — als auch mit solchen, welche
bereits der Sinnensphäre entrückt sind.

Es braucht nicht erinnert zu werden, wie unter
dieser Voraussetzung — und wir sehen nicht ein, wie
man sich auf die Dauer derselben entziehen will —
ein unerwartetes Licht sich verbreite über Regungen
und Beziehungen im Menschengeiste, die man factisch
niemals gänzlich zu leugnen vermochte, für die sich
aber bisher ein Gesichtspunkt vernünftiger Erklärung
noch nicht entdecken ließ. Hier, glaub' ich, ist ein
solcher gegeben und zwar also, daß weder an der
Sicherheit des allgemeinen Fundaments zu zweifeln
ist, noch auch daß der Eigenthümlichkeit der Thatsachen
dadurch irgendeine Schranke auferlegt würde. Viel=
mehr wird von hier aus gerade auf die Beobachtung
verwiesen und von dieser gefordert, daß sie den Um=
fang und die Tiefe des hier Möglichen thatsächlich
erforschen solle; denn hier in der That hat die
reichste Abstufung der Erscheinungen völlig Platz, von
der einzelnen Vorschau werthloser Begebenheiten an
bis zur warnenden oder auch prophetisch kündenden
Stimme eines Sokratischen Dämoniums*), oder bis

---

*) Daß nämlich Sokrates auch bestimmte Vorausverkündi=
gungen dieser „innern Stimme" verdankte, welche den Cha=
rakter eigentlicher Vorahnung trugen, wenn sie auch nicht bis
zur Ausdrücklichkeit des „zweiten Gesichtes" sich steigerten,
darüber lassen die Anführungen der Alten keinen Zweifel
übrig. Vgl. Brandis, „Geschichte der griechisch = römischen
Philosophie", II, 51, und die vortreffliche Behandlung des

7*

hinauf zu den gewaltigsten und durchdringendsten Offenbarungen von weltgeschichtlicher Bedeutung.

60. Doch scheint es nöthig, hier eine warnende Einschränkung zu machen. Es wäre durchaus unberechtigt und willkürlich, bei allen solchen wirklich zutreffenden Gesichten schon an den göttlichen Geist und dessen Einsprache zu denken, wie es gewöhnlich geschieht und wie man sogar in solcher Deutung eine Pflicht der Frömmigkeit zu finden glaubt. Wir unsererseits können nicht bergen, daß wir darin die Gefahr einer verderblichen Ueberspannung erblicken. Hier genügt völlig die Annahme von der Einwirkung eines Geistes höherer Ordnung, als in der das gegenwärtige menschliche Bewußtsein sich befindet. Daß er in einem weitern Umfange, als uns vergönnt ist, das Künftige vorauswisse, auch wenn es „zufällig" ist, benimmt ihm nichts von seiner creatürlichen und endlichen Beschaffenheit, macht ihn sogar nicht zu einem untrüglichen, der Täuschung unfähigen Wesen. Daß er einen höhern Bereich von Causalreihen überschaue als wir, ist dennoch möglich; denn was wir „zufällig" nennen und so nennen müssen vom Standpunkte unsers empirischen Bewußtseins, ist an sich nur dasjenige, bei welchem der innere Causalzusammenhang unserm Blicke entzogen ist, möge dieser Zusammenhang in den uns unentwirrbaren Verwickelungen eines complicirten äußern Geschehens, oder in den uns verborge-

---

ganzen Gegenstandes durch E. von Lasaulx: „Des Sokrates Leben, Lehre und Tod" (München 1858), S. 18—22.

nen Motivationen eines menschlichen Charakters sei=
nen Grund haben. Zufall mit einem Worte ist nur
Schein, aber ein relativ nothwendiger Schein, welcher
daher auf einem umfassendern Augpunkte der Weltbe=
trachtung sich auflöst.

Wie jedoch von einer ganz andern Seite her die
Annahme solcher verborgenen Einwirkungen auf den
menschlichen Geist und seine innersten Motivationen
ein nothwendiges Postulat werde, um die Möglichkeit
eigentlicher Weltregierung in der Leitung menschlicher
Angelegenheiten zu einer völlig begreiflichen zu machen,
davon wird ein späterer Abschnitt des gegenwärtigen
Werks (§. 114 fg.) einige Andeutungen geben.
Ueberhaupt jedoch stehen wir hier an der Pforte eines
bisher von der wissenschaftlichen Forschung unberühr=
ten Gebiets, dessen Existenz und Berechtigung indeß
nur der stockgläubigste Empirismus ignoriren könnte.
Vorerst möge es genügen, die Pforte nur zu öffnen
und dem befremdeten Blicke der Gegenwart jenes
neue Gebiet nur zu zeigen. Auch in der Wissenschaft
bedürfen wichtige Erweiterungen und völlig neue Ge=
sichtspunkte langsamer Zeitigung und einer Art von
Gewöhnung. Ist die Entdeckung zugleich von solcher
Art, daß an ihren Misbrauch allerlei abergläubische
Irrthümer sich knüpfen können, so geziemt sich dop=
pelte Vorsicht in Verbreitung derselben. Unsere Zeit
ist weder so unbefangen, noch so rein von verkehren=
den Regungen, daß solches Bedenken für überflüssig
gelten könnte.

IV.

Das organische Doppelleben des Geistes.

61. Eine Frage blieb bisher noch unerörtert bei
Nachweisung jener geistigen Doppelexistenz, in der wir
leben. Es ist die nach den veränderten organischen
Verhältnissen des Geistes im Wechsel derselben, indem
schon a priori anzunehmen ist, daß die Zustände inten=
sivsten Traums, in denen der Geist, bei völliger
Abkehr vom Sinnenbewußtsein, der vorbewußten Stätte
seines Wesens sich zuwendet, auch auf einem ver=
änderten Verhältnisse desselben zu seinem Organis=
mus beruhen müssen. Auch darüber suchte die „An=
thropologie" den Satz zu einem bestimmten Grade
von Wahrscheinlichkeit zu erheben, daß in gewissen,
und zwar gar nicht seltenen Bewußtseinszuständen die
Vermittelung des leiblichen Apparats in den Hinter=
grund trete oder wol auch aufgehoben sei, daß es
schon im gegenwärtigen Leben für den Geist einen
Zustand gradweiser „Entleibung" geben könne.

Indem nun diese Behauptung den gewöhnlichen physiologischen Ansichten nicht minder paradox entgegentritt,
als die vorhergehende den herrschenden Lehren der Psychologie — wiewol damit den eigentlichen Erfahrungen in beiden Gebieten nicht widersprochen, sondern
diese nur um die andere Hälfte ergänzt werden
sollen —: so möchte es wol der Mühe verlohnen, die
Reihe der Thatsachen, auf welche wir jenen Erfahrungsbeweis zu stützen suchten, in etwas veränderter
Ordnung hier wieder vorzuführen.

62. Bekanntlich ist H. Helmholtz vor einigen
Jahren mit der Entdeckung hervorgetreten, daß eine
meßbare Zeit vergehe, während sich der Willens-
reiz von dem Centralende eines Bewegungsnerven
zum peripherischen in die Muskeln hinein fortpflanzt,
und daß diese Zeit in dem Verhältniß kürzer wird,
je kürzer die Nervenpartie ist, welche der Reiz zu
durcheilen hat.*) Dies die Beobachtung selbst, wie
sie jener ausgezeichnete Forscher durch eine sinnreich
ersonnene Untersuchungsmethode vollkommen sicher
constatirt hat. Nicht der geringste Grund aber liegt
zur Vermuthung vor, daß dieser „meßbare Zeitverlauf" nur von den Wirkungen der Bewegungsnerven
gelte; vielmehr wird durch die ganze Natur des be-
obachteten Phänomens es nöthig, die Analogie desselben weiter auszudehnen und überhaupt anzunehmen:
daß schlechthin alle Nervenwirkungen, auch die, an welche

---

*) Ueber die nähern Angaben und das sonstige Literarische
vgl. unsere „Anthropologie", S. 413.

die sinnlich vermittelten Bewußtseinsprocesse geknüpft
sind, einem meßbaren Zeitverlaufe unterliegen.
Dies wird für das Gebiet des Empfindens noch aus=
drücklich bestätigt durch eine andere, bei Gelegenheit
astronomischer Beobachtungen bemerkte und gleichfalls
von uns angeführte Thatsache. Zwei verschiedenen
Sinnengebieten angehörende Empfindungen, z. B.
des Gehörs und Gesichts, können nicht absolut gleich=
zeitig vor den Focus des Bewußtseins treten, sondern
die Gehörempfindung wird entweder gar nicht ver=
nommen, oder sie folgt in einem dem Bewußtsein
bemerkbaren Zeitraume der Gesichtsempfindung
nach, welcher letztere Umstand, wie wir zeigten („An=
thropologie, S. 415), wol nur aus dem längern Nachwir=
ken der Empfindung im Sinnesnerven sich erklären
läßt, wofür auch andere von uns angeführte Gründe
sprechen. Aus beiden Thatsachen aber folgt eine meß=
bare Dauer, eine relative Langsamkeit der Nerven=
wirkungen, an welche das Bewußtsein der Empfindung
geknüpft ist. Die Gesichtsempfindung nimmt das
Bewußtseinsorgan auf eine gewisse Dauer in Anspruch;
darum verschließt sie ihm die Möglichkeit, gleichzeitig
das Gehörte zu percipiren. Sofern die Gehörem=
pfindung doch nachträglich noch eintritt, ist daraus
auf eine länger dauernde Nachwirkung des Sinnen=
reizes zu schließen. Und so steht nach diesen Er=
mittelungen überhaupt fest, daß die niedern Functionen
des Bewußtseins, Empfindung und sinnlicher Wille,
an einen bemerkbaren Zeitverlauf geknüpft sind, und
zwar, wie wir nicht umhin können, aus weiter unten

anzuführenden Gründen zu folgern, nicht weil der Bewußtseinsproceß an sich selbst einer solchen Dauer bedürfte, sondern weil die organische Unterlage, der Nervenapparat, sich als retardirendes Element ihm zugesellt.

63. Sodann aber — wer weiß nicht, wie völlig dasselbe, nur noch bemerkbarer, von den höhern Bewußtseinsoperationen, dem Vorstellen und Denken, gilt? Die einzelnen Individuen sind dadurch sogar voneinander merklich verschieden, daß die einen geringerer Zeitmaße zu ihren Denkoperationen bedürfen als die andern, denen es langsamer, endlich aber doch auch gelingt, die Reihe der Begriffsvermittelungen zu durchmessen, welche jene in viel rascherer Folge vollendet haben. Ja, um hier ein, wie uns dünkt, schlagendes Beispiel anzuführen — jene berühmten Rechenkünstler, die von Zeit zu Zeit auftreten, sind nur dadurch von den gewöhnlichen Rechnern verschieden, daß sie dieselben Rechnungsoperationen mit ungleich größerer Geschwindigkeit vollziehen, als es regelmäßig geschieht; und die Selbstbekenntnisse eines „Dase" lassen darüber keinen Zweifel übrig, daß er wirklich zählt und wirklich die Schlußoperationen des Rechnens vollzieht, nur mit einer durch Uebung und Anstrengung ungewöhnlich gesteigerten Geschwindigkeit. *) So gestatte man uns den in anderm Zusammenhange gewiß bedenklich lautenden Ausdruck: die Talentvollen oder die Geübtern sind „Schnelldenker"; die gewöhnlichen

---

*) Man vergleiche die ausführlichen Angaben desselben in

Geister die „langsam Denkenden"; bemerkbarer Zeitdimensionen dabei bedürfen aber beide.

In dieser Gesammterscheinung liegt indeß nach unsern Begriffen nicht das geringste Ueberraschende. Wie die tägliche Erfahrung lehrt, daß die vegetativen Processe in jedem Organismus einen eigenthümlich ihm angehörenden Zeitverlauf haben, daß Pulsschlag, Athemholen, selbst die Processe der Secretion und Excretion in Betreff ihrer Dauer nach den Individuen sich gleichfalls individualisiren: so darf man keinen Anstand nehmen, diese Analogie auch auf die Bewußtseinsoperationen auszudehnen. Ausdrücklich behaupten wir und scheuen dabei nicht den übeln, nachher von selbst sich lösenden Schein, materialistischen Vorstellungen uns anzunähern, daß jenes retardirende Element sich auch auf die geistigen Processe erstreckt, eben weil auch diese erweislich an die Mitwirkung eines Nervenapparats geknüpft sind, welcher in seinen Verrichtungen einer „meßbaren Zeitdauer" unterliegt.

64. Hier aber entsteht die Frage — und in dieser liegt eigentlich der Wendepunkt des Ganzen —, wo wir den wahrhaften Grund jener Langsamkeit der Bewußtseinsprocesse zu suchen haben, ob in der Natur des Geistes selbst oder in dem organischen Apparate, an dessen Mitwirkung im gewöhnlichen Leben jeder Bewußtseinsact unwiderruflich geknüpft ist? Wenn unsere „Anthropologie" letzteres behauptete, jenes

_____

P. Jessen, „Versuch einer wissenschaftlichen Begründung der Psychologie" (Berlin 1855), S. 160 fg.

verneinte: so geschah dies abermals nicht in Folge
irgendeiner a priori ersonnenen Vorstellung von dem
über Zeit und Raum erhabenen Wesen des Geistes
— solche spiritualistische Vorurtheile sind vielmehr
widerlegt worden —; es gründet sich im Gegentheil
auf die rein erfahrungsmäßige Betrachtung, daß
es allerdings Bewußtseinszustände gebe — und zwar
sehr vielfache und verschiedenartige*) —, in denen
jene retardirende Macht verschwunden ist, und wo in
schnellster, unsern gewöhnlichen Bewußtseinsbedingun-
gen ganz unfaßlicher Folge die Vorstellungen am
Bewußtsein vorübereilen, sodaß man dies in solchen
Zuständen als relativ „zeitfrei“, d. h. der gewöhnlichen Zeitform enthoben, bezeichnen muß.

So dürfen wir, in höchst merkwürdiger Parallele
mit dem vorhin aufgewiesenen Gegensatze von Urbewußtsein und Sinnenwissen, zweierlei Bewußtseinsformen einander gegenüberstellen: die gewöhnliche, im langsam re-
gelmäßigen Verlaufe sich abwickelnde, die wir mit einem
aus dem Ganzen der Untersuchung sich rechtfertigenden
Ausdrucke als „Hirnbewußtsein“ bezeichneten, und eine
andere, ungleich rascher und intensiver sich entwickelnde,
deren wahrhafte Bedeutung wir noch zu ermitteln haben.

---

*) Die einschlagenden Thatsachen enthält unsere „Anthro-
pologie“ (§§. 163—165, 170—171), wobei der Kenner dieses
Erscheinungsgebiets uns zugeben wird, daß wir bei weitem
mehr des Factischen hätten häufen können, während uns nur
daran gelegen war, das an sich Beglaubigte und charakteristisch
Belehrende aufzuführen.

Dabei ist nicht zu übersehen, daß beide Zustände constant und hartnäckig einander ausschließen; während jener innern Schauungen, deren gemeinsamen Charakter wir (a. a. O., §. 157) als den des intensivsten Traums nachwiesen, schweigen die Sinnenperceptionen und ist auch, wenigstens in der Regel und bei voller Ausbildung dieses Zustandes, die Herrschaft des Willens über den Leib erloschen. Umgekehrt, sowie der Sinnenapparat wieder in seine Rechte tritt und auf das Bewußtsein Rückwirkung zu äußern beginnt, d. h. sobald es sinnlich percipirt: verschwindet plötzlich, abermals in Analogie mit dem Traume, der seherische Zustand. Diese Thatsache nöthigt offenbar zu dem Schlusse, daß den beiden völlig entgegengesetzten Bewußtseinszuständen auch ein entgegengesetztes Verhalten der Seele zu ihrem Organismus zu Grunde liegen müsse. Wenn daher in dem gewöhnlichen, „gesunden" Zustande an einem innigen und steten Zusammenhange zwischen beiden nicht zu zweifeln ist (wie wir im übrigen dies Verhältniß näher uns denken, ob in spiritualistischer Weise oder als totale Wechseldurchdringung beider, ist für diese Frage, wie man sieht, völlig gleichgültig): so sind wir dagegen genöthigt, bei Bewußtseinszuständen, welche sich unzugänglich zeigen für jede leiblich vermittelte Perception und Willenswirkung, auch an ein Aufgehobensein jener sinnlichen Bedingungen zu denken, d. h. eine gelöste, wenigstens gelockerte Verbindung zwischen Seele und Organismus anzunehmen.

Zugleich gibt sich dieser Schluß, zusammengenommen mit den factischen Ausführungen, welche die „Anthropologie" (S. 392 fg., 402) enthält, nicht blos als ein solcher, der bittweise um Anerkennung werben müßte, sondern er darf seiner zwingenden Bündigkeit vertrauen, solange das allgemeine Denkgesetz in seiner Geltung anerkannt bleibt: daß die Ursachen ihren Wirkungen analog sein müssen. Daß er den bisher geltenden Voraussetzungen nicht sowol widerspricht, als sie ergänzt und erweitert, kann ihm an innerer Kraft fürwahr nichts entziehen. Alle neuentdeckten Wahrheiten haben zuerst dies Los gehabt, gegen das Vorurtheil des Alten in den Kampf treten zu müssen; zuletzt sind sie immer Sieger geblieben.

65. Hier nun aber erhebt sich die weitere entscheidende Frage: in welchem jener beiden entgegengesetzten Zustände die Seele ihrer eigentlichen Natur und Beschaffenheit am gemäßesten sich zeige? Kein Zweifel dabei, daß diese Natur und Beschaffenheit überhaupt nur im Bewußtseins- und Vorstellungsprocesse gefunden werden könne. Ist dieser Proceß im Zustande des „Hirnbewußtseins" der vollkommenere, intensivere: so folgt daraus, daß die Seele in ihrer Wirksamkeit wesentlich an den Leib geknüpft sei, daß sie ohne ihn überhaupt nicht in ihrer Integrität zu bestehen vermöge; es folgt weiter, daß ihr entleibter Zustand der einer bloßen, jedes wirklichen Bewußtseins entbehrenden Potentialität sein müsse. (Dies ist offenbare Consequenz der Ansichten, auf denen die gewöhnliche Psychologie beruht; und

wenn sie dies nicht anerkennt, wenn sie Miene macht, eine Unsterblichkeit mit Bewußtsein zuzulassen, so ist dies nur eine Inconsequenz!) Zeigt sich dagegen gerade umgekehrt, daß in jenen Zuständen die Bewußt=seinsprocesse rascher und intensiver von statten gehen, so ist der Schluß erlaubt, daß auch das Wesen der Seele darin vertiefter zum Durchbruch komme, als im gewöhnlichen Zustande, während ihrer Verbindung mit dem Leibe. Und diese Folgerung macht eben die „Anthropologie" in umfassender Weise geltend.

Der thatsächliche Nachweis, wie unser Werk ihn giebt (§. 159—177), besteht in Folgendem. Im „Wachtraum" — unter diesem gemeinschaftlichen Namen fassen wir alle jene verschiedenartigen seheri=schen Zustände zusammen — zeigt sich factisch gerade das Bewußtsein als entbundenes, zeigt sich damit ein selbständiger gewordener Zustand der Seele. Ein doppeltes charakteristisches Kennzeichen läßt daran nicht zweifeln: die energische Geschwindigkeit der Vor=stellungsprocesse mit Negation des gewöhnlichen Zeit=verlaufs; ebenso die intensivste Erinnerung, welche das längst dem wachen Bewußtsein Entschwundene unerwartet wieder in das Gedächtniß ruft, überhaupt die verborgenen Abgründe des Geistes durchleuchtet. Beides zeigt einen Zustand der Verinnerlichung und Vertiefung der Seele, welche, bei völligem Erlöschen der Sinnenperceptionen und der leiblichen Beziehungen, lediglich auf dies Innere und seinen verborgenen Besitz angewiesen, es unwillkürlich vor sich ins Bewußtsein herauslebt. Diese Einseitigkeit

des Zustandes läßt jenes innere Spinnen und unwill=
kürliche Gestalten mit voller Macht hervortreten;
und wie die Sinnenempfindung erloschen ist, so bleibt
auch das eigentliche (reflectirte) Denken und der frei=
bewußte Wille unwirksam. Es ist mit einem Worte
der Zustand, den wir im gewöhnlichen Traume schon
beginnen sehen, in welchem das Sinnvollste und sinn=
los Zufälligste, die tiefsten Beziehungen und die
werthlosesten durcheinander spielen, der aber von be=
deutungslosem Anfange aus plötzlich sich vertiefend
und das Verborgenste der Seele ans Licht kehrend,
damit erst den vollen Umfang ihres Wesens in hüllen=
loser Entbundenheit aufdeckt.

66. Das „Hirnbewußtsein" dagegen gibt sich eben
damit als gebundenes kund, — gebunden an die
streng begrenzten Formen leiblicher Empfindung und
nur durch deren erweckende Kraft überhaupt in
Thätigkeit gehalten. Hier also ist das Verhältniß
gerade das umgekehrte: die Sinnenempfindung ist,
wie das Belebende, so auch der energievollste Zustand
des Bewußtseins; das Vorstellungsleben tritt dagegen
in farblose Mattheit zurück. Dies kennzeichnet hin=
reichend diese ganze Bewußtseinsform, in der die Seele
den Charakter der Gebundenheit trägt. Wo sie
aber ihre Selbständigkeit gewinnt, im Vorstellen und
Denken, da lassen dieselben in diesem Zustande gerade
die Lebhaftigkeit und Energie vermissen, durch welche
hier das Sinnenbewußtsein ausgezeichnet ist. Die
Vorstellungen verschwimmen trübe ineinander, die
Erinnerung bildet sich lückenhaft und das „Vergessen"

ist das charakteristische Zeichen dieser Abhängigkeit von
den organischen Bedingungen. Nur mit Anstrengung
arbeitet das Denken sich hervor und fixirt sich „All=
gemeinbegriffe", welche indeß, je abstracter sie werden,
um so mehr der eindringlichen Bestimmtheit des Em=
pfindungsinhalts entbehren. Um alles zusammen zu
fassen: das Ganze wie das Einzelne trägt den deut=
lichen Charakter eines entäußerten, seiner Ur=
sprünglichkeit entrückten, an ein fremdes
Element dahingegebenen Seelenlebens.

67. Auf den Grund all dieser Thatsachen und
der nothwendigen Folgerungen, zu welchen sie hin=
drängen, hielt die „Anthropologie" sich für berechtigt,
folgende drei Thesen aufzustellen, mit deren Aner=
kennung eine neue Epoche in der Seelenlehre beginnen
muß; und wir sehen nicht ein, wie der Unbefangene,
von Schulvoraussetzungen Uneingenommene, solcher
Anerkennung sich entziehen will; denn jene Sätze
widersprechen nirgends den bisherigen Ergebnissen der
Physiologie und Psychologie; sie ergänzen und be=
reichern sie nur um eine, dem allergrößten Theil nach
noch unerforschte Thatsachenwelt.

1) Es gibt **neben** den gewöhnlichen, erweis=
   lich durch Nerven und Hirn vermittel=
   ten und an ihre Integrität geknüpften
   Bewußtseinszuständen der Seele, auch
   andere, bei welchen ihre Beschaffenheit
   uns zur Annahme nöthigt, daß die Seele,
   dieselben in einem (relativ oder absolut)

leibfreien Zustande aus sich selber ent-
wickele.

2) Erweislich zeichnen sich die letztgenannten Zustände durch überwiegende Leben-
digkeit, Raschheit und Intensität des
Vorstellungslebens aus.

3) Wir müssen daher schließen, daß der
Grund der Erlahmung jener Processe,
welchen im Verhältniß damit das gewöhnliche Bewußtsein unterworfen ist,
nicht im Wesen der Seele liegt, sondern
in ihrer Verbindung mit dem äußern,
vielgegliederten Apparate, dessen Gesammterscheinung man unter dem unbestimmten Namen „Leib" zusammenfaßt.

Die Frage daher, was der Leib eigentlich
sei, mußte die nächste für die „Anthropologie" werden.
Da indeß das darüber gewonnene Ergebniß keine
Contestation erfahren hat, so dürfen wir diesen Punkt
im gegenwärtigen Zusammenhange für erledigt betrachten. Wir eilen zu einer andern daran sich schließenden
Erörterung.

68. Nach jenem Thatbestande erscheint nämlich
der „äußere Leib" in einem doppelten Verhältniß zum
Geiste: einerseits als nothwendiges Organ für ihn,
um überhaupt mit den andern Weltwesen in Wechsel-
verkehr zu treten, an den durch sie veranlaßten sinnlichen Perceptionen zum eigenen Bewußtsein zu erwachen und daran den nach innen gewendeten, das

Fichte, Zur Seelenfrage. 8

eigene Innere allmählich ins Bewußtsein setzenden Vorstellungsproceß zu entwickeln. Andererseits aber verräth er sich doch auch aufs entschiedenste als ein beschränkendes und retardirendes Element, von welchem entbunden der Geist erst seinen vollen Bewußtseins= zustand zu gewinnen vermag.

Dieser unleugbare Sachverhalt, · in seiner tiefern Bedeutung erwogen, mußte nun die „Anthropologie" (§. 28 fg.) zu einer Hypothese hindrängen, welche sich zwar nur als Hypothese gibt und anders nicht geben kann, die jedoch bei weiterer Erwägung — besonders des sonst Räthselhaften und Dunkeln unsers so kurzen Sinnenlebens —, immer entschiedener sich empfiehlt, da es von ihr aus vielleicht gelänge, har= monischen Zusammenhang in die entlegensten Erschei= nungen zu bringen und das Befremdlichste verständlich zu verknüpfen.

Die Bedeutung oder der Erfolg des ganzen Sinnenlebens und Sinnenbewußtseins wäre eben nur der, daß der Geist, mittels Zeugung und Geburt ein= tretend in den Verleiblichungsproceß und durch diesen überhaupt zuerst zum Bewußtsein erweckt, während des Sinnenlebens allmählich und unvermerkt über die Bedingungen jener leiblichen Vermittelung übergreift und der Nothwendigkeit derselben sich entzieht, um im Verborgenen eine ˙Stätte der Selbständigkeit sich zu bereiten, welche man (wir haben nichts da= gegen) den „pneumatischen Leib" im „äußern" nennen möge, dessen Keim und Anlage jedoch (dies ist ein nicht zu übersehender Hauptpunkt!) auch dem ersten,

blos sinnlichen Verleiblichungsprocesse vorangeht und
ihn überhaupt erst möglich macht. Die ungewöhn-
lichen Erscheinungen aber, welche man als Ekstase,
Wachtraum und dergleichen bezeichnet, sind nur das
augenblickliche und unerwartete Hindurchbrechen jenes
allmählich in uns erwachsenden innern Menschen, unwillkürlich hervorgerufen durch die vorübergehende
Verschiebung des Normalverhältnisses zwischen
Geist und Leib im Sinnendasein, mittels einer theil-
weisen oder völligen „Entleibung" des erstern.

69. Eben aus diesem Grunde mußten wir so
entscheidendes Gewicht legen auf den Erweis von der
Wesensapriorität und innern Ewigkeit des Menschen-
geistes und ihn zum Ausgangspunkte alles Uebrigen
machen. Ist einmal diese Wahrheit erkannt, hat sie
geistiges Bürgerrecht gewonnen im allgemeinen Bewußtsein des Menschengeschlechts, so ist die höchste
Wohlthat ihm gewährt, welche die Wissenschaft
überhaupt ihm darzubringen fähig ist: das vielgestal-
tige Räthsel des Sinnenlebens ist ihm gelöst, die
täuschende Macht des Todes gebrochen. Wie sollte
der Mensch die bedingenden Schranken des erstern
sich nicht gefallen lassen, wie sollte der andere ihn
schrecken oder verwundern, wenn er erwogen hat, daß
das gegenwärtige Leben Anfang und Bruchtheil eines
künftigen erfüllenden sei, in dem er zugleich doch nach
seiner wahren, verborgenen Wesenheit schon wurzelt
und gegenwärtig ist! Wie könnte es endlich ihm räthselhaft sein, die hiesigen Geisterzustände und Geistes-
verhältnisse von so mangelhafter Beschaffenheit zu

8*

finden, wenn er erkannt hat, daß sie von nur vorläufiger,
untergeordneter Bedeutung sind und aufs eigentlichste
die embryonalen Zustände des Geisteslebens aus=
drücken, der seine Vollgeburt und Signatur erst inner=
halb desselben erwerben soll!

Eine solche Erkenntniß muß auch einen neuen
Glauben erzeugen oder vielmehr den alten, ewig
wahren der Menschheit in ein neues Stadium der Ent=
wickelung erheben, in welcher die beiden gegenwärtig
im Kampfe liegenden Geistesmächte, positive Religion
und Humanismus, innerlichst versöhnt sind. Was die
Religion „Sünde" nennt, verdammliche Gottentfrem=
dung und das Böse, das bezeichnet die humane Auffas=
sung nach ihrer mildern psychologischen Einsicht als eine
unwillkürliche Schranke, als eine wiederherzustellende
Unzulänglichkeit, welche allmählich durch die unver=
lierbar uns innewohnende Natur des Guten sich aus=
heilen werde im Dießseits oder im Jenseits. Der
Unterschied dieser Deutung hat sich bis auf den heu=
tigen Tag hin zum schneidenden Gegensatze gesteigert;
dort hat es wol geheißen: „Wer nicht glaubt", d. h.
wer nicht der unbedingten Anerkennung einer unifor=
mirenden Religionsformel sich fügt, „der wird ver=
dammt", d. h. dem ist jede Möglichkeit der Umkehr
für immer abgeschnitten: ein Satz, über dessen tiefe
Irreligiosität und Verabscheuungswürdigkeit man sich
nicht stark genug ausdrücken kann. Dem gegen=
über hat das humane Evangelium in die charakteri=
stischen Worte unsers großen Dichters sich zusammen=

gefaßt: „Wer immer strebend sich bemüht, den können wir erlösen!"

Nach welcher Seite hin das Urtheil der Wissenschaft, der psychologischen Betrachtung falle, kann nach dem Bisherigen nicht zweifelhaft sein. Doch nur die grundveränderte Ansicht von dem Werthe des Sinnenlebens kann solches Urtheil rechtfertigen und begründen. Hätte dies Dasein definitive Bedeutung, wäre in ihm die volle Lebensentscheidung umspannt, so bliebe jener Ausspruch der positiven Religion in seinem ausschließlichen Rechte bestehen; das Los der ewigen Zukunft würde in der Spanne der Zeitlichkeit für uns geworfen. Aber dies eben ist ein völlig willkürlicher, analogiewidriger, durch nichts zu begründender Gedanke. Wie sollte der innern substantiellen Ewigkeit unsers Geistes gegenüber und der Fülle unausgenützter Anlagen, welche er darbietet, ein Erdendasein genügen, welches für die ungeheuerste Mehrzahl der Menschen nicht einmal Erregendes genug besitzt, um formell ihnen zum vollständigen Bewußtsein ihrer selbst zu verhelfen, viel weniger um sie ihren Geistesgehalt auswirken zu lassen und zur Krisis zu bringen? Deshalb ist die Lehre vom „Hades", vom „Mittelreiche", die neuere erleuchtete Theologen der starren lutherischen Orthodoxie mit Mühe abgerungen haben, eine relativ wichtige und durchaus nothwendige Berichtigung derselben. Rationeller jedoch und völlig zutreffend erscheint uns das Dogma der „Neuen Kirche", welche das künftige Dasein zu allernächst als die innerlich wenig veränderte Fortsetzung des gegenwärtigen bezeichnet und die Vorbe-

reitungszuſtände zur letzten Kriſe, zu Himmel und
Hölle im Jenſeits fortgeſetzt werden läßt. Wir treten
hier nicht in theologiſche Controverſen ein, deren
Durchführung wir gar nicht gewachſen wären; wir
behaupten nur, daß die Zeit gekommen ſei, auch dieſe
ſo grundwichtigen Menſchheitsfragen einer freiern zugleich und höhern Entwickelung entgegenzuführen.

V.

Methodologische Fragen.

———

70. Hier aber müssen wir einer andern Reihe von Betrachtungen zulenken. Jenen Begriff von der Wesensapriorität des Geistes eben, die Behauptung, daß er selber den „äußern Leib" sich anbilde und so ihn zum Ausdrucke, zur „Vollgeberde" seines Innern mache, hat man gewissen Schulbegriffen gegenüber als einen überspannten und darum bedenklichen bezeichnet; man hat warnend mir zugerufen, das Menschenwesen nicht zu hoch emporzuschrauben, indem der Fall von jener idealen Höhe in die gemeine empirische Wirklichkeit ein allzu empfindlicher werden müsse. Ich würde das Gewicht des Vorwurfs in vollem Maße empfinden, wenn ich mir Schuld geben könnte, bei jenen Behauptungen den Anhaltspunkt der Erfahrung irgendwie verlassen zu haben; denn auch

ich verachte nichts entschiedener, als jenes fahrige
Halbwissen, welches sich die Lücken seiner Erkenntniß
mit willkürlichen Erdichtungen zustopft. In Wahrheit
kann ich aber nur finden, daß ich die halbe empirische Betrachtung des Menschen, auf welcher die
gewöhnlichen Vorstellungen vom Geiste beruhen, in
eine ganze, wenigstens vollständigere zu verwandeln
suchte, indem ich auf Erscheinungen achtete und den
Folgerungen, zu denen sie nöthigen, Rechnung trug,
welche man bisher zu ignoriren oder in Miscredit zu
bringen für bequemer gehalten hat.

Aber gerade der „Credit", den ich ihnen gönne,
wird mir zur Schuld gerechnet, und der Wendepunkt
unserer ganzen Beweisführung liegt allerdings darin,
welch ein Maß des Vertrauens jenen für verrufen
gehaltenen Thatsachen überhaupt zuzuwenden sei, auf
die ich so entscheidende Folgerungen gründete. Auch
darüber habe ich eine Regel der Beurtheilung aufgestellt,
welche nach meiner noch immer unveränderten Ueberzeugung vor der doppelten Akrisie in solchen Dingen
bewahrt, entweder einzelnstehende oder schwer zu er-
mittelnde Thatsachen blind zu überschätzen, weil sie
einer vorgefaßten Lieblingsmeinung Vorschub leisten,
oder aber dem Belehrenden, die Erfahrung Erweitern-
den, was auch sie darbieten können, ebenso blind sich
zu verschließen.

71. Diese Regel beruht auf der Anwendung
analogischer Reihen und den Schlüssen daraus,
welche eine Bedeutung erhalten können, die in der
bisherigen Logik, soweit die Literatur derselben bis

auf die neu erschienene von Fr. Ueberweg hin ("Sy=
stem der Logik und Geschichte der logischen Lehren",
Bonn 1857, S. 375 fg.) wenigstens dem Verfasser
zugänglich ist, nicht völlig ins Licht gestellt zu sein
scheint. J. S. Mill, in seinem, abgesehen vom all=
gemeinen, sensualistisch=empirischen Standpunkte, nach
den einzelnen Ausführungen trefflichen Werke: "Die
inductive Logik" (aus dem Englischen von J. Schiel,
Braunschweig 1849, S. 319 fg.), möchte das von uns
beobachtete Beweisverfahren noch am besten charakte=
risirt haben, wenn er von einem Schlusse der Analo=
gie spricht, wo aus der Aehnlichkeit gewisser Fälle
gefolgert werden könne, "daß sie unter einen bisher
noch unbekannten, aus ihnen erst festzustel=
lenden Begriff (Gesetz) zu subsumiren sein werden".
Daher sei mir erlaubt, aus den über die einzelnen
Thatsachen ausführlich sich verbreitenden und darum
das Formelle der Beweisführung im Dunkel lassen=
den Darstellungen der "Anthropologie" die Form des
syllogistischen Verfahrens rein herauszuschälen und
der Prüfung vorzulegen.

Der Punkt, auf den es vor allem ankommt, ist
der Erfahrungsbeweis, daß es gewisse Zustände
des Geistes gibt, in denen er, entbunden von der
Mitwirkung des Organismus (des Nervensystems und
Hirns), dennoch die Integrität seines Wesens behaupte.
Bei dieser Beweisführung lag uns zunächst ein Dop=
peltes ob: solche Thatsachen zu Grunde zu legen, an
deren factischem Bestande nicht zu zweifeln ist, und
welche sodann auch wirklich beweisen, was sie be=

weisen sollen, wenigstens die behauptete Annahme höchst wahrscheinlich machen. (Kaum brauchen wir nämlich in Erinnerung zu bringen, daß wir überhaupt hier lediglich mit „Wahrscheinlichkeitsschlüssen“ zu thun haben, bei denen es nur gelten kann, die Wahrscheinlichkeit auf den möglichst hohen Grad zu bringen.) Beides wird an den („Anthropologie“, S. 400 fg.) aufgeführten Thatsachen nachzuweisen gesucht. Diese bilden somit die Grundlage (die eine Prämisse) eines gewöhnlichen Analogieschlusses, das „Normaleinzelne“, mit welchem andere ähnliche Fälle verglichen werden, um ihrer sonstigen Aehnlichkeit wegen (zweite Prämisse) daraus zu schließen, daß sie in ihrer ganzen Beschaffenheit dem Normaleinzelnen gleich sein werden, d. h. in diesem bestimmten Falle, daß sie jene Hypothese vom Entbundensein des Geistes bestätigen.

72. Zugleich aber ist nicht zu übersehen, daß bei dieser Folgerungsweise mittelbar noch ein anderes Schlußresultat sich ergibt, welches wir soeben als den Schluß aus analogischen Reihen bezeichneten. In jenem Analogieschlusse wurde von (der Voraussetzung nach) factisch gewissen Thatsachen ausgegangen; es werden ähnliche angereiht, welche factisch weniger beglaubigt sein mögen, solange man sie für sich und außer Zusammenhang mit den übrigen betrachtet, um so mehr, da für sie in ihrer Vereinzelung nach den bisherigen Voraussetzungen der Wissenschaft schwer eine Erklärung sich bietet.

Völlig ändert sich dagegen das Urtheil über ihre

Glaubwürdigkeit, wenn sie aus jener Vereinzelung in analogische Reihen eingeordnet und darin gestützt werden von einem Normaleinzelnen, dessen Gewißheit und Unverfänglichkeit festgestellt ist. Sie nehmen dann selber theil an jener Gewißheit, weil die Analogie des Normalfactums sich über sie erstreckt; aber sie unterstützen und bestätigen dabei sich auch gegenseitig, weil in ihnen allen unerwartet und ungesucht eine gemeinsame Analogie hervortritt, welche auf einen gemeinschaftlichen Grund zurückschließen läßt. So sind wir in jener Untersuchung durchweg verfahren, und wenn wir selbst weniger beglaubigte Erscheinungen nicht ganz abwiesen, so ist es in diesem Zusammenhange nirgends geschehen, ohne ihnen in der analogischen Reihe ihren Ort der Erklärung und Begründung anzuweisen. Hier kann man im einzelnen abweichender Meinung bleiben (was indeß auch im einzelnen kritisch zu erweisen wäre); im allgemeinen aber muß man zugestehen, daß dies die einzige Methode sei, um im Gebiete anthropologisch-psychischer Thatsachen, wo die Controle des Experiments uns versagt ist, mit Sicherheit vorzudringen. Und als anmaßliche Ungebühr muß ich es zurückweisen, wenn man, ohne im geringsten auf jene Kritik sich einzulassen, mit vornehmem Achselzucken über das ganze Verfahren und sein Resultat den Stab bricht.

73. Auf ganz ähnliche Weise hat neuerdings ein französischer Naturforscher*) eine ausführliche Dar-

---

*) Albert Lemoine, „Du sommeil au point de vue phy-

stellung der entschiedenen Phasen des Somnambulis=
mus und seines Seherlebens gegeben, welche eben da=
durch sich auszeichnet, daß sie an die einfachsten und
regelmäßigsten Erscheinungen anknüpft und zu den
seltensten und complicirtesten erklärend fortschreitet.
Auch hier mag man seine Hypothesen vielleicht nicht
stichhaltig finden; aber seine Untersuchungsmethode
zur Feststellung des Factischen läßt sich nicht anfech=
ten. Zugleich sei dies, von der ersten wissenschaftlichen
Autorität Frankreichs „gekrönte" Werk denjenigen zu
ihrer Beruhigung entgegengehalten, welche behaupteten,
man compromittire die deutsche Wissenschaft vor dem
Auslande unwiderruflich, wenn man, wie ich leider
gethan, jenen längst geächteten Erscheinungen irgend=
einen Werth beilegen wolle. Die französischen Gelehrten
der Jetztzeit, wie ich aus persönlicher Erfahrung ver=
sichern darf, sind nicht alle so unbeweglich erstarrt,
nicht so unheilbar in grob materialistische Voraus=
setzungen verrannt, als eine gewisse Partei unter uns
sich schmeichelt. Für Deutschland würde ich mich,
abgesehen von dem schon oben angeführten neuesten
Scheidler'schen Werke, auf eine jüngst erschienene
Schrift von C. G. Carus: „Ueber Lebensmagnetismus
und über die magischen Wirkungen überhaupt" (Leip=
zig 1857) berufen, worin er gleichfalls gruppenweise
und vergleichend die Haupterscheinungen zusammen=
stellt; wenn ich nicht bedächte, daß diesen geistvollen

siologique et psychologique; ouvrage couronné par l'institut
de France" (Paris 1855), S. 262 fg.

Forscher das Interdict der neuesten „exacten" Physiologen getroffen, weil ihm das Unglück begegnet, von
dem sie allerdings frei sind, wirkliche Ideen zu haben
und aus ihnen Erklärungen zu versuchen, nicht blos
das Factische zu constatiren und in seiner Vereinzelung
es blind ergeben anzustarren!

74. Vollends befremdlich aber muß die Anmuthung erscheinen, an jene psychischen Erscheinungen
mit dem „Experiment" heranzutreten und sie „ma-
thematisch exacter Naturforschung" zu unterwerfen,
oder, da dies begreiflicherweise unmöglich, behaupten
zu wollen, daß sie eigentlich aus dem Kreise des
wissenschaftlich zu Beobachtenden ausgeschlossen sein
müßten. Ueberhaupt ist die Forderung mathematisch-
exacter Beweisart ein Popanz geworden, den einige
wie ein Medusenhaupt überall da emporhalten, wo es
sich um die Frage einer eigentlichen Begründung
handelt, der jedoch seine versteinernde Wirkung eben
darum zunächst lediglich auf ihr eigenes Urtheil übt.
Schon Lotze hat bei verschiedenen Veranlassungen ein-
dringlich auf die Gefahren dieser Ueberschätzung hin-
gewiesen; und überhaupt kann der wahre Sachverhalt
nicht mehr zweifelhaft erscheinen.

Wer gedächte nicht zuzugeben, daß in allen, äußerer Beobachtung sich darbietenden Erscheinungen, also
im Physischen und Physiologischen, nicht blos Beobachtung, sondern auch Experiment erforderlich sei,
um den Thatbestand außer Zweifel zu stellen und in
allen wesentlichen Bedingungen zu constatiren? Im
Psychischen aber kann nicht experimentirt werden; man

ist daher lediglich auf die beiden andern Erfahrungs=
quellen, auf Beobachtung und Zeugniß beschränkt;
— auf Beobachtung seiner selbst, und da diese un=
möglich alle psychischen Thatsachen umfassen kann,
auf fremdes Zeugniß der innern Vorgänge, wo dann,
falls dieselben sich nicht sofort durch regelmäßige
Selbstbeobachtung controliren lassen — wie dies ge=
rade bei den merkwürdigsten und lehrreichsten psycho=
logischen Phänomenen nicht möglich sein wird —,
jener Kanon der Beurtheilung eintritt, den wir in
der Behandlung analogischer Reihen angegeben haben.

75. Gleicherweise ist unverkennbar, daß die ma=
thematisch=exacte Berechnung in keinerlei Betracht die
innern Ursachen und Kräfte erkennen lehrt, welche
einer Erscheinung zu Grunde liegen, sondern nur die
äußern Bedingungen und die begleitenden
Umstände, unter denen jene in die Wirksamkeit
treten. Wenn die Physik berechnet hat, wie vieler
Aetheroscillationen in einer Secunde es bedürfe, um
die Farbenempfindung in unserm Auge zu erregen,
welche wir als violett bezeichnen, so hat sie damit
weder nach der einen Seite hin ergründet, was jener
supponirte Aether eigentlich sei, noch von der andern
Seite im mindesten erklärt, welch ein gesetzlicher Zu=
sammenhang oder innere Wechselbeziehung obwalte
zwischen der Zahl jener Aetherschwingungen und einer
so überraschenden Umsetzung rein quantitativer
Verhältnisse in die Qualität specifischer Farbenem=
pfindung. Somit ist eigentlich nur eine genauere
Beschreibung des äußern Hergangs gewonnen,

die freilich auf die künftig zu erwartende Erklärung den größten Einfluß haben wird, sie selbst aber noch nicht im geringsten enthält.

Wenn ferner in der Physiologie berechnet wird, mit wie viel Hebelkraft ein Muskel wirkt, um das von ihm abhängige Glied zu bewegen, so wird damit weder das Wesen der wirkenden Kraft selber erkannt, noch auch erklärt, wie es möglich sei, daß bei eintretender Willensintensität jenes Kraftmaß sich steigere, ohne dieselbe geringer bleibe; wie daher der auf die Bewegungsnerven und Muskeln wirkende Wille recht eigentlich als „Kraftquelle" sich zeigen könne, während im Sinne jener Berechnung das Verhältniß ein constantes, mithin unveränderliches sein sollte. Mit einem Worte: Wir können durch Berechnung und exacte Forschung nirgends auch nur um eines Haares Breite in die Erkenntniß des Wesens und der innern Ursachen eindringen.

76. Dazu bedarf es somit eines specifisch andern, wiewol nicht minder der empirischen Forschung angehörenden Verfahrens, dessen methodische Bedingungen gleichfalls längst festgestellt sind. Es bedarf dafür zunächst einer kritisch gesichteten und logisch geordneten Aufstellung sämmtlicher charakteristischer Thatsachen des zu untersuchenden Gegenstandes, d. h. einer möglichst erschöpfenden „Induction", auf welche sodann nach der Form der „Hypothese" der Zurückschluß auf das Wesen desselben gegründet wird. Dies und nichts anderes in beiderlei Hinsicht beabsichtigte unser Werk in Betreff des menschlichen Gei-

stes zu leisten; und es bliebe dem Vorwurfe ausgesetzt, eine unvollständige Induction zu Grunde gelegt zu haben, wie dies erweislich die meisten bisherigen psychologischen Werke gethan, wenn es nicht auch jene verdächtigen Phänomene in den Kreis seiner Erwägungen gezogen hätte; — verdächtig wesentlich nur darum, weil sie gewissen herrschenden Vorstellungen nicht sofort sich anpassen wollen. Deshalb verarge man uns nicht, wenn wir bis auf weiteres in dem bezeichneten Tadel einen Anspruch des Lobes für uns sehen und am allerwenigsten gewillt sind, von diesem Verfahren abzulassen.

Denn wer könnte verkennen, daß gerade an diesen vermeintlich dunkeln Partien des Geisteslebens der Hebel eingesetzt werden müsse, um eine ganz neue Welt geistiger Beziehungen ans Licht zu bringen? Wir haben mit nichten behauptet, daß diese Bewußtseinszustände an sich höhere, werthvollere oder mit dem besondern Nimbus der Heiligkeit und Untrüglichkeit umgebene seien, welche übertreibende Schätzung sonst wol nicht vermieden worden. Wir haben sie ausdrücklich als „krankhafte" bezeichnet, wie sie nicht anders gefaßt werden können nach der festen Lebensordnung, in welche wir durch das Sinnenleben eingewiesen sind. Dennoch ist ebenso klar, so gewiß auch das Krankhafte, die Schranken des gewöhnlichen Daseins Ueberschreitende nichts Zufälliges ist, sondern gleichfalls nur Ausdruck sein kann eines gewöhnlich nicht zu Tage kommenden Wesenhaften und Charakteristischen, daß man um so eifriger diesem Charakte-

riftiſchen nachzuſpüren habe. Das Augenfälligſte dabei iſt folgender Umſtand.

77. Durch ausführlichen Inductionsbeweis haben
wir wahrſcheinlich zu machen geſucht, daß die Zuſtände
des intenſiven und ausgebildeten „Wachtraums" (des
Hellſehens, der Viſion, des zweiten Geſichts u. ſ. w.)
ohne Mitwirkung des Sinnenapparats und Hirns
vor ſich gehen. Eine an ſich ſchon für Pſychologie
wie Phyſiologie entſcheidende Erfahrung! Die weitere
Frage aber entſteht, welch einen Charakter das Vor-
ſtellungsleben des Geiſtes während jener leibfreien
Zuſtände zeige? Auch darüber hat die „Anthropologie"
eine klare Einſicht anzubahnen nicht unterlaſſen. Er-
wägend jedoch, daß hier Thatſachen berührt werden,
welche ebenſo ſchwierig in ihrer factiſchen Ermittelung,
wie zweifelhaft in ihrer Deutung ſind, begnügte ſie
ſich damit, das hervorſtechend Charakteriſtiſche davon
auszuheben, weil ſchon dies zu den wichtigſten Aufſchlüſ-
ſen über das Weſen des Geiſtes hinreicht. Sie darf daher
verlangen, dieſe Ergebniſſe nicht als „Hypotheſen" in
gewöhnlicher Bedeutung, d. h. als willkürliche Vermuthungen bezeichnet zu ſehen, ſondern als einen
durch Induction und Analogie geſicherten Erfahrungsbegriff, welchen man einer Erfahrungswiſſen-
ſchaft, wie die Pſychologie jetzt ihrem allergrößten
Theile nach nur noch ſein kann, zu Grunde zu legen
vollkommen das Recht hat.

Die Ergebniſſe ſelbſt ſind im Bisherigen hinreichend beſprochen. Nur drei Punkte etwa verdienen
noch beſonders hervorgehoben zu werden, weil in ihnen

Fichte, Zur Seelenfrage. 9

das Neue und das Abweichende unserer Ansicht sich concentrirt.

78. Die bisherige Physiologie und Psychologie beharrten, auf dem Satze, daß kein Vorstellen, überhaupt kein Bewußtseinsproceß ohne Mitwirkung des Hirns möglich sei, und daß beide in dem Grade sich verwirren, verdunkeln und endlich ganz verlöschen, je mehr die Integrität dieses organischen Apparats verletzt sei.

Wir haben gezeigt, daß dies auch anders sich verhalten könne. Das Vorstellungsleben des Geistes im leibfreien Zustande ist nicht erloschen, gehemmt, oder auch nur alterirt und geschwächt, oder das Bewußtsein von der Identität der Persönlichkeit aufgehoben; sondern das Gegentheil von diesem allen zeigt sich: gesteigerter Vorstellungsproceß und vertiefterer Bewußtseinszustand, die Persönlichkeit inniger ihrer gewiß und tiefer mit Selbstbewußtsein sich durchleuchtend.

Durch diese Thatsache wird einestheils die Behauptung des Materialismus aus dem Grunde widerlegt, daß Bewußtsein und Vorstellen lediglich Function des Nervensystems und Product organischer Thätigkeit sei. Wäre eine solche Hypothese nicht aus allgemeinen Gründen ungereimt, so müßte sie schon darum aufgegeben werden, weil sie nur auf unvollständiger Erfahrung beruht. Das Bewußtsein ist so wenig bloßes Product des Leibes, daß es in leibfreien Zuständen erst in voller Kraft und Eigentlichkeit gefunden wird. Andererseits wird auch der bekannte Haupt=

beweis Schopenhauer's beseitigt, welcher auf den Um=
stand, daß Bewußtsein und Erkennen im tiefen Schlafe
gänzlich pausire, während die rein organischen, bewußt=
losen Functionen, Herzschlag und Ernährung ununter=
brochen sich fortsetzen, den sehr übereilten Schluß
gründet, daß die Grundeigenschaft dessen, was wir
Seele nennen, allein blinder Trieb oder Wille, der
Intellect nur etwas Accidentelles an ihm sei. Wäre
in der That auch erwiesen, daß der sogenannte tiefe
Schlaf ein völlig vorstellungs=(traum=)loser sei —
eine Behauptung, gegen die sich bekanntlich die bedeu=
tendsten Erfahrungsinstanzen erheben lassen —, so
wäre dennoch die darauf gegründete Folgerung will=
kürlich und unberechtigt. Erfahrungsmäßig zeigt
sich vielmehr, daß Bewußtsein, Intelligenz, „Vernunft"
die unverlierbare Grundeigenschaft derjenigen Substanz
sei, die wir Geist (Seele) nennen. Sie entbehrt die=
sen Charakter nicht einmal in den Zuständen wirklicher
Verdunkelung, d. h. auf der Stufe ihres vorbewuß=
ten Daseins: die organischen Thätigkeiten zeigen sich
nichts weniger denn als „blinder Trieb", als bloßer
„Wille"; sie tragen vielmehr das durchgreifende Ge=
präge der intensivsten, nur in Bewußtlosigkeit festgehal=
tenen Intelligenz. Woher jener merkwürdige Doppel=
zustand bewußter und bewußtlos bleibender Vernunft
stammen möge, kann allerdings gefragt und diese
Frage verschieden beantwortet werden. Gänzlich ver=
schiet aber und im Widerspruche mit der Gesammt=
heit der Thatsachen wird die Frage aufgefaßt, wenn
man die Intelligenz für ein blos Accidentelles an den

9*

Seelenerscheinungen hält. Sie verräth sich vielmehr als ihr eigentliches agens und verborgenes Princip, als A und O, Ausgangs- und Zielpunkt ihrer ganzen Entwickelung.

79. Das zweite Hauptresultat aber, welches auch von dieser Seite unabweislich sich hervordrängt und nur bestätigt, was im Bisherigen schon von andern Seiten her uns klar wurde, läßt sich dahin aussprechen: daß unser Geist während des gegenwärtigen Lebens einem Doppelzustand von Gebundenheit und Entbundensein seines Wesens, von Entäußerung an ein ursprünglich ihm Fremdes und von Zurückziehung in sein Inneres, preisgegeben sei, während dies Wesen selbst durchaus und von Anfang an, auch in den Zuständen der Gebundenheit und Selbstentäußerung, als von intelligenter Natur, als „ursprüngliche" Vernunft sich ausweist. Unmittelbarkeit hat man aber niemals mit Ursprünglichkeit zu verwechseln, das factisch Erste nicht sofort für das wesenhaft Erste zu halten.

Daraus nun erklärt sich drittens die durchgreifende Erscheinung, daß, je mehr die ursprüngliche Intelligenz unsers Geistwesens an jenen ursprünglich ihm fremden Stoff gebunden erscheint und in Bewältigung derselben mittels der organischen Processe begriffen ist, sie desto weiter davon entfernt bleibe, sich im Bewußtsein zu ergreifen, überhaupt bewußte Vorstellungsacte zu produciren. Deshalb ist, trotz jener Vernunfturfprünglichkeit, der factische Anfang unsers Daseins das tiefste Dunkel- und Traumleben,

aus dem erst allmählich, nachdem der vollständige
Sinnenapparat dem im Leibe latitirenden Geiste ge=
sichert ist, durch den Reiz der Sinnenempfindung er=
weckt das Bewußtsein sich hervorzubilden vermag.
Dennoch ist, wie die „Psychologie" zu zeigen hat, das
Sinnenbewußtsein nicht im geringsten sensualistisches
Erzeugniß des Empfindens, bei welchem der Geist
sich blos passiv verhielte, sondern das Product un=
willkürlich denkender Thätigkeit aus den Elementen
der Sinnenerregung, welches Denken ihn von Stufe
zu Stufe zur völligen Selbstbefreiung ins Bewußtsein
und Selbstbewußtsein führt, dadurch bewährend, daß
er Vernunftmacht von Anfang ist und bleibt.

80. Das Mittlere, durch beiderlei entgegengesetzte
Zustände hindurchwaltende und beide unauflöslich
verknüpfende ist als Phantasie von uns bezeichnet
worden, ein unmittelbar bewußtlos, aber nach den
Typen und Grundbildern eingeborener Vernunft, d. h.
absolut „zweckmäßig" bildendes Vermögen: — woraus
unter anderm folgt, daß während der Verbindung des
Geistes mit dem Leibe unsere bewußten Zustände durch
den Zustand unserer Phantasiethätigkeit im Organis=
mus mitbedingt und gefärbt sein müssen, was man roh
und uncorrect genug die „Abhängigkeit der Seele
vom Leibe" genannt hat, während man es nur als
die Abhängigkeit des bewußten Theils der Seele
von ihrer unbewußt bleibenden Thätigkeit zu
bezeichnen hätte, ein Verhältniß, worin nicht das ge=
ringste Auffallende oder Bedrohliche für das Wesen des
Geistes liegt, welches vielmehr von selbst sich erklärt.

Dies Vermögen nun gibt sich am frühesten und in seinen dunkelsten Erweisungen, darum aber auch am energischsten und sinnvollsten in der ersten Bildung des Organismus kund; dann aber schreitet es unabläſſig, wiewol nicht minder bewußtlos in seiner still-fortbildenden Thätigkeit, zur individuellen Ausgestaltung des Leibes durch Physiognomie und Geberde fort, in denen nur der Gesammtausdruck der den Leib durchhauchenden geistigen Individualität zum Vorschein kommt. Mit Ungrund, glauben wir daher (vgl. §. 40), hat man die Wahl dieser Bezeichnung darum getadelt, weil „Phantasie" der ästhetischen Productivität vorbehalten bleiben müſſe und keinesfalls zu vermiſchen oder in Zusammenhang zu bringen sei mit jener pla-stisch-organischen Thätigkeit, welche nur zu den Verrichtungen des Niedrigern, der „Seele", nicht des Geistes gehöre.*) Wir laſſen überhaupt nicht die Annahme eines Compositum von Seele und Geist im Menschen übrig, von welcher innerlichst unklaren und erfahrungswidrigen, weil die substantielle Einheit des Menschenwesens aufhebenden Vorstellung wir jenen ausgezeichneten Denker, nach seinen sonstigen Aeußerungen in der angeführten Abhandlung, nicht ganz frei finden können. Uns ist vielmehr, nach dem Grundbegriffe der stetigen Stufenfolge, in welcher, wie wir zeigen, jedes nächsthöhere Weltwesen die Ei-

---

*) Chr. H. Weiße, „Der Kampf des Glaubens gegen den Materialismus", dritter Artikel; in der „Proteſtantiſchen Kirchenzeitung" für 1857, Nr. 24, S. 567.

genschaften der vorhergehenden Stufe zum (unselbstän-
bigen) Elemente und Mittel seiner eigenen Verwirklichung herabsetzt, das Seelische, welches im Thiere
selbständig und alleinwirkend hervortritt, auf der Stufe
des Geistes in die bloße, aber unauflöslich ihm bei-
wohnende Accidentalität verwandelt. Der Mensch ist
seelischer Geist, nicht Seele und Geist; deshalb ist
auch keine Trennbarkeit beider in ihm; und das
χωριστόν des Aristoteles, dessen Weiße billigend erwähnt, ist dahin zu berichtigen, oder vielmehr in dem
richtigen und triftigen Sinne auszulegen, daß das
Geistige (der „Verstand") nicht in stetiger Begriffs-
folge und Nothwendigkeit aus den niedern psychischen
Zuständen hervorgehe oder aus ihnen erklärt werden
könne, sondern als ein neues, ihnen jenseitiges (von
ihnen „gesondertes") Princip „von außen her" (θύ-
ραθεν) in sie hineintrete.

Sicherlich ist daher die Behauptung, daß der
„Verstand" (das geistige Princip) im Menschen ein
χωριστόν, ein aus den natürlich seelischen Bedingungen
schlechthin Unerklärbares sei, eine der großartigsten
Entdeckungen des Aristoteles, durch die er wahrhaft
zum Wohlthäter des Menschengeschlechts geworden.
Dies stimmt aber mit unserer gesammten Grundansicht aufs vollständigste überein, welche diesen großen
Gedanken alter Vergangenheit nur weiter auszuführen
und nach durchgreifenden Analogien zu begründen
gesucht. Nach unten: indem sich auch die „Seele"
als ein χωριστόν, ein aus blos unorganischen
Kräften und Processen durchaus Unerklärliches ihr

erweist; nach oben: indem sie auch den Menschen=
geist noch nicht als das höchste Besitzergreifende er=
kennt, sondern ihn abermals geistig besessen, zum Of=
fenbarungsorgan herabgesetzt werden läßt durch die
Ideen, oder auch — warum soll ich die für viele
vielleicht anstößige Paradoxie nicht aussprechen, da sie
nach der Consequenz des Ganzen kaum sich abweisen
läßt — durch höher geartete Geister, bis zum höch=
sten, göttlichen hinauf!

In dieser Reihe des Besitzens und Besessenwer=
dens suchte ich zugleich jedoch den Begriff der Ste=
tigkeit festzuhalten; denn nur dieser entspricht der
objectiven Beschaffenheit des Weltganzen, in der „kein
Sprung (saltus) und keine Lücke gefunden wird".
So auch im vorliegenden Falle. Der Geist, wie
gesagt, ist intelligentes Princip von Anfang oder
apriorischerweise; indem er zunächst aber im Menschen
an ein seelisches und ein organisches Element gebunden
erscheint und aus diesem erst zum Bewußtsein und
Selbstbewußtsein sich loswickelt, entsteht jenes Mitt=
lere, welches wir nach dem Charakter seiner voll=
kommensten Wirkung oder nach dem Grundsatze: a
potiori fiat denominatio, nicht anders als „Phan=
tasie" zu nennen vermöchten, keineswegs blos „Ein=
bildungskraft", welcher Begriff hier ganz falsche Ne=
benbeziehungen gäbe. In der Einbildungskraft, wie
im „Gedächtniß", ist der vorwaltende Charakter und In=
halt lediglich empiristischer Natur und schließt sich aufs
engste an den Empfindungsinhalt an, wie gleichfalls Ari=
stoteles lehrt, wiewol er dies vorstellende Vermögen

selber φαντασία nennt.*) Ueberhaupt ist es kein geringer
Uebelstand bisheriger Psychologie, jenes schöpferisch
gestaltende Vermögen in uns aus bloßer „Einbildungs=
kraft" herzuleiten und mit ihr auf eine Stufe zu stellen,
sodaß der wahrhafte apriorische, tief in die Ursprünge
unsers geistigen Wesens zurückweichende Charakter
desselben durchaus übersehen worden ist: eine Unter=
lassung, durch welche auch der Aesthetik bisher der
gründliche psychologische Unterbau entzogen bleiben
mußte.

Wenn daher der Künstler mit freibildendem Be=
wußtsein ideale Gestalten entwirft, so können wir nicht,
wie Weiße will, darin ein specifisch neues Vermögen er=
blicken, welches dem Geiste im Gegensatze der Seele
zukäme. Es scheint uns, nur auf höherer Stufe, ganz
dasselbe, mit welchem sie schon ursprünglich das ideale
Raumschema ihres Leibes entwirft (§. 38), mit welchem
sie weiterhin, aber schon um eine Stufe höher gerückt,
der vorhandenen Leibesgestalt recht eigentlich „sinnbil=
dend" den Ausdruck der Seelenstimmung, des Affects,
der geistigen Gewohnheit unwillkürlich künstlerisch
einprägt. Unwillkürlich künstlerisch — sagen wir;

---

*) Die entscheidenden Stellen siehe bei Biese, „Die Philosophie
des Aristoteles", II, 26, erste Note. Was wir Phantasie nennen,
ließe sich nur mit dem vergleichen, was Aristoteles anderswo
als „Dämonisches" bezeichnet, wenn er z. B. die Natur
als die nach einem unbewußten Triebe arbeitende Künstlerin
(ἐργάτη) charakterisirt, aber hinzusetzt, sie sei darin „dämonisch",
nicht göttlich zu nennen. (Aristot. de divin. per somn. c. 2.)

denn fürwahr liegt darin ein höchst charakteristisches
künstlerisches Vollbringen, daß die Seele es vermag, stets
gelungen und darum auch allgemein verständlich, d. h.
dem Grundthypus der Bildersprache getreu, mit welchem
die Natur das Innere malt, das treffende Sinn=
bild der eigenen Stimmung oder des Affects dem Leibe
einzuprägen. Und was anderes versuchte doch der
eigentlich plastische oder mimische Künstler, als nur
mit Bewußtsein und Absicht, darum aber nicht immer
gleich gelingend, dasjenige zu vollbringen, was die
absichtslos in uns wirkende Phantasie stets glücklich
vollzieht? Mit dieser Stufe der Phantasiethätigkeit sind
wir jedoch schon bei dem untersten, aber energievoll=
sten Wirken derselben angelangt, dem der frühesten
Leibgestaltung und Anbildung des Organismus; denn
hier wird es doch wol kaum einem besonnenen For=
scher einfallen, nachdem er alles Bisherige nicht ohne
Mitwirkung jenes schöpferischen Vermögens hat denken
können, plötzlich in ein anderes, specifisch niedriger
stehendes Gebiet von Erscheinungen überzuspringen
oder zu der nichtssagenden qualitas occulta von
„organisch=productiven Kräften" seine Zuflucht zu
nehmen, was nur eine anderslautende Umschreibung
der so berüchtigt gewordenen „Lebenskraft" wäre.

Mit einem Worte: man leugnet ent=
weder überhaupt den specifischen Charakter
der Phantasie, als eines bildenden und zu=
gleich sinnbildenden Vermögens in unserm
Geiste — eine Behauptung, die kaum im

139

Ernste gewagt werden könnte —, oder man
muß auch zugeben, daß dies Vermögen,
wahrhaft apriorisch und weit vor allem sinn=
lichen Bewußtsein voraus, in die frühesten
Anfänge unsers Seelendaseins hinabreiche.

VI.

Die Raumverhältnisse der Seele.

81. Nicht ohne Vorbedacht ist in allem Bisherigen eine Controverse unberührt geblieben; es ist die
über Lokalisirung der Seele im Leibe, oder was
neuerdings unter dem Namen eines „Sitzes" der
Seele bezeichnet wird, welche Frage auch in den Verhandlungen zwischen Lotze und mir eine Hauptrolle
gespielt hat.

Indeß schien sie uns der Wichtigkeit jener principiellen Fragen gegenüber, welche bisher uns beschäftigt haben, nicht den gleichen Rang von Bedeutung
zu besitzen. Man kann über sie verschieden denken,
man kann aus den triftigsten empirischen Gründen
sogar die letzte Entscheidung darüber noch für unzeitig
und verfrüht halten, ohne darum im geringsten genöthigt zu sein, den aufgestellten Ergebnissen über die ideelle

Natur und apriorische Macht des Seelenwesens seine Beistimmung zu versagen. Vielmehr darf ich hoffen, wenigstens was die allgemeine Tendenz betrifft, darin der Beistimmung Lotze's zu begegnen. Er hat über die Verwandtschaft seiner eigenen Bestrebungen in diesem Betrachte so entschieden sich ausgesprochen am Eingange seiner „Streitschrift", daß an solchem allgemeinern Einverständnisse nicht zu zweifeln ist. Dies zugleich ist die erfreuliche Seite unsers Verhältnisses; es gewährt mir zugleich die zuversichtliche Hoffnung, nicht zwar einer völligen Ausgleichung unserer Differenzen, wol aber eines gesegneten Zusammenarbeitens nach einem gemeinsamen Ziele.

Andererseits jedoch verhehle ich auch jetzt nicht meine Ueberzeugung, daß jene Nebenpunkte, über welche wir annoch differiren, in ihren Folgen wichtig genug seien, um Gegenstand weiterer Erörterung zwischen uns zu bleiben. Immer noch bin ich der frühern Meinung, der Satz von der absolut raumlosen Einfachheit des Seelenwesens sei ein spiritualistisches Vorurtheil, welches zwar im mindesten nicht abhalte, der idealen Natur desselben gerecht zu werden, wol aber das wesentlichste Hinderniß werde, um zu einer vollgenügenden, nach allen Seiten hin durchsichtigen und befriedigenden psychologischen Grundansicht zu gelangen. Auch nachdem ich mit möglichster Sorgfalt erwogen, was Lotze zur Vertheidigung seiner Lehre in der „Streitschrift" erneuert vorgetragen, bin ich dieser Meinung geblieben; ja — darf ich es sagen? — sie hat sich mir daran bestätigt und

befestigt. Daß dies nicht Eigensinn sei oder todtes
Erstarren in einer lange eingewöhnten, unbeweglich
festgewordenen Meinung, davon hoffe ich meinen
hochverehrten Widerpart selber zu überzeugen.

82. Und dies um so mehr, als ich die Haupt=
sätze, welche er gegen mich aufführt, vollständig in
ihrer Wahrheit anerkenne, ohne zu glauben, das ge=
ringste Zutreffende wider meine Ansicht damit einge=
räumt zu haben. Ich muß seiner Behauptung von
der Nothwendigkeit eines Centralorgans für die (be=
wußte) Seele an einer einzigen Stelle des Leibes
(im Hirn) völlig beitreten; ebenso darf ich seine Lehre
von den „untergeordneten Centralorganen" mir an=
eignen, mittels deren die Seele im Empfinden
einen aus den verschiedensten Elementen zusammenge=
fügten Gesammteindruck erhält, ebenso im Wol=
len einen Gesammtimpuls dem Körper übergibt,
der sich durch jene „Zwischenorgane" zu den compli=
cirtesten Wirkungen innerhalb des ganzen Leibes ver=
theilt; „sodaß die Seele" (der bewußte Theil der=
selben) „nicht wie ein kleiner Haushalter um jedes
Detail der Ausführung sich kümmert, sondern wie
ein großer Gebieter nur befiehlt und dem körperlichen
Mechanismus die Einzelheiten der Ausführung über=
läßt" (S. 137). Endlich trete ich dem Inhalt der
drei von ihm aufgestellten Hauptsätze (S. 140—143)
ausdrücklich bei und habe auch meinerseits nie daran
gezweifelt: daß alle Acte des Bewußtseins auf einer
lediglich intensiven, raumlosen Thätigkeit beruhen,
daß somit weder die Vorstellungen eines Räum=

lichen selber ein Räumliches sein können in der
Seele, noch auch der Willenseinfluß, durch den
die Seele Bewegungen in ihrem Körper hervorruft,
aus einer bewußten lokalen Direction hervorgehe,
welche sie ihrem Willen zu geben vermöchte, „da sie
ja von den ersten Ursprüngen der motorischen Nerven
so wenig unterrichtet ist, als bisjetzt noch die Wissenschaft" (S. 143).

Ueber alle diese Punkte demnach sei mein Ein-
verständniß ein für allemal erklärt; dies aber nöthigt mich nicht, meine Grundansicht aufzugeben, noch
trifft es den eigentlichen Sinn meiner Einwendungen.
Zugleich sind dies nicht blos jetzt mir abgenöthigte
Zugeständnisse, welche ich auch verweigern könnte oder
zu denen ich erst nachträglich mich herbeilasse. Denn
jene Sätze enthalten nicht Hypothesen, die man
annehmen oder zurückweisen kann, sondern unabweisliche, in der Natur der Seele gegründete Thatsachen, welche jede Ansicht, die seinige wie die meine,
gleicherweise in Rechnung zu bringen hat.

83. Wo der eigentliche Punkt unserer Differenz liege
und wo ich noch immer eine Lücke in Lotze's Ansicht zu erblicken glaube, habe ich soeben durch das in Parenthese
hinzugefügte Wörtlein: „bewußt" aufs einfachste bezeichnet. Noch immer lebt er der Ueberzeugung und durchweg argumentirt er gegen mich aus der ihm unum-
stößlichen Prämisse: daß die Seele = Bewußtsein
und daß wo sie nichts wisse, da auch nicht wirke.
Darum und darum allein sucht er den „Sitz" und
die Wirkungsweise der Seele ausschließlich im

Hirn, in einem allerdings hier anzunehmenden Mittel=
und Durchkreuzungspunkte aller Sensationen und aller
bewußten Willenswirkungen, den auch wir anerkennen,
ohne jedoch genöthigt zu sein, dies Organ der bewuß=
ten Seelenthätigkeit zu einem absolut raumlosen
Punkte zu machen oder auch hier nur an eine einzelne
Stelle gefesselt zu denken. Hierüber läßt unsere An=
sicht den künftigen anatomischen Entdeckungen jeden
Spielraum und erhält sich alle Empfänglichkeit für
deren Ergebnisse.

Darum allein ferner ist Lotze genöthigt zu dem=
jenigen, was wir früher die „Anpassungshypothese"
nannten (§. 31, 32), zur occasionalistischen Vorstellung
eines „leiblichen Mechanismus", welcher ganz unab=
hängig von der Seele und „seinen eigenen Gesetzen
folgend" neben ihr hergeht, und bei welcher sie eben
nur „abzuwarten" hat, daß ihre Willensvorstel=
lungen von ihm aufgenommen und ausgeführt wer=
den; ebenso abzuwarten, welche äußern Affectionen
er ihr überliefere, um sie in Empfindungen umzusetzen.
Bei anderer Gelegenheit haben wir schon ausführlich
bewiesen, wie schwer, ja wie unmöglich es falle, un=
ter dieser Voraussetzung eine andere Reihe gerade der
zahlreichsten und wirksamsten Thatsachen dieser Wech=
selwirkung zu erklären. Wie wäre dann noch jene
unwillkürliche Selbstobjectivirung der Seelenzustände
im Leibe möglich, wobei der letztere aufs eigentlichste wider
den bewußten Willen der erstern zum „Seelenspiegel"
wird, da nach der ganzen Consequenz dieser Ansicht
die Seele nur so weit vom Mechanismus des Kör=

pers begleitet sein kann, als sie bewußt ist und mit
Bewußtsein will, während er außerdem „seinen eige=
nen" (der Seele ganz fremden) „Gesetzen folgen" soll?
Wie auch umgekehrt jene ebenso ununterbrochene
Rückwirkung organischer Stimmungen und Misstim=
mungen in die Gefühle der Seele, die, ohne je zu
specifischen Empfindungen zu werden, dennoch die
Seele in ihrem unwillkürlichen Vorstellungsleben bis
zur Geistesstörung hinauf verändern können, wenn
der leibliche Mechanismus nur dazu bestimmt wäre,
gewisse eigene Veränderungen als den Stoff bewuß=
ter Empfindung der Seele zu überliefern? Betont
Lotze ferner, ganz gleich dem ältern Occasionalismus,
das teleologische Verhältniß, welches zwischen beiden
an sich unabhängigen Gebieten obwalte und welches
nur ein genau begrenztes Maß von Wechselwir=
kungen vorgeschrieben habe: so müßte man fürwahr
eine solche göttliche Einrichtung höchst tadelnswerth
finden, welche auch geradezu unzweckmäßige und schäd=
liche leibliche Rückwirkungen zugelassen hat. Niemals
in der That wird die Speculation das verscherzte
Vertrauen der Erfahrungswissenschaften sich wiederer=
werben können, als bis sie im Stande ist, Erklärun=
gen zu bieten, die bei aller Künstlichkeit nicht sich
dennoch nur als halbausreichende erweisen.

84. Daß nun jener Grundbegriff der Seele ein
unvollständiger und darum unzulänglicher sei, darüber,
denke ich, braucht hier nicht mehr verhandelt zu wer=
den. Hatte früher die „Anthropologie", hat die ge=
genwärtige Schrift doch guten Theils keinen andern

Fichte, Zur Seelenfrage. 10

Zweck, als das alte psychologische Axiom der Identität von Seele und Bewußtsein zu widerlegen und
einen umfassendern Begriff der Seele an seine Stelle
zu setzen, zufolge dessen sie zwar ihrer Grundbeschaffenheit nach Intelligenz, ein von Vernunftin-
stincten geleitetes Triebwesen sei, daß jedoch in ihrer
Entwickelungsgeschichte das Bewußtsein, zwar
nichts Accidentelles, von außen Herbeigeführtes, wol
aber das Spätere ausmache; daß es innere Zustände und Acte der Seele beleuchte, nicht
aber erzeuge, daß überhaupt die Seele ihrer
Zustände bewußt werde, ohne sie damit bis
in ihre Tiefe zu durchbringen. Daher ist es
auch ein völlig erfahrungs- und analogiewidriger
Grundsatz, daß die Seele der Mittel, deren sie sich
bedient, der Processe, die sie ausführt, völlig kundig
sein müsse, und daß da, wo dies nicht stattfindet,
die Macht derselben auch nicht hinreiche. Das gerade
Gegentheil findet statt und zwar in allen Gebieten
des geistigen Lebens, eben weil unser Bewußtsein
nur Bewußt-Werden, lediglich das Spätere ist.
Sowenig daher die Seele ihres organischen Apparats
und seiner Wirkungen kundig ist, in dem sie dennoch
wirkt, ganz ebenso wenig kennt sie unmittelbar die
Denkgesetze und Denkprocesse, welche ihren „Vernunft-
urtheilen und Schlüssen“ zu Grunde liegen; wie nicht
anders es auch im Praktischen sich verhält, da schon
nach Leibniz' Ausspruche drei Viertel unserer „ver-
nünftigen Handlungen“ unbewußt bleiben oder auch
mit Reflexion vollzogen nach ihren innersten Antrieben

und Motivationen sich niemals völlig in Bewußtsein auflösen lassen.

Auch wird mit diesem berichtigten Begriffe der Seele nicht etwa Theorem gegen Theorem, eine be=streitbare Hypothese gegen die andere gewendet, sondern die vollständigere Beobachtung und gründlichere that=sächliche Erforschung ist an die Stelle einer mangel=haften oder nur theilweise richtigen getreten. Dies kennzeichnet aber jeden wahrhaften wissenschaftlichen Fortschritt, der gerade darum nicht mehr verloren gehen kann, weil er auch gegen den vorhergehenden Standpunkt vollkommen gerecht gewesen ist. Er hat das thatsächlich Begründete desselben in sich aufgenom=men und durch eigene Beobachtung es weiter geführt.

85. Hier ist es nun vollkommen consequent und eine nicht abzuweisende Aufgabe, auch für jene, im Dunkel der Bewußtlosigkeit bleibenden Instinctwir=kungen der Seele ein Organ im Leibe aufzusuchen, wie ein solches für die von Bewußtsein begleiteten Functionen ohne Zweifel im Hirn sich gefunden hat. Hieraus erwuchs nun die Behauptung, daß das ganze Nervensystem als Gesammtorgan oder „Sitz“ der Seele gedacht werden müsse, überhaupt der Begriff einer „dynamischen Allgegenwart“ derselben im Or=ganismus: — welche dynamische, jede Raumthei=lung der Seele ausschließende Gegenwart außerdem, theils durch eine metaphysische Theorie vom Wesen der Ausdehnung, theils durch anderweitige em=pirische Analogien, so ausreichend begründet wor=

10*

den sein möchte, daß man das Recht gewonnen hat,
auf diesem Begriffe weiter fortzubauen und die Er=
klärung des Einzelnen zu versuchen.

Zwar behaupte ich nicht und habe nie behauptet,
daß damit alle Einzelprobleme, welche das sehr com=
plicirte Verhältniß von Seele und Leib darbietet, wie
mit einem Schlage und von selbst gelöst seien, daß
nicht auch hier sich eigenthümliche Schwierigkeiten dar=
bieten. Nur das behaupte ich, daß diese Hypothese,
verglichen mit der ältern, jetzt auch von Lotze vertre=
tenen, die vollständigere und richtigere sei, welche somit
auch den einzelnen Untersuchungen zu Grunde gelegt wer=
den müsse, — nicht als Bann= oder Zauberformel,
vor der alle Geheimnisse wie vorher geschlossene Rie=
gel aufspringen, sondern als „heuristisches Princip",
das einer weitern, selbständigen Ausbildung fähig ist,
und welches, indem es gelingt, eine Reihe von Pro=
blemen wirklich zu lösen, dadurch selber an immer
steigender Wahrscheinlichkeit gewinnt. Ein großer Theil
dieser Probleme fällt selbstverständlich der Psychologie
zu; einen andern Hauptpunkt werden wir im Folgenden
noch zur Sprache bringen.

Dagegen scheint es zweckmäßig, einen besondern
Punkt gleich hier zu erwähnen. Lotze („Streitschriften",
S. 138) legt mir aus der Reihe solcher Einzelpro=
bleme drei Fragen vor, ohne Zweifel in der Ueber=
zeugung, daß nach meinen Prämissen ihre Lösung
schwer oder unmöglich sei: „Wie unter Voraussetzung
einer Allgegenwart der Seele im Körper 1) das Ver=
schwinden der Empfindung und die Lähmung der will=

kürlichen Bewegung nach Durchschneidung der Nerven erklärbar; wie 2) die Lokalisirung der Eindrücke und die geordnete Lenkung der Bewegungen möglich; wozu endlich 3) der verwickelte Bau des Nervensystems mit seinen Leitungsbahnen noch nothwendig sei?" Ueber den ersten und dritten Punkt hier ein paar Bemerkungen; der zweite wird später zur Erörterung kommen.

Zuvörderst finde ich die Auswahl der Fragen höchst charakteristisch für seinen eigenen Standpunkt, weil sie zeigt, wie sehr er gewöhnt ist, der Seele ausschließlich bewußte Verrichtungen beizulegen, daher er nicht umhin kann, in diesen Functionen **nur** leibliche Vorgänge, eben die Wirkung eines „psychisch-physischen Mechanismus" zu sehen, während ich ihm schon mein Bekenntniß abgelegt habe, daß mir ein solcher Mechanismus ebenso dunkel und ungenügend bleibe, als ihm meine „dynamische Seelenallgegenwart" unseelenhaft und überflüssig erscheinen müsse. Nicht die Schwierigkeiten bei Erklärung der Einzelphänomene bilden den Grund unserer Differenz; diese liegt weit tiefer, in unserm entgegengesetzten, oder wie ich sagen möchte, spiritualistischen oder mehr realistischen Seelenprincipe. So hat auch Lotze bei jener ersten Frage es übersehen, daß mir die Gegenwart der Seele im gesammten Nervensystem, als dem eigentlichen „Seelenorgan", nicht deswegen nöthig ist, um die Processe des Empfindens und der geordneten Willensverrichtungen zu Stande zu bringen; — zu deren Erklärung reicht auch, wenigstens zu einem gewissen Grade, die alte spiritualistische Hypothese aus, indem

ja wirklich das Hirn und nur das Hirn (auch nach
mir) der „Sitz" der bewußten Seele ist, der nur
nicht an irgend, einen einzelnen Punkt desselben ge=
fesselt zu sein braucht. Natürlich muß daher auch
nach meinen Prämissen eine Durchschneidung der Lei=
tungsnerven Unterbrechung der bewußten Empfindung
und Lähmung der willkürlichen Bewegung erzeu=
gen. Hierüber also waltet zwischen uns keine Differenz.

Dagegen liegt das wahre Motiv meiner Hypo=
these von der Gegenwart der Seele im gesammten
Nervensystem darin, daß schon in sämmtlichen orga=
nischen Vorgängen Instinctverrichtungen, und
zwar von individuellem Gepräge, sich wirksam
zeigen, die ich daher weder (nach der alten vitalisti=
schen Erklärung) einer allgemeinen „Lebenskraft",
noch auch (nach Lotze) einem bloßen Mechanismus
beilegen, sondern nur aus der Mitwirkung einer in=
dividuellen Substanz (Seele) in jenem Mechanis=
mus vollständig mir erklären kann.

So bleibt, vorerst wenigstens, nur die dritte
Frage übrig: „wozu nach meiner Ansicht ein so com=
plicirter Bau des Nervensystems nöthig sei"? Weit
allgemeiner und vielleicht noch treffender hätte er so=
gar fragen können: wozu es überhaupt nach mir eines
Nervensystems für die Seele bedürfe, zumal da ich
ja, freilich durch die Erwägung gewisser Thatsachen
genöthigt, sogar so keck war, zu behaupten, daß nicht
unwahrscheinlich sie in gewissen Zuständen ohne leib=
liche Vermittelung percipire und wirke. Dennoch wird
die „Anthropologie" bei ihrem lediglich beobachtenden

und auf Beobachtungen Schlüsse gründenden Verfah=
ren mit ihrem guten Rechte jede solche Antwort ab=
lehnen, ganz mit Fr. Baco erachtend, daß sie nicht
die „Finalursachen", das „Warum" und „Wozu",
sondern nur die „wirkenden", das „Wie" zu un=
tersuchen habe, wiewol in diesem bestimmten Falle
das große, von ihr aufgefundene Weltgesetz des Be=
sessenwerdens des Niedern durch das Höhere auch hier
vielleicht eine verständliche Deutung an die Hand
geben könnte. Sie hält sich an die Thatsache einer
solchen Verbindung der Bewußtseinsprocesse mit Ner=
venactionen und sie studirt empirisch die nähern Be=
dingungen derselben. Unter dieser Voraussetzung aber
kann sie sich den Thatbestand des Nervenbaues, so=
weit er ermittelt ist, in seiner Nothwendigkeit voll=
kommen erklären; denn auch für sie hat jene zahllose
Menge unverbunden nebeneinander herstreichender Pri=
mitivfasern in Rückenmark und Hirn (dies ohne Zweifel
ist nach Lotze's Meinung das für mich Unerklärliche) die
Bedeutung der Nothwendigkeit, indem auch ihr die Be=
dingung gilt, daß die peripherischen Fasern die Ein=
drücke unvermischt zu den Organen der bewußten
Seele tragen, die motorischen Fasern von ihr aus die
Willensimpulse ungeschwächt dem ausführenden Mus=
kelapparate zuleiten. Ja in der ganzen Frage glaube
ich sogar in nicht unwesentlichem Vortheile mich Lotze
gegenüber zu befinden, indem jener Nervenbau der
Hypothese einer allmählichen Vereinfachung und eines
schließlichen Zusammenlaufens in einem einzelnen Ner=
vencentrum, wie Er dessen bedarf, ich es gerade abweise,

nicht im geringsten günstig ist. Doch habe ich die ganze Frage im „Anhange", Anmerkung II, so ausreichend besprochen, daß ich hier mich wol darauf berufen darf.

86. Wir kommen nun zu dem schon angedeuteten Motive, was einen so scharffinnigen Forscher, wie Lotze, veranlassen konnte, mit so entschiedenem, an Geringschätzung streifendem Verschmähen an jenem Begriffe vorbeizugehen und bei seiner Hypothese von dem raumlosen Sitze der Seele wiederholt zu verharren, früher sogar, um den härtesten Schwierigkeiten auszuweichen, von der Möglichkeit wenigstens zu sprechen, daß die Seele im Hirne „beweglich" sei und dem Reize „entgegeneile"*), kurz in den gewagtesten Lösungsversuchen sich umherzuwerfen, statt jener Auffassung nur die geringste bleibende Beachtung zuzuwenden? Wir würden unsere Aufgabe einer Verständigung nur für unvollständig gelöst halten, wenn es uns nicht gelänge, dafür den rechtfertigenden Grund aufzufinden; und aufs bereitwilligste tragen wir Rechnung der scheinbaren Nöthigung, die in ihm liegt. Die Prämisse ist durchaus wahr und wohlbegründet; nur folgt aus ihr, wie uns dünkt, nicht so viel als Lotze gefolgert hat.

Derselbe betont auf das stärkste, daß die eigenthümliche und charakteristische Thätigkeit der Seele, Vorstellen und Bewußtsein, lediglich von intensiver Natur sei, daß diese daher mit Raum und Aus-

---

*) Medicinische „Psychologie", S. 121, 122.

behnung nicht das Geringste gemein haben
können, und daß ebenso wenig die Raumvorstellungen etwas objectiv Räumliches impliciren.*) Wer
möchte die Richtigkeit dieser Bemerkung bezweifeln?
Es versteht sich von selbst, daß im Bewußtsein,
als solchem, kein objectives Oben und Unten, Rechts
oder Links, überhaupt keine objectiven Raumdimen-
sionen vorhanden sein können, und daß auch die
Vorstellung eines Räumlichen ebenso unräumlich
bleibe, wie jeder andere Gedanke und Begriff.

Wie könnte nun die Seele selbst, als lediglich
vorstellendes Wesen — so folgert Lotze ausdrücklich —, eine andere Beschaffenheit haben, als die
einer blos intensiven Existenz; wie könnte man
ihr in irgendeinem Sinne Ausdehnung beilegen?

Jenen Satz von der ausdehnungslosen Beschaffenheit des Bewußtseins finde ich richtig; die darauf
gegründete Folgerung bestreite ich.

87. Wenn ich diesen Streit auf das metaphysische
Gebiet überzuspielen gedächte, was übrigens mir sehr
fern liegt, so dürfte ich nur daran erinnern, daß es
eine rein intensive Existenz gar nicht geben könne,

---

*) So nicht nur neuerdings in den „Streitschriften" an
der schon vorher (§. 82) angeführten Stelle, S. 140—143, sondern bereits auf das ausgeführteste und motivirteste in seiner „Medicinischen Psychologie", S. 356—371, und im „Mikrokosmus",
I, 251, 329—334. Wir haben daher das Recht, dies als
den Hauptgrund und das entscheidende Argument seiner ganzen Ansicht zu bezeichnen.

so gewiß alles Qualitative sich quantitativen Ausdruck geben müsse, um wirklich zu sein und mit anderm Realen in Wechselwirkung zu treten, daß aber die Grundbedingungen dazu eben Ausdehnung und Dauer (Raum und Zeit) seien. Die unmittelbare Folgerung daraus auf die Seele, als reales, ob= jectives, nicht als vorstellendes, d. h. mit der be= sondern Eigenschaft des Bewußtseins behaftetes Wesen, hat die „Anthropologie" zu ziehen nicht un= terlassen.　—

Von diesem Allgemeinern sehe ich hier jedoch aus= drücklich ab und bemerke einzig für den vorliegenden besondern Fall: daß es mir ein Fehlschluß scheine, der Seele darum, weil sie zunächst intensive Thätigkeiten und Veränderungen zeigt, alle extensiven Wirkun= gen und Veränderungen abzusprechen, wenn andere Gründe uns nöthigen, auch die letztern ihr beizulegen. Schon Kant hat in seiner Lehre „von den Paralogismen der reinen Vernunft" darauf hin= gewiesen, daß es ein Trugschluß sei, die Eigenschaften der Seele als bewußten Wesens ohne weiteres auf die objective Beschaffenheit derselben zu über= tragen. Er hat dabei die sogenannte „rationale Psy= chologie" im Auge, d. h. den alten Spiritualismus, welcher in ganz ähnlicher Weise folgerte, wie Lotze gegenwärtig: weil Vorstellungsthätigkeit ein schlechthin einfacher Zustand sei, müsse die Seele auch als einfaches, „immaterielles" Wesen gedacht werden. Kant zeigte dem gegenüber, man verwechsele hierbei das vorstellende (denkende) Ich mit der Seele an sich

und glaube die Substantialität, Einfachheit, Geistig=
keit (Immaterialität — oder wie Lotze sagen würde,
ausschließliche Intensität und absolute Unräumlichkeit)
von der letztern bewiesen zu haben, statt daß man sie
nur von jenem (d. h. den bewußten Zuständen)
bewiesen hatte. „Der Grund des Ich, das objective
Wesen der Seele, bleibt unerforschlich", sagte
Kant. Wir behaupten nur: es bleibe von hier aus
unentschieden; es bedürfe dazu noch anderer Ent=
scheidungsgründe.

88. Hier sei mir nun gestattet, auf die Ausfüh=
rungen der „Anthropologie" (S. 82 fg.) mich zu
berufen, die zwar dort einen entgegengesetzten Aus=
gangspunkt nehmen, indem sie wider den Materialis=
mus gerichtet sind, sachlich jedoch den Punkt treffen,
auf den es hier ankommt. Ich suche daselbst ein
Doppeltes zu zeigen: zuerst, daß es durchaus keinen
Widerspruch oder ein wechselseitig sich Ausschließendes
implicire, ein Reales anzunehmen, dessen Wirkungen
auf anderes Reale es zu einem Ausgedehnten (Sich=
ausdehnenden) machen, d. h. welches durch sein Wirken
seinen Raum setzt und specifisch erfüllt, und welches
zugleich in innere, lediglich intensive Zustände
gerathen kann, welche wir als Vorstellen und Be=
wußtsein bezeichnen müssen. Keins von beiden aber
ist unverträglich mit dem andern. „Ob daher eine
solche Verbindung äußerer Wirkungen und innerer
Zustände in einem und demselben Realen (der
Seele) möglich sei und in welchem Wechselverhältniß
beide zueinander stehen, ist von hier aus betrachtet

eine ganz offene Frage, welche nach andern Gründen
entschieden werden muß."

Zweitens aber zeigte ich auch, zunächst gegen den
Materialismus, daß es unmöglich sei, den einen
Zustand aus dem andern zu erklären, also die be=
wußten Zustände und Veränderungen aus räum=
lich materiellen Beschaffenheiten und Veränderun=
gen, wie der Materialismus vergebens dies versucht.
Und darüber befinde ich mich im vollsten Einverständ=
niß mit Lotze, der jenen Satz im allgemeinen und
in seinen einzelnen Anwendungen auf das eindring=
lichste zur Geltung gebracht hat.

Aber aus demselben Princip ist auch umgekehrt
(gegen den Spiritualismus und Lotze) zu zeigen, daß
ebenso wenig die Intensität bewußter Zustände
und Veränderungen in der Seele ihre exten=
siven Wirkungen ausschließe oder mit ihnen
im Widerspruch stehe, sowenig man hinwiederum
diese aus jenen zu erklären vermöchte, was auch noch
niemals versucht worden ist. Andererseits bleibt also
ebenso nachdrücklich einzuschärfen: daß es vergeb=
lich wäre, über das objective, reale Wesen
der Seele blos nach den Bedingungen ihrer
subjectiven Existenz zu entscheiden, was der
Spiritualismus (und Lotze) allerdings versucht hat.
Es bestätigt sich von neuem der Satz unserer „An=
thropologie", daß der Spiritualismus nicht minder
einseitig verfahre, daß er überhaupt nicht weniger
ungenügend sei, als sein Gegner, der Materialismus.

89. Welches sind nun die positiven Gründe, die

uns nöthigen, neben den intensiven (raumlosen) Wir=
kungen der Seele, ihr auch eine extensive Wirksamkeit,
„Raumwirkungen" zuzugestehen? Nach allen bisherigen
Verhandlungen halten wir es in Wahrheit für über=
flüssig, sie nochmals einzeln aufzuzählen. Sie sind
theils allgemein metaphysischer, theils empirischer
Natur; sie sind endlich aus der Kritik spiritualistischer
Lehren geschöpft, welche die Unmöglichkeit gezeigt hat,
wirkliche Verbindung und eigentliche Wechselwirkung
zwischen einem schlechthin raumlosen Wesen, wie die
Seele sein soll, und einem Leibe von räumlicher Be=
schaffenheit begreiflich zu machen.

Wir sind zwar weit davon entfernt, damit andeu=
ten zu wollen, daß Lotze's ganze Psychologie auf dem
dürftigen Standpunkte des alten Spiritualismus sich
befinde; aber unleugbar ist, daß er in diesem bestimm=
ten Punkte allerdings auf gleichem Boden steht; ihn
treffen daher auch jene kritischen Einwendungen, welche
gegen die raumlose, punktuelle Einfachheit der Seele
gerichtet sind. Seinen Gründen und Motiven dabei
haben wir Gerechtigkeit widerfahren lassen, die wenig=
stens weit ausgeführter sind, als der alte Spiritua=
lismus sie darbot; aber wir glaubten ihre Tragweite
beschränken zu müssen.

Daß Lotze nun ferner diese Ansicht bis in alle
ihre Consequenzen durchzukämpfen den Muth hat, wiewol
ihm, als kundigem Physiologen, die Masse der einzelnen
Schwierigkeiten sogleich vor Augen treten mußte, das
verdient keinen Tadel, sondern aufrichtige Bewunde=
rung eines jeden, welcher den Werth gründlicher

Folgerichtigkeit und Redlichkeit in der Forschung zu
würdigen vermag.

- 90. Nur darüber vielleicht könnte man mit ihm
rechten, daß er nicht hat darauf zurückgehen wollen,
die ganze Grundvoraussetzung seiner Ansicht zu
prüfen. Wir glauben in der „Anthropologie"
(§. 14—19), bei Gelegenheit einer Kritik der Lehre
vom „influxus physicus" und vom „sensorium
commune", die ungeheuere Ungereimtheit, den logi=
schen Widerspruch nachgewiesen zu haben, ein schlecht=
hin unräumliches Wesen mit einem räumlichen in
directe und unmittelbare Wechselwirkung treten zu
lassen. Beide existiren gar nicht füreinander,
weil sie kein gemeinsames Berührungsgebiet besitzen,
welches eben überhaupt nur der Raum sein kann, in=
dem erweislich jedes reale Wesen, sofern es in
Wechselwirkung mit anderm Realen tritt, diesem eine
extensive Blöße dazu darbieten,- d. h. auch in
Raumbeziehungen existiren muß. Dies führt
dann eben auf den Fundamentalsatz unserer gan=
zen Weltansicht zurück: daß schlechthin alles Reale
(die Seele, wie die qualitativen Urelemente, aus
denen der „Leib" configurirt ist) ein Raum und Zeit
Setzend=Erfüllendes sei („Anthropologie", §. 81). Die
hypothetisch angenommene Unräumlichkeit der Seele da=
gegen muß zu dem nothwendigen Zugeständnisse füh=
ren, daß Seele und Leib unter dieser Voraussetzung
in gar keiner unmittelbaren Verbindung
stehen können. Mit einem Worte: der entschiedene
Occasionalismus, d. h. die gänzliche Unbegreiflich=

keit eines solchen Verhältnisses, ist hier das einzig consequente Resultat, und die „Anthropologie" hat nicht ermangelt, dies von allen Seiten ins Licht zu setzen.

An dieser widerspruchsvollen Beschaffenheit des ganzen Princips scheint mir nun auch die besondere Hypothese nicht das Geringste zu ändern, durch welche Lotze schon in der „Medicinischen Psychologie" (S. 117 fg.), ausgeführter in den „Streitschriften" (S. 138 fg.), die alte Lehre vom sensorium commune zu verbessern und neu zu begründen gesucht hat. Indeß bietet der Verlauf dieser Untersuchung so viel allgemein Belehrendes und so Manches, welchem beizutreten ich keinen Anstand nehme, daß sie sorgfältiger Erwägung werth ist.

91. Lotze stellt die allerdings zulässige Vermuthung auf von mannichfachen Centralorganen im Nervensystem, welche die Bedeutung haben, durch ein „System der Stellvertretung" und der „Uebertragung der Erregungen", die Zahl der Primitivfäden zu vereinfachen, welche nöthig haben, sich am Sitze der Seele zu vereinigen, theils um ihr die Sinnenaffectionen zuzuführen, theils um von ihr aus die Willensaffectionen im Körper zu verbreiten. („Zulässig" nennen wir diese Vermuthung, weil bisjetzt wenigstens keine Thatsache im Bau des Nervensystems direct ihr widerspricht; aber auch keine bestätigt sie direct.)

Dennoch — fügt er hinzu — ist es klar, daß die Kreuzungsstelle auch dieser vereinfachten Primitivfäden nicht ein mathematischer Punkt, sondern immer von räumlicher Ausdehnung sein würde. „Denn viele Fä= ben von wenn auch kleinem, doch nicht unmeßbarem Durchmesser können sich nicht wie Linien in einem punkt= förmigen Focus, sondern nur in Flächen schneiden, die selbst unter den günstigsten Verhältnissen immer zusam= men einen meßbaren Raum einschließen würden. Inner= halb dieses Raums, den ich mir freilich nicht von bedeu= tender Größe dachte, wird es keine Fortsetzung der Structur mehr geben, sondern er wird durch ein Parenchym ausgefüllt sein, in welchem nun die Seele ihren Sitz haben müßte." — — „Keine Faser erstreckt sich also bis zu dem Sitze der Seele, falls dieser, wie ich hier annehme, ein mathematischer Punkt ist, sondern jede hört nothwendig um eine viel= leicht sehr unbeträchtliche, aber doch räumlich ausge= dehnte Strecke vor diesem Sitze auf, und die Erre= gungen müssen sich dann durch ein structurloses Pa= renchym verbreiten, bei welcher Verbreitung sie unfehlbar die Seele mitberühren" (S. 139).

Dies sei, fügt er sogleich hinzu, die unvermeid= liche Consequenz der Vorstellung von einem punktför= migen Sitze der Seele, und wie „unbequem" ihr Zu= geständniß augenblicklich auch scheinen möge, so könne man sie doch unmöglich ignoriren. Und dies um so weniger, als das Unangenehme hinweggeräumt werden könne, ohne das Geständniß selbst, welches nun einmal hier nicht zu vermeiden sei, zurückzunehmen.

Hier folgen nun die schon oben (§. 82) von uns angeführten drei Lehrsätze, beruhend auf der Behaup=

tung von der lediglich intensiven Natur des Be=
wußtseins. Ich wiederhole mein völliges Einverständ=
niß in diesem Betreff, mit einziger Ausnahme seiner
Lehre „von den unräumlichen Merkzeichen
der Lokalisation der Empfindungen" (S. 142),
über welche und über meine abweichende Meinung
ich mir noch eine Bemerkung gestatten werde.

92. Nun aber ergeben sich scharfsinnige Erwägun=
gen darüber, welche Vortheile zur nähern Erklärung
des Verhältnisses zwischen Leib und Seele aus
der Hypothese geschöpft werden können, daß die
Seele mit den Endpunkten der Primitivfäden nicht
in unmittelbarer Verbindung stehe, sondern inner=
halb eines gleichartigen Parenchyms sich befinde, wel=
ches „ohne isolirte Wege" die Empfindungen an die
Seele gelangen läßt. Er zeigt (S. 144), daß einerseits
die Isolation innerhalb des Nervensystems unentbehrlich
bleibe, damit das Verschiedene so lange auseinander
gehalten werde, als noch Gefahr der Vermischung
und Trübung vorhanden sei, während anderntheils für
die Seele selbst kein Bedürfniß vorliege, daß die
Eindrücke räumlich isolirt ihr überliefert werden,
da sie doch selbst nichts Räumliches sei und ohnedies
in ihrem Bewußtsein die Eindrücke scheidewandlos
zusammenfließen. Wenn man weiter den Einwand
erheben wollte, daß innerhalb jenes gleichartigen Paren=
chyms die Isolation der Empfindungen nicht gehörig
gesichert erscheine, so weiß er diesem Bedenken durch
folgende glückliche Wendung entgegenzutreten. Sofern
man annehme, wofür auch andere gewichtige Gründe

Fichte, Zur Seelenfrage.   11

sprechen, daß der Nervenproceß die Form der Oscil=
lation habe, d. h. daß die ihm entsprechende Em=
pfindung sich nach der Anzahl und dem Rhythmus
der Abwechselungen richte, welche der Zustand
des Nerven in einer Zeiteinheit erfährt und der Seele
mittheilt: so sei leicht zu begreifen, daß viele gleichzei=
tige Processe, welche dasselbe Nervenparenchym durch=
kreuzen, untereinander nicht in höherm Grade sich zu
stören nöthig haben, als die Lichtwellen und die Schall=
schwingungen, welche zugleich dieselbe Luft durchzittern.

Wenn man ferner noch einwerfen wollte, daß in
jenem kleinen Raume, welcher den punktförmigen Sitz
der Seele structurlos umgibt, jede ankommende Erre=
gung nicht nur der Seele sich mittheilen, sondern
auch seitlich sich verbreiten und die Wurzeln aller
übrigen dort einmündenden Nerven reizen müsse, so=
daß ein großer Theil des Nervenprocesses nicht an
den Ort seiner Bestimmung gelangen, sondern nutzlos
und störend vorbeigehen werde: so erinnert er, indem
er die Thatsache völlig zugibt, daß darin möglicher=
weise ein Vortheil liegen könne, indem besonders
intensive Reize seitlich abgelenkt und in ein Aequiva=
lent anderer physischer Bewegung verwandelt zu wer=
den vermöchten. Wirklich findet er in den allgemei=
nen Nachwirkungen, welche heftige Reize auf die
Spannung der Muskeln und der Gefäße, sowie auf
die Secretionen ausüben, eine Spur dieser Seiten=
verbreitung der Eindrücke im Centralorgan; und
so könnte, was zuerst nur als Unbequemlichkeit und
Kraftverlust erschien, auch als ein Nützliches und

Zweckmäßiges aufgefaßt werden, „wie jedes Sicher-
heitsventil an einer Maschine, die mit veränderlicher
Kraftgröße arbeitet".

Die gleiche Analogie dehnt er, auf eine nicht minder scharfsinnige und glückliche Weise, auch auf die
Willenserregungen der Seele aus, welche, der Consequenz des Ganzen gemäß, von jenem raumlosen
Mittelpunkte der Seelenwirkung nicht blos unmittelbar
lokal nach einem einzelnen motorischen Nervenende
sich dirigiren können, sondern „wenn ich einstweilen
bis zur Auffindung besserer Ausdrucksformen diesen
Vergleich brauchen soll, sich wie eine Welle nach
allen Seiten verbreiten" (S. 147). Die einzelne Willenserregung würde in demjenigen Nerven,
in welchem ihre qualitative Eigenthümlichkeit eine kräf-
tige Resonanz fände, einen lebhaften motorischen Strom
erwecken; was aber würde aus den übrigen Theilen
der Welle, die an die andern Nervenenden anschlagen?
Dies zeigt sich eben, wenn wir bemerken müssen, daß
in den bei weitem allermeisten Fällen gar keine iso-
lirten Bewegungen vorkommen, sondern „daß zugleich
stets eine mannichfaltige Welle correspondirender Ver-
schiebungen und Bewegungen durch die ganze Körper-
gestalt oder durch größere Theile derselben geht, dazu
bestimmt das Gleichgewicht des Körpers unter den
veränderten Bedingungen zu erhalten, welche die eine
gewollte Bewegung herbeiführt. Wäre es nun nicht
schön, wenn die Impulse zu diesen corrigirenden Leistungen zugleich mit der Anregung zur Hauptbewegung
gegeben würden, mit der sie zusammenstimmen müssen?

11*

Vielleicht durch die seitlichen Theile jener sich ausbrei=
tenden Erstwirkungen der Seele, die erst nutzlos auf=
geopfert schien?" (S. 148.)

93. In der That finde ich die beiden zuletzt an=
geregten Hypothesen äußerst ansprechend und fruchtbar,
eben weil sie auf eine Menge bisher räthselhaft ge=
bliebener Thatsachen ein erklärendes Licht werfen.
Ueberhaupt aber leiten sie zurück zu dem Satze, wel=
chen die „Anthropologie" für ihre eigene Ansicht
geltend machte. Was im Bewußtsein als einfacher
Willensact vorgestellt wird, braucht darum, nach sei=
nen organischen Hülfsmitteln betrachtet, gar nicht auf
einem so einfachen Effecte zu beruhen. Vielmehr
ist das Gegentheil erwiesen; eine nach ihrem Er=
gebnisse für das Bewußtsein einfache Sinnenbe=
obachtung bedarf zu ihrer Ausführung des einträch=
tigen Zusammenwirkens sehr verschiedener Hirnorgane,
indem das Elementare der Sinnenempfindung und
das überlegende Verarbeiten derselben an abge=
sonderte Theile des Hirns („Stammstrahlung" und
„Belegungssystem") gebunden ist. Ebenso fordert
jeder durch bewußten Willen beschleunigte oder retar=
dirte Athemzug die gemeinsame Thätigkeit des großen
wie kleinen Hirns und des verlängerten Markes rc.
Für so complicirte Wirkungen ist aber die stete Gegen=
wart einer harmonisirenden Macht, einer Seele, durch=
aus erforderlich, welche durch die Wirkung eines all=
gemeinen „Mechanismus" auch nicht annähernd ersetzt
wird, eben weil die Körpermaschinerie unablässig unter
individuellen Modificationen zu arbeiten hat.

Zugeben wird daher unser Freund, daß jene bei=
den sinnreichen Vermuthungen schlechterdings nicht
ausschließlich an seine Haupthypothese von dem punkt=
förmigen Sitz der Seele und von dem sie umgeben=
den ungeformten Parenchym geknüpft seien, sodaß wir
mit jenen auch diese nothwendig in den Kauf nehmen
müßten. Im Gegentheil: die ganze Gruppe jener
Thatsachen schließt sich ungleich natürlicher der Ansicht
von einer räumlich verbreiteten Wirkung der Seele
an, als der entgegengesetzten von ihrer Unräumlichkeit.

Auch bleibt dabei für die letztere noch eine andere
Lücke übrig. Jene unwillkürlich verlaufenden, an sich
überflüssigen „Seitenwirkungen", die doch am Ende
noch einen nützlichen Zweck erreichen, tragen das
Gepräge des Zufälligen, Unvorbereiteten, wovon sich
im großen und ganzen der organischen Vorgänge nicht
die geringste Spur findet. Es wäre „schön", sagt
unser Verfasser, wenn sie jenen zweckmäßigen Neben=
erfolg hätten; aber wie sie ihn haben können, da=
von wird nicht das Geringste begreiflich; und wenn
wir diesen Erfolg dem oft erwähnten „physisch=psy=
chischen Mechanismus" gleichfalls noch auferlegen
wollten, so würde durch diese an sich schon dunkle Vor=
stellung jener besondere Hergang auch nicht weiter
aufgehellt. Auch hier fehlt, wie uns scheint, ein ab=
schließender Gedanke, der, wiewol er gleichfalls nur
Hypothese, doch eine solche ist, die wirklich erklärt:
der Begriff der einen, allbeherrschenden Seele,
welche durch ihre harmonisirenden, wiewol bewußtlos
bleibenden Instinctwirkungen ihre unbewußte

Seite, die Nerventhätigkeit, unablässig ihren bewußten Verrichtungen anpaßt und unterwirft. Mag diese Ausdehnung des Begriffs „Instinct" gewagt erscheinen; willkürlich ist sie wenigstens nicht, indem eine Menge unterstützender Gründe (wir haben sie kennen gelernt) an der Universalität jenes Begriffs nicht zweifeln lassen. Und was uns ihr Hauptvorzug dünkt: sie erklärt wirklich die complicirtesten Erscheinungen aus einer einfachen, thatsächlich vollkommen festgestellten Analogie.

94. Wir glauben nunmehr über Lotze's Ansicht möglichst vollständig berichtet zu haben. Hier jedoch sei sogleich erklärt und bereitwillig zugestanden, daß wenn überhaupt die Grundprämisse von der raumlosen Punktualität des Seelenwesens über allen Zweifel erhoben wäre, man nicht geschickter und relativ glücklicher die besondere Frage behandeln, über die einzelnen Schwierigkeiten beruhigen könnte, als dies durch Lotze von neuem geschehen ist. Und aus diesem Grunde versage ich mir auch die Hoffnung, solange er an jener Grundprämisse festhält, ihn selber auf eine andere Meinung zu bringen, zunächst auch nur von dem objectiven Gewicht der Einwendungen zu überzeugen, weil seine Ansicht unter den gegebenen Umständen keine andere sein kann, als sie wirklich ist; und weil zugleich — dies ist ein weiterer zu seinen Gunsten anzuführender Umstand — der rein spiritualistische Begriff von der Seele unauflöslich bei ihm verknüpft ist mit seiner ganzen idealen Weltansicht,

an welcher zu rütteln oder welche ihm zu verkümmern uns selber nicht aufs entfernteste beikommen kann.

Endlich dürfte er mit Recht erinnern — mit Recht, sage ich, weil das Gewicht dieser Betrachtung ganz gleicherweise auch über meine eigenen Ansichten sich erstreckt —, daß bei jeder solchen auf Hypothese und Analogie beruhenden Erfahrung eine gewisse Grenze des Erklärens nicht überschritten werden kann, daß man sehr sich hüten müsse, wie Leibniz einmal seiner philosophischen Freundin, der Königin Sophie Charlotte, dies verwarf, „das Warum des Warum" ausklügeln zu wollen, weil man damit ins völlig Willkürliche gerathen würde. Jede Hypothese ist lediglich ein „Wahrscheinlichkeitsschluß"; sie behält daher nothwendig nach einer gewissen Seite hin etwas Unfertiges, Nochnichtabgeschlossenes, wo immer die Frage noch übrig bleibt: warum doch soll es so sein, während es auch ganz anders sein könnte? Deswegen kann keine Hypothese direct die andere widerlegen; sie kann nur behaupten, durch einen höhern „Grad" der Wahrscheinlichkeit Vorzug vor der andern zu haben, und auch über diesen Grad entscheiden unwillkürlich in uns subjective Gründe.

Deshalb bin ich auch in gegenwärtiger Schrift nicht darauf ausgegangen, die eine Ansicht durch die andere zu verdrängen; Verständigung bleibt der einzige Zweck derselben, weil er der wirklich erreichbare ist. Die beiderseitigen diametral entgegengesetzten Ansichten sollten sich nach ihrem Für und Wider klar gegeneinander abheben.

95. Dies ist aber noch nicht völlig geschehen, bevor nicht auch von unserer Seite die Gegengründe gehört worden sind gegen die eben vorgetragene Lehre. Es waltet bei Darstellung derselben ein seltsamer Widerspruch, welchen fühlbar zu machen wir im Vorigen (§. 91, 92) einen wörtlich genauen Auszug gaben.

Von der einen Seite ist Lotze unablässig bemüht, die rein intensive Beschaffenheit des Seelenwesens und ihre raumlose Punktualität im Leibe einzuschärfen; andererseits, bei der Frage über die Mittheilbarkeit der Sinnenaffectionen an die Seele, wie der Willenswirkungen auf den Leib, behandelt er die Seele ganz nach Analogie eines wirklichen Körpertheils und erklärt ihr Wirken wie ihr Leiden völlig nach räumlichen Verhältnissen. Die Erregungen der Empfindung, sagt er, indem sie sich durch ein structurloses Parenchym verbreiten, „müssen unfehlbar die Seele mit berühren". Aber in ganz gleicher Weise berühren sie auch die Wurzeln der in jenes Parenchym einmündenden Nerven. Zwar werden sie dort (in der Seele) in Empfindung und Bewußtsein umgesetzt, in den Nervenwurzeln verläuft die Wirkung bewußtloserweise; dennoch ist die Art der ursprünglichen Wirkung ganz dieselbe dort und hier. Die Seele wird „berührt", wird von einem nicht blos intensiven, sondern extensiv wirkenden Reize getroffen. Dies vermöchte sie gar nicht, wenn sie wirklich blos ein „raumloses", rein dynamisches, nur intensiver Veränderungen fähiges Wesen wäre; so gewiß jeder extensive Reiz, wie klein die

Dimension seiner Wirkung auch gedacht werde, in dem Gegenstande, welchen er berührt, gleichfalls irgend= eine Dimension antreffen muß, um überhaupt auf ihn wirken zu können.

Völlig auf gleiche Art verhält es sich mit dem, was über die Willenserregungen gesagt ist. Sie gehen vom Mittelpunkte der Seele aus, verbreiten sich gleichmäßig nach allen Seiten und werden von demjenigen Nerven, in welchem sie verwandte Reso= nanz antreffen, in einen motorischen Strom verwan= delt. Wie könnte jedoch die Seele überhaupt nur auf ihre Raumumgebung Einfluß ausüben, sei es nach allen Seiten oder nur in einer Richtung, wenn sie nicht selber von (wenigstens kleinster) räumlicher Be= schaffenheit wäre? Oder allgemeiner: wie darf man überhaupt nur einem blos intensiven We= sen extensiv auftretende Wirkungen bei= legen?

Es könnte auffallend erscheinen, daß der scharf= sinnige Urheber dieser Hypothesen solchen Widerspruchs nicht inne geworden! Nichts ist erklärlicher als dies: es liegt eben in der ursprünglichen Nöthigung, alles Wirkliche und Wirkende in Raumbeziehungen vorzu= stellen, weil die Raumanschauung das schlechthin „Apriorische“, durchaus Unabstrahirbare in unserm Be= wußtsein ist. So kann auch der spiritualistische Pu= rismus Lotze's dem nicht entgehen, unwillkürlich in das Gegentheil seiner selbst umzuschlagen und die Seele mit unbewußt hineingetragenen Raumbestim= mungen zu verunreinigen, sobald er ihr Wirken und

Leiden im einzelnen sich denkbar machen will. Ueberhaupt aber bildet jene Hypothese mit der angestrebten
Theorie von der Seele einen fühlbaren Contrast. Statt
ihre „Reinheit" zu sichern, begrabirt sie dieselbe zur
geringfügigsten Raumexistenz, zu der, begrenzt und
eingeschlossen zu sein durch ihren Leib, der ihr
dabei ein wesentlich Frembes bleibt, während er sich
thatsächlich vielmehr als der in Empfindung und Wirksamkeit von ihr durchwohnte, eigene und immer
mehr aneigenbare zeigt.

Und so möchte auch durch diese Erweiterungen die
Lücke keineswegs überbrückt sein, welche die spiritualistische Theorie im allgemeinen darbietet; noch
immer bleibt unter diesen Voraussetzungen „unbe-
greiflich" (§. 90), wie Leib auf Seele, Seele auf
Leib direct einwirken könne, und wol dürfte man
in diesen Irrgeweben ohne Ausgang verstrickt die Frage
erheben, ob es denn in der That so widersinnig und
ihrer idealen Natur widerstreitend sei, auch die Seele
unter Raumformen existiren zu lassen? Wir glauben
an der Hand der Kritik und durch eigene Ausführungen sattsam gezeigt zu haben, daß dies Bedenken
eigentlich ein Vorurtheil sei und der Rest unserer
alten, in abstracten Gegensätzen befangenen Bildung.

96. Der ausschlaggebende Einwand gegen jene
Theorie und gegen den Spiritualismus überhaupt
liegt indeß abermals in einer Thatsache und zwar
einer solchen von unableugbarer Gewißheit und ge-
wichtigster Bedeutung.

Sie ist das ursprüngliche Vorhandensein einer

Raum= (und Zeit=) Vorstellung in unserm Bewußt=
sein, von welcher zu abstrahiren, d. h. welche auch
nur vorübergehend in uns zu verdunkeln, völlig un=
möglich ist, während wir mit Leichtigkeit von jedem
besondern Empfindungsinhalt innerhalb jener Doppel=
anschauung zu abstrahiren fähig sind. Diese Ursprüng=
lichkeit und Unabstrahirbarkeit war es eben, deren
Kant mit ihren entscheidenden Folgen inne wurde und
die er die „Apriorität" von Raum und Zeit nannte,
ohne daß er übrigens den objectiven Grund und
Ursprung derselben aufgesucht hätte.

Diesen nun nachzuweisen, macht meine „Psycho=
logie" zu einer ihrer Hauptaufgaben. Da ich jedoch
bei gegenwärtiger Veranlassung auf dies ungedruckte
Werk noch nicht mich berufen kann, zugleich aber
dringend wünschen muß, dem Leser alle Actenstücke
zur Entscheidung in dieser wichtigen Frage zugleich
vorlegen zu können: habe ich den Ausweg ergriffen,
den betreffenden Abschnitt der „Psychologie" in der
„Zeitschrift für Philosophie" unter der Auf=
schrift: „Ueber den psychologischen Ursprung der Raum=
vorstellung", besonders abdrucken zu lassen. *) Was
sich daraus für die gegenwärtigen Verhandlungen er=
gibt, ist kürzlich Folgendes.

97. Die Raumvorstellung **) ist nicht Inhalt und

---

*) „Zeitschrift für Philosophie und philosophische Kritik"
(1858), Bd. 33, Heft 1, S. 81—107.

**) Dies Wort soll an gegenwärtiger Stelle und im Fol=
genden nichts mehr bedeuten, als jenes erste, unbestimmte

Resultat äußerer Empfindung, sondern umgekehrt die Bedingung derselben, das im Causalverhältniß ihr Vorangehende und allein sie möglich Machende. Deshalb ist es falsch und widersprechend zu behaupten: daß dieselbe lediglich von außen her, auf den Anlaß äußerer, qualitativ unterschiedener Empfindungen, in unserm Bewußtsein sich bilde. Dies wäre ein Beweis im Cirkel, die offenbarste petitio principii, indem alles „Aeußere" überhaupt und alles Unterscheiden eines Aeußern im besondern nur unter Voraussetzung und innerhalb der schon im Bewußtsein vorhandenen Raumvorstellung möglich ist. Sie kommt somit nicht etwa von außen hinein in unser Bewußtsein (sensualistische Erklärungsweise), ebenso wenig wird dasselbe zu ihrer Erzeugung von außen her angeregt oder veranlaßt (Lotze's Theorie); sie wird überhaupt nicht, weder der Seele durch anderes eingeflößt, noch durch sie selber mittelbar hervorgebracht, sondern sie ist im Bewußtsein derselben als sein ursprünglichster Besitz und allergewissester Inhalt schon vorhanden.

So gewiß nun sie allem besondern Bewußtsein

Bewußtsein von Ausdehnung überhaupt, welches zwar noch nicht ausgebildete und bewußte „Raumanschauung" ist, aber der nothwendige Grund und psychologische Ausgangspunkt derselben, kurz dasjenige, was späterhin in Bezug auf uns selbst unmittelbares „Ausdehnungsgefühl" genannt wird. Wir hätten geradezu „Raumgefühl" sagen können, wenn dies an gegenwärtiger Stelle nicht unverständlich und befremdlich geblieben wäre.

eines Aeußern bedingend vorangeht, kann sie nur in dem eigenen Wesen der Seele ihren Grund haben. Und so findet es sich auch bei näherer Erwägung.

Ganz unabtrennlich von dem unmittelbarsten und stets uns begleitenden Gefühle der eigenen Existenz ist auch das Gefühl der eigenen Ausdehnung; beide sind so völlig in eins verschmolzen, daß bei wachem Bewußtsein von diesem zu abstrahiren, es in sich zu verlöschen, ebenso unmöglich ist, als das Gefühl des eigenen Daseins in uns zu verdunkeln. Jenes Ausdehnungsgefühl und (unbestimmte) Ausdehnungsbild unserer selbst muß nun als das Bleibende und Unverlierbare dessen bezeichnet werden, was man Gefühl der Einheit mit seinem Leibe nennt. Auch hier nämlich ist der zufällige, empirische Bestandtheil dieser Leibvorstellung von dem ursprünglichen, unabstrahirbaren Bewußtsein eines solchen wohl zu unterscheiden. Wir können uns klein oder groß, leiblich wohl- oder übelgebildet, ein- oder tausendarmig, zwei- oder vielköpfig, phantastischerweise sogar in Thierbildung vorstellen, — aber als unräumliches Wesen können wir uns schlechthin nicht vorstellen, und auch die gewaltsamste Anstrengung der Abstraction vermöchte dies nicht zu Stande zu bringen.

98. Hier nun glauben wir bei dem entscheidenden Punkte der Erklärung angekommen zu sein. Jenes Ausdehnungsgefühl könnte ursprünglich und in so unauflöslicher Verbindung mit ihrem Selbstgefühle in

der Seele nicht vorhanden sein, wenn es nicht Aus=
druck ihrer Objectivität wäre. Nur weil die
Seele, gleich allem andern Wirklichen, ein Raumwesen
ist, ferner jedoch, als von bewußter Natur, diese
ihre objective Raumexistenz zugleich mit bewußtem
Reflexe begleiten muß, läßt sich das charakteristische
Merkmal der Raumvorstellung erklären, welches sie
nur mit der Zeitvorstellung gemein hat, daß sie, ne=
ben dem Gefühle des eigenen Daseins und der Zeitan=
schauung, von allem im unmittelbaren Bewußtsein
Gegebenen das Einzige bleibt, von welchem zu ab=
strahiren schlechthin unmöglich ist.

Dies enthüllt uns nun auch den eigentlichen Sinn
und Ursprung desjenigen, was man die Apriorität
von Raum (und Zeit) genannt hat. Nur weil die
Seele (der Geist) als reales Triebwesen sich als
Ausgedehntes und Dauerndes setzt (über die Bedeu=
tung dieser Formel muß ich auf die „Anthropologie“
verweisen): besitzt sie auch ebenso ursprünglich,
d. h. unauflöslich verbunden mit dem Gefühle ihrer
Existenz, dies Ausdehnungs= und Dauergefühl,
den psychischen Keim und Ausgangspunkt zur allge=
meinen Raum= und Zeitanschauung. Wie
nämlich eine psychologische Entwickelungsgeschichte des
Bewußtseins zu zeigen hat (in welcher Beziehung
wir auf den angeführten Aufsatz verweisen), sind
alle bestimmten Raumvorstellungen und Raumbegriffe
nur das weiter entwickelte Bewußtwerden und die
genauere Ausbildung jenes ursprünglichen, dunkel in
uns liegenden Ausdehnungsbildes, welches in unserer

realen Raumexiſtenz ſeinen Grund haben muß, weil
es vom Gefühle unſerer ſelbſt unabtrennlich iſt. Nur
weil die Seele ſelbſt als räumliches Weſen
ſich findet, vermag ſie auch die andern Weſen
als räumliche zu bezeichnen und von ſich aus
zu lokaliſiren.

99. Und dies iſt der letzte, aber entſcheidende
Grund gegen den Satz: daß das Weſen der Seele
mit Raum und Ausdehnung nichts gemein habe.
Verhielte es wirklich ſich alſo, ſo vermöchte auch in
ihr Bewußtſein keinerlei Raumvorſtellung einzu=
dringen, noch viel weniger ſo unabtreiblich in ihr
ſich zu behaupten, ſo gewiß nach den Grundſätzen
beſonnener Pſychologie es feſtſteht, daß die Seele
unmittelbar nur ihrer eigenen Zuſtände und Affec=
tionen, und erſt durch dieſe vermittelt oder ·auf indi=
rectem Wege eines andern Realen bewußt wird.
Und Lotze am wenigſten wird dieſen Grundſatz in Ab=
rede ſtellen, da er gerade auf ihn ſeine ganze Sinnen=
theorie geſtützt hat. Wie vermöchte nun mitten unter
die unmittelbaren Vorſtellungen eigener Zuſtände
ein Ausdehnungsbild von ſo hartnäckiger und unwi=
derſtehlicher Evidenz ſich einzudrängen, wenn im Weſen
der Seele nicht der Grund läge, es unaufhörlich her=
vorzubringen? Und ſo muß ihm aus der Conſequenz
ſeiner eigenen Anſicht die Nothwendigkeit ſich ergeben,
mit dem ſpiritualiſtiſchen Vorurtheil von der Raum=
loſigkeit der Seele für immer zu brechen.

Aus der Geſammtheit dieſer Prämiſſen rechtfertigt
ſich nun auch der beſondere Grund, warum ich der

so scharfsinnig ersonnenen Lotze'schen Theorie von der
Lokalisation der äußern Empfindungen mittels „un=
räumlicher Merkzeichen"*) eine vollständige
Beistimmung darzubringen nicht vermag. Nach mei=
nen Voraussetzungen erscheint sie in dieser Gestalt
und Ausbildung mir überflüssig, da für mich die
Hauptschwierigkeit nicht vorhanden, welcher zu ent=
gehen sie überhaupt erfunden worden. Außerdem aber
finde ich sie nur zum Theil richtig, weil ich nach
dem Bisherigen die Grundvoraussetzung nicht einzu=
sehen vermag, wie die‘ Seele überhaupt fähig werde,
„wenn unmittelbar kein räumliches Außereinander
für sie existirt", auch nur mittelbar ein Raumbild
zu erzeugen, um innerhalb desselben die äußern Em=
pfindungen zu lokalisiren. — Doch verweise ich wegen
des Weitern ausdrücklich auf den psychologischen Auf=
satz in der „Zeitschrift", indem Lotze's Hypothese in
anderer Beziehung so viel Elemente der einzig richtigen
Erklärung enthält, daß eine genauere Erwägung der=
selben nöthig wird, für welche hier nicht der Raum
sein kann.

100. Hiermit scheint nun der Theil der Unter=
suchung völlig erschöpft, welcher das allgemeine Wesen
der Seele zur Prämisse machte. Aber die ganze Frage
hat auch noch eine andere, eine physiologische oder anato=
mische Seite, und weder Lotze noch ich können sich
der Controle entziehen, welche unterstützend oder ihren

---

*) Lotze, „Medicinische Psychologie", S. 367; „Mikrokos=
mus", I, 346, 347; „Streitschriften", I, 142.

Beistand versagend von dort her den beiden entgegen=
gesetzten Hypothesen zur Seite geht. Denn wiewol,
nach dem eigenen Bekenntniß der Anatomen und Phy=
siologen unserer Tage, über die feinsten Structurver=
hältnisse und die Wirkungsweise der Nerven, ebenso
über die Bedeutung der einzelnen Theile des Hirns
und Nervensystems nur sehr Schwankendes und Unvoll=
ständiges bekannt ist: so läßt sich andererseits doch
nicht leugnen, daß gewisse bereits mit Sicherheit fest=
gestellte Grundverhältnisse im Baue des Nervensystems
der einen, der „Gestaltungshypothese" (§. 31) zwang=
loser und natürlicher sich anzupassen scheinen, als der
entgegengesetzten.

Indeß bekenne ich, daß in meiner ganzen Grund=
ansicht weit mehr Veranlassung liegt, auf diese beglei=
tende Controle Werth zu legen, als dies bei Lotze der
Fall sein kann, welcher der „Anpassungstheorie" hul=
digt. Zwar wagte die „Anthropologie" (§. 116) in
diesem Sinne das Ergebniß der ganzen bisherigen
Zoologie und vergleichenden Anatomie, welche den
durchgängigen Parallelismus der Seeleneigenthümlich=
keit des Thieres und seines organischen Baues con=
statiren, in die Formel zusammenzufassen: daß der Leib
nichts anderes sei, als das Product und der sichtbare
Ausdruck dieser Seeleneigenthümlichkeit, daß der Pa=
rallelismus beider daher von selbst sich erkläre, weil
Seele und Leib wie Grund und entsprechende Folge,
Vorbild und Abbild zusammenhange. Doch erkenne
ich vollkommen an, daß dieser Beweis für die Ge=
staltungshypothese kein entscheidender, daß meine Auf=

faſſung keineswegs die einzig mögliche ſei. Jene
Univerſalthatſache kann allenfalls auch nach der An=
paſſungstheorie gedeutet werden, wobei die Seele
immer wenigſtens der ideale Grund bliebe für die
Beſchaffenheit des ihm durch eine anderweitige Natur=
einrichtung angefügten Leibes. Ebenſo machte ich,
im weitern Verfolge der Unterſuchung, auf die be=
kannte morphologiſche Thatſache aufmerkſam, daß der
Organismus der höhern Thiere in ſeiner embryonalen
Entwickelung verſchiedene Stadien durchlaufe, welche
wenigſtens im allgemeinen den Organiſationsſtufen der
ganzen Thierreihe entſprechen, d. h. daß alſo die
Seele, morphologiſch betrachtet, verſchiedene Organis=
men hintereinander annehme und wieder abſtreife: ein
Befund, der mit der Anpaſſungstheorie allerdings
ſchwer vereinbar wäre, indem nach dieſer Voraus=
ſetzung es als durchaus unzweckmäßig, ja überflüſſig,
und eben darum naturwidrig erſcheinen muß, den
Seelen gleichſam zur Probe verſchiedene Organismen
hintereinander „anzupaſſen", ſtatt blos den einen
letzten, bei welchem es ſein Bewenden haben ſoll;
während umgekehrt für die Geſtaltungshypotheſe in
dieſer Thatſache der großartigſte und beſtätigendſte
Erweis liegt, daß ein einziges Geſetz der Ent=
wickelung alle Seelen umfaſſe, daß ihre Entwicke=
lung aber eben nur ihre Corporiſation ſei,
oder genauer: abbildlich in dieſer ſich darſtelle.
Indeß bekenne ich, auch darin keine unbedingt zwin=
gende Inſtanz gegen jene Hypotheſe und für die
meinige zu ſehen, weil wenigſtens kein abſoluter Wi=

derspruch in der Annahme liegt, daß zufolge irgend=
eines unbekannten Naturzwecks oder Naturgesetzes eine
solche Seelenwanderung durch eine Reihe fertig prä=
formirter Organisationsstufen nöthig sei.

Fast das Gleiche läßt sich sagen von den bisheri=
gen Ergebnissen der Nervenanatomie. Es ist schon
wiederholt von uns bemerkt worden, daß sie der Lehre
von einem punktförmigen Centralorgane oder „Sitze"
der Seele im Hirn nicht günstig seien. Aber ebenso
wenig läßt sich bisjetzt auch eine anatomische oder
physiologische Erfahrung aufweisen, welche jene Hy=
pothese zu einer völlig unmöglichen machte, wie wir
allerdings im Vorigen (§. 96 fg.) eine psycholo=
gische Thatsache angeführt haben, welche wir in
directem und unversöhnbarem Widerspruche mit der
Annahme von der Einfachheit und Unräumlichkeit des
Seelenwesens halten dürfen. Andererseits müssen
selbst unsere Gegner zugeben, daß die Lehre von der dy=
namischen Allgegenwart der Seele im Organismus,
die Behauptung, daß das gesammte Nervensystem
Träger und Organ bewußter oder bewußtlos blei=
bender Seelenverrichtungen sei, dem anatomischen
Gesammtbefunde im großen und ganzen durchaus
entspreche, indem dieser die Abwesenheit eines ein=
zelnen Centralpunktes, dagegen aber das Neben=
einanderbestehen verschiedener, in ihren Functionen
sich ergänzender Nervencentra deutlich zu lehren
scheint. Darüber können wir jedoch jetzt, wie
früher in der „Anthropologie", nur auf die Un=
tersuchungen bewährter Fachmänner uns berufen.

12*

180

Eine solche wiederholte Bestätigung habe ich nun noch neuerdings in R. Wagner's Werke: „Der Kampf um die Seele vom Standpunkte der Wissenschaft" (Göttingen 1857), im Abschnitte „Ueber die Elementarorganisation des Gehirns in ihrer Beziehung zur Seelenfrage", S. 147 fg., gefunden. Es sei mir daher gestattet, in einem zweiten Artikel des „Anhangs" davon einen Auszug dem Leser vorzulegen, um ihn auch in dieser Beziehung zu einem selbständigen Urtheile in den Stand zu setzen.

VII.

Allgemeine Rück- und Umschau.

———

101. Wenn alles Bisherige insofern den Cha=
rakter der „Confession" an sich trug, als nirgends
verleugnet wurde, daß ich die hier vorgetragenen An=
sichten keineswegs schon bis zu völlig gesicherten, kei=
ner Berichtigung oder Erweiterung bedürftigen Resul=
taten abgeklärt zu haben meine, sondern darin nur
den Anfang sehe zu einer Fülle neuer Gesichtspunkte
und weitreichender Untersuchungen, die auch jenem
Anfange erst das volle Gepräge der Gewißheit ver=
leihen können: so erhält von hier an jener Ausdruck
einen noch prägnantern Sinn. Ich wünsche in diesem
Abschnitte über manches meiner persönlichen Bildungs=
geschichte Bekenntnisse abzulegen, was alles zwar mit den
hier verhandelten Fragen aufs innigste zusammenhängt,
nicht weniger darum aber über die Grenze der rein

sachlichen Verhandlung hinausreicht. Dennoch hoffe ich davon auch für die Sache selbst die ersprießlichste Förderung.

Erwünschte Veranlassung zu dieser persönlichern Wendung gibt mir die schon früher angeführte eindringende Besprechung meiner „Anthropologie" von Herrn Professor Weiße.*) Dieser hat erinnert, daß von den zwei Hauptbegriffen, welche die religiös=ethische Speculation gegen alle sensualistische und materialistische Philosophie zu vertreten gewohnt sei, dem Schöpfungsbegriffe nämlich und dem Begriffe persönlicher Unsterblichkeit, in meiner „Anthropologie" sowol wie in allen meinen frühern Schriften weit mehr dem letztern, als dem erstern Aufmerksamkeit geschenkt werde, während das Interesse der Sache verlange, beiden gleichmäßige Beachtung und Ausführung zu Theil werden zu lassen. Die Wahrheit der letzten Behauptung an sich völlig anerkennend — in welchem Maße und unter welchen Einschränkungen übrigens, davon wird sogleich die Rede sein —, muß ich allgemein doch zugeben, daß hierin Weiße aufs treffendste eine Eigenthümlichkeit, nenne man es auch die Schranke meines Untersuchungsgebiets, bezeichnet hat. Aber sie beruht, soweit ich mich kenne, mit nichten auf blos persönlichen Neigungen oder Abneigungen, sondern auf streng wissenschaftlicher Erwägung

---

*) Weiße, „Der Kampf des Glaubens gegen den Materialismus", dritter Artikel; in der „Protestantischen Kirchenzeitung für das evangelische Deutschland" (Berlin 1857), Nr. 23, 24.

und steht im innigsten Zusammenhange mit meinen
erkenntnißtheoretisch-methodologischen Grundsätzen.

102. Keine Wissenschaft, am wenigsten die Philo=
sophie, kann den Augpunkt menschlicher Auffassung
überschreiten. Vom Menschen aus und seiner gründ=
lichen Selbsterkenntniß tritt auch alles übrige Erkenn=
bare erst in deutsamer Klarheit hervor. Ueber den
Gesichtskreis seiner Erfahrung hinaus ist überhaupt
nichts mehr sicher erreichbar für sein Bewußtsein.
Und so behaupte ich eben, daß der „Schöpfungs=
begriff" nur auf sehr mittelbare Weise Gegenstand
speculativer Erforschung werden könne.

Er bezeichnet lediglich, dem pantheistischen und
atheistischen Standpunkte gegenüber, das theistische
Verhältniß des Endlichen zum Absoluten; niemals
aber kann es die Aufgabe besonnen theistischer Specu=
lation werden, das Endliche aus dem Absoluten „ab=
zuleiten", oder die Art und Weise seines „Entstehens"
aus ihm aufzuzeigen. Dies alles kann nur Sinn be=
halten unter consequent pantheistischen Voraussetzun=
gen, mit welchen jeder eigentliche Schöpfungsbegriff
unverträglich ist. Vom Standpunkte des Theismus
aus wäre es ein sich selbst misverstehender Rückfall
in das alte Princip der „Identität des Endlichen
und Unendlichen".

Auch sind dies meinerseits weder neue noch uner=
wartete Behauptungen. Habe ich doch vom ersten
Hervortreten an, als ich das Panier des Theismus
erhob, immer zugleich erklärt, daß zur wahren wissen=
schaftlichen Begründung desselben die Speculation

von der absolutistischen Ueberstürzung auf den „ehr=
lichen Weg Kant's" zurückzuleiten sei.

Kant aber hat die große Lehre von der Imma=
nenz der allgemeinen Vernunft und der Ideen im
menschlichen Bewußtsein nicht aufgehoben, sondern
neu und für immer befestigt. So gewiß er aber
schärfer als bisher (Vorläufer hatte er schon an Fr.
Baco und, richtig verstanden, auch an Leibniz) die alte
Verwechselung von reinem Denken und realem Erkennen
aufdeckte, hat er ihr erst den rechten Werth besonne=
ner Erforschung gegeben und sie im echten Sinne
fruchtbar gemacht.

Von Gott, nicht als rein apriorischem „Vernunft=
ideale" (dies zeigt sich zwar als ein nothwendig im
Denken zu entwerfender, dabei völlig widerspruchs=
freier, aber lediglich subjectiver Begriff, von dem da=
her ungewiß bleibt, ob ihm ein objectiver Gegenstand
entspreche; — so Kant's „Kritik der reinen Vernunft"),
sondern von Gott als realem Wesen vermögen wir
nur Zeugniß zu empfangen auf indirectem Wege,
mittels der Erfahrung; nicht aber aus der bloßen
Erfahrung einer Zweckverknüpfung in der Natur,
sondern an den moralischen Thatsachen unsers Innern
und an dem tief merkwürdigen Charakter, den sie
tragen. Unsere moralische Natur, das Höchste und
zugleich das Gewisseste für uns, treibt uns zu dem
eben darum „moralischen Glauben" an ein höchstes,
heiliges Wesen. So Kant im ganzen; wir erinnern
an seinen „kategorischen Imperativ", an den bedeu=
tungsvollen Begriff eines „homo noumenon", vor

allem aber an die denkwürdige Entwickelung am
Schluſſe ſeiner „Kritik der Urtheilskraft", wo er die
Phyſikotheologie als für ſich ungenügend in der
Ethikotheologie ſich vollenden läßt. Wenn nicht
mehr und Höheres, ſo hat er wenigſtens den wich=
tigen Ausgangspunkt bezeichnet, von welchem allein
fortan in letzter Inſtanz die theologiſchen Probleme
ihre ſpeculative Erledigung erhalten können.

103. Und ſo kommt es vor allem darauf an,
wie tief das Weſen des Geiſtes zu enthüllen uns
gelingt, in deſſen Innerm die höchſten Fragen ſich
regen und darum auch lösbar ſein müſſen für ihn.
Hier aber genügt nicht ein verblaßter, conventionell
überlieferter Schulbegriff vom Menſchen, ſondern eige=
nes Geiſteserlebniß und die daran entzündete Evidenz,
um dem Denken, der freien Forſchung, einmal für
immer ihre Richtung zu geben. Darüber ſeien mir
nun einige Worte des Bekenntniſſes geſtattet, welche erſt
erklären können, was mich urſprünglich zum Philoſophi=
ren trieb und ſeine Richtung für immer mir vorzeichnete.

Schon in ſehr frühen Jahren, an der Schwelle
des Jünglingsalters, ward mir das hohe Glück zu
Theil, an den Gegenſtänden meiner höchſten Vereh=
rung, meinen Aeltern, dem Vater ſowol als der
Mutter, eine Erfahrung vor Augen zu haben, welche
für meine ganze Folgezeit entſcheidend wurde. Die
Thatſache eines Lebens in der überſinnlichen Welt,
mit höhern weltüberwindenden Kräften von dort her,
die im irdiſchen Wirken unbeſiegbaren Muth, im Ab=
ſcheiden aus ihm höchſte Freudigkeit verliehen, trat

mir in ihnen höchst imponirend entgegen, begeisternd
zugleich und mein weiteres Nachsinnen unablässig an=
regend. Jenes Bild eines „Lebens in Gott“, an
welchem von ferne theilzunehmen ich gewürdigt wurde,
hat mich nie verlassen; es war mir der Gipfel und
die befreiende Höhe des Daseins, in welche hinauf
sich zu retten jedem gegönnt ist, der da ernsthaft
will; aber noch mehr wurde es mir der Schlüssel
zum Verständnisse der Philosophie, nicht blos nach
ihrer eigentlichen Aufgabe, sondern nach dem tie=
fern Sinne ihrer Systeme. In des eigenen Vaters
„Wissenschaftslehre“, in seiner „Anweisung zum seligen
Leben“, in den Vorlesungen von 1812 über die
„Sittenlehre“ (später von mir bekannt gemacht in den
„Nachgelassenen Werken“, 1835, Bd. 3, einem, wie
ich beiläufig bemerke, zur Charakteristik seiner dama=
ligen philosophischen Denkweise höchst wichtigen, bis=
her noch nicht gehörig gewürdigten Actenstücke) trat
mir mit höchster Kraft die wissenschaftliche Verwer=
thung jener großen Thatsache entgegen. Auch Kant's
Lehre vom homo noumenon wirkte darum so unver=
geßlich auf mich, weil selbst der nüchternste aller
Denker dadurch bezeugte, der Macht jener geistigen
Thatsache sich nicht entziehen zu können, durch welche,
wie er selbst ausdrücklich es bezeichnet, der Mensch
einer „überempirischen“ Welt eingereiht wird. Meine
frühern halbphilologischen Studien Plotin's und des
Neuplatonismus nach seinem Ursprunge und spätern
Verlaufe brachten mich mit der Theosophie in Ver=

bindung; die Beschäftigung meiner Mutter mit den christlichen Mystikern ließ mich in diese reiche Welt von Erfahrungen hineinschauen.

104. Und so war ich durch jene unwillkürlich mir angeeignete geistige Errungenschaft (was ich als ein unverdientes providentielles Glück hoch zu preisen nicht umhin kann) gleich anfangs sachlich oder factisch (wenn auch nicht speculativ) ebenso dem blos pan=theistischen Gottesbegriffe entwachsen, wie über die bloße Jacobi'sche Sehnsüchtigkeit nach einem persön=lichen Gotte hinausgestellt. Er gab mir seine Wir=kungen in einer beseligenden Thatsache kund, die zu=gleich doch als durchaus universale, die ganze Menschheit umfassende sich erweist. Die speculative Aufgabe blieb nur, sie in allen ihren Bedingungen und Folgen zu erfor=schen und darauf eine ganze Weltansicht zu gründen.

Hier muß ich noch daran erinnern, daß damals, in der Mitte und gegen das Ende des zweiten Jahr=zehnds dieses Jahrhunderts, in der theologischen Welt vorzugsweise der gefühlsgläubige Theismus Jacobi's galt, wie ihn Fries mit Kant'schen Elementen ver=mittelt hatte, während unter der übrigen Jugend Oken's Naturphilosophie keinen geringen Einfluß übte, seitdem er in seiner „Isis" zugleich einen kühnern politischen Ton angeschlagen hatte. Er galt als Hauptvertreter der damals herrschenden Natur=philosophie. Ihr Urheber Schelling schwieg, Hegel wurde kaum genannt, Schleiermacher und Steffens wirkten in kleinern Kreisen. Und zu leugnen war nicht, daß der selbständige Trotz seiner Urtheile, die

kühne Schärfe seiner philosophischen Aussprüche dem
Geiste damaliger Jugend zu imponiren im Stande
war. Mochte auch manches seiner politischen Schlag-
worte zu jauchzendem Beifall hinreißen: seine Philo-
sophumena machten mir einen ebenso abstoßenden als
dabei fast komischen Eindruck wegen der unendlichen
Anmaßung bei solcher Leerheit und Dürftigkeit. Seinen Begriffen von Gott, als dem Nichts, aus welchem
alles Endliche entstehe und in dessen Abgrund es
wieder zurückmüsse, von der Natur, als der ewigen
Gebärerin ohne Anfang und Ende, konnte man einen
gewissen Anschein oberflächlicher Consequenz zugestehen;
doch war es ein hohles Gerüste, ein dürftiges Schema,
um die Tiefe der hier unterbrückten Probleme gewaltsam zu überbecken, wofür die glänzenden Aperçus
seiner Naturphilosophie im einzelnen nicht zu entschä-
bigen vermochten. Wir wollen nicht die Geister alter
Polemik heraufbeschwören; indeß kann es auch jetzt
noch zweckmäßig sein, gelegentlich baran zu erinnern,
mit wie dünner philosophischer Armenkost von der
einen wie von der andern Seite die lernbegierige
Jugend damals genährt wurde, und schon darum
bleibe Hegel in unvergänglichen Ehren, weil er wenigstens solcher Dürftigkeit ein Ende machte.

105. Aber auch indem ich auf den originalen Urheber jener ganzen Denkweise, auf Spinoza, zurückging,
blieb hier im Hauptpunkte die gleiche Lücke. Dem
Begriffe deterministischer Nothwendigkeit, welche nach
diesem Systeme blind verkettend alles endliche Dasein beherrscht, um alle Zweckmäßigkeit und alle Frei-

heit aufzuzehren, trat Leibniz' leuchtender Gedanke siegreich entgegen, daß der Beschaffenheit der wirklichen Welt, welche das Gepräge eines Zweckzusammenhanges nach dem Gesetze der Vernunft und der Wohlordnung factisch an sich trägt, jener Begriff keineswegs entspreche, daß ihm einzig nur der andere einer relativen, „moralischen", auf die Entscheidung einer Intelligenz zurückdeutenden Nothwendigkeit angemessen sei. Was Leibniz Reichhaltiges und Schönes aus jenem einfach überzeugenden Gedanken entwickelt habe, ist bekannt; ich ergab mich der Verehrung und dem eifrigen Stubium dieses damals fast vergessenen oder nur mit Tadel erwähnten großen Denkers.

Doch auch in Spinoza's Lehre schien mir sein tiefgeschöpfter Begriff eines amor intellectualis Dei, der Schluß- und Lichtpunkt des ganzen merkwürdigen Gebäudes, seinen Anfang eher Lügen zu strafen als zu bestätigen, indem er die starre Vorstellung von der Unpersönlichkeit Gottes und der Nichtsubstantialität des menschlichen Geistes von hinten her aufzulösen droht. Im Begriffe selbst fand ich jene große ethisch-religiöse Thatsache wieder und ohne Zweifel in den reinsten, glücklichsten Ausdruck gefaßt; aber sie zerstört das Gefäß, in welches sie aufgenommen war, von innen her. „Liebe" ist ein so reiches, so die Fülle vollendeter Persönlichkeit voraussetzendes Gefühl, daß es zur unverständlichsten Paradoxie werden muß, eine abstract unendliche, selbstlose Substanz damit zu belegen und vollends zu behaupten, daß die substanzlosen „endlichen Mobi eines unendlichen Denkens" (denn

ein Mehreres sind dem Systeme ja die menschlichen
Geister nicht) Träger jenes Gefühls werden könnten,
ja daß Gott selber „in ihrer Liebe zu ihm Sich liebe
auf unendliche Weise", während doch nach specula=
tiver Wahrheit auch jenen allerreichsten und tiefsten
Geistesvorgängen nichts Höheres zu Grunde liegen
soll, als eine unpersönliche, ins Unendliche hin in end=
lichen Körpern und Seelen sich modificirende Sub=
stanz. Dergleichen Caricaturen einer gewaltsamen
Abstraction kann man wol behaupten, ja, behaupten
müssen, wenn man genöthigt ist, eine Fülle reichen
Lebens in die Schranken dürftiger Principien einzu=
klemmen; aber man kann sie nicht in wirklichem
Denken vollziehen, ebenso wenig dem einfachen lern=
begierigen Sinne als erschöpfende Erklärung der
Thatsache bieten. Vor dem hergebrachten Vorurtheile
aber, in so nebulistischen Sätzen besondere Tiefe und
eine unerschwingliche Weisheit ahnungsvoll zu bewun=
dern, hatte mich meine auf gesunde Klarheit hinwir=
kende Erziehung schon frühe bewahrt. Ich ließ sol=
chen verdächtigen Tiefsinn eben dahingestellt und habe
mich bei dieser Maxime auch später, im Studium
Schelling's und Hegel's, wohl befunden.

106. Noch immer aber fragte sich, wo der ent=
scheidende Mittelbegriff, das Realprincip zu finden
sei, um über diesen ganzen Umkreis von Lehren
wissenschaftlich hinauszugelangen. Hier muß ich aufs
dankbarste anerkennen, welche Anregung ich H. Steffens
schuldig geworden bin. In ihm fand ich dieselben Gründe
der Ungenüge mit der bisherigen Philosophie, einen

verwandten Gemüthsdrang, jenes Joch abstracter Be=
griffe abzuschütteln, aus dem Vollleben der Natur,
aus dem Walten der Geschichte das Räthsel der Welt,
wie des eigenen Innern zu lösen. Ihm bin ich viel,
ja nach Kant, Fichte, Leibniz, das Entscheidende schul=
dig geworden, daß er meine Aufmerksamkeit auf den
rechten und vollständigen Erfahrungsbegriff des Men=
schen lenkte. Ich verweise darüber, besonders auf
seine „Anthropologie", welche man als sein Hauptwerk
zu betrachten hat. Der Mensch ist nach ihm ein,
innerhalb der Natur, dennoch übernatürliches, zu=
gleich aber durchaus individuelles Wesen, eben
weil das Individuelle in ihm nicht in blos organisch=
seelischen Unterschieden, sondern in der geistig-ethischen
Natur des Menschen, welche factisch sehr verschieden
nuancirt sich zeigt, seine letzte Wurzel findet. Die
Lehre vom „Genius" mit einem Worte hat Steffens
angebahnt, und zuerst mit Entschiedenheit es ausge=
sprochen, daß sie die maßgebende für die ganze Geistes=
philosophie werden müsse. In Schelling's Abhand=
lung von der Freiheit mochte sie latitiren, aber ohne
mit vollständiger Klarheit und Schärfe von ihrem
Gegentheile sich abzuheben. In Hegel's Lehre wurde
sie zurückgedrängt, ja in ihrer entscheidenden Bedeu=
tung für Umbildung der Geistesphilosophie geradezu
verleugnet, indem er das Genialisirende aus der
Sphäre des Menschen hinweg= und in die Region
des absoluten (allgemeinen) Geistes emporhob.

107. Um diesen Cardinalpunkt nun dreht sich noch
bis zur Stunde die ganze gegenwärtige Philosophie;

von seiner richtigen Erledigung hängt nicht weniger denn alles, nicht blos die vielbegehrte Versöhnung von Glauben und Wissen, sondern selbst die Lösung der socialen Frage ab, die große Aufgabe unserer Zukunft.

Unbestritten stehen wir mit unserer geistig=ethischen Gesammtbildung auf dem Boden des Christenthums; seine Geistesmacht, seine Wirkungen haben unser Bewußtsein unwiderruflich erweitert. Die gewaltige geistige Thatsache einer „Wiedergeburt", einer überwältigenden Umschaffung unserer eigensüchtigen, eben damit aber die Wahrhaftigkeit der Individuation beweisenden Selbstheit, — alles dies ist keinem von uns wol völlig fremd geblieben; denn in schwächern oder stärkern Regungen hat gewiß jeder in das Gesammtbewußtsein der christlichen Gemeinde Aufgenommene solche Anklänge durch seine Brust ziehen lassen. Aber auch jenes gewaltige, den Keim einer neuen Weltepoche und Weltansicht in sich bergende und doch so eindringend klare Zeugniß Christi, daß in ihm die Gottheit dem Menschen gegenwärtig, „sichtbar" geworden und daß er uns den Zugang verschafft habe zum Vater, — dies Wort ist gewiß jedem von uns zu Ohren gekommen, und wenn er auch weit davon entfernt war, psychologisch und speculativ es vollständig sich deuten zu können, als ein in seinen Wirkungen seitdem unaufhörlich bestätigtes, wahrhaftes Zeugniß einerseits, als ein in seiner innern weitreichenden Bedeutung nicht zu umgehendes, der tiefsten Geistesarbeit würdiges Problem andererseits muß es ihm entgegentreten.

Und da stehen wir am Punkte, auf den es ankommt. Nur diejenige Philosophie, zunächst die psychologische Wissenschaft darf sich als ebenbürtig bezeichnen dem gegenwärtigen christlichen Weltzustande,
welche der Erklärung jener höchsten geistigen Thatsachen völlig gewachsen ist, die bis in ihre ersten
Principien und Anfänge hinein sie wissenschaftlich zu
unterbauen und consequent zu begründen vermag.
Und dies ist keine überspannte Anmuthung; denn nur
wer der höchsten Thatsache eines Erkenntnißgebiets
genügt, hat auch das Ganze desselben begriffen.

108. Nun aber ergibt sich der höchst merkwürdige,
noch nicht gehörig gewürdigte Umstand, daß die Anerkennung und Deutung jener ethisch = religiösen Thatsachen die Schranken der bisher herrschenden philosophischen Durchschnittsbildung völlig durchbricht
und ebenso wol dem speculativ = religiösen Subjec-
tivismus, wie der pantheistischen Identificirung des
Göttlichen und Menschlichen ein gründliches und voll-
ständiges Ende macht. Jenes subjective Gottsuchen
und Gottersehnen in dunkler Ahnung ist dürftig und
leer; ja es kann historisch reactionär und alttestament-
lich genannt werden; denn Gott hat sich wirklich
offenbart und bewährt sich allgegenwärtig fort als ein
wirksam objectiver, in der weltgeschichtlichen Macht
der Kirche, als heiligender Geist in unserm Gemüthe.

Aber nicht minder ist dadurch (und diese Betrachtung
bleibt bei der gegenwärtig herrschenden philosophischen
Denkweise die ungleich wichtigere) die hinreichend bekannte Theorie von der Identität des Göttlichen und

Fichte, Zur Seelenfrage.   13

Menschlichen durchaus unhaltbar geworden, und die substantielle **Eigenheit** des endlichen Geistes wird unabweisbare Consequenz. Wäre das menschliche Individuum ein lediglich vorübergehender Moment im unendlichen Processe des allgemeinen (göttlichen) Geistes: so sänke die Grundthatsache unsers sittlich-religiösen Bewußtseins zur völligen Lüge und psychischen Täuschung herab. Indem wir uns vom Geiste Gottes erfaßt, begeistert und geheiligt fühlen, empfinden wir damit das eigene Wesen und seinen selbstischen Willen ebenso entschieden, als einen stets zu überwindenden, sonach höchst realen und von Gott unterschiedenen. Wir vermögen dies nicht nur infolge etwa beliebiger Reflexion; wir können gar nicht umhin zufolge psychischer Nöthigung: denn unaufhörlich spricht jenes Selbstische in uns mit. Der ganze mühsam dem Menschen abgerungene Entselbstungs- und Heiligungsproceß bliebe daher ohne Ernst und ohne Werth, eine blos täuschende Phantasmagorie, wenn jene pantheistische, das Individuelle aufzehrende Identität Wahrheit hätte.

Doch bedarf es nicht mehr dies alles weiter auseinanderzusetzen; es ist früher, theils kritisch, theils in selbständigen Ausführungen vollgenügend geschehen und wie ich bezeugen darf, nicht ohne Frucht für die Wissenschaft. Wohl aber muß ich erklären, daß nur aus diesen Zielen und Gesichtspunkten meine eigenen Bestrebungen zu beurtheilen sind. Eine neue speculative Weltansicht auf dies Princip zu gründen, ist die Intention meiner drei Hauptwerke, und nur daraus können sie verständlich werden. Die „speculative

Theologie" vertheidigt einen ethischen Theismus, indem sie in jener höchsten ethisch-religiösen Thatsache auch die entscheidende Prämisse nachweist, um von ihr aus das Wesen Gottes, des Menschen und der Welt gründlich zu erkennen. Die „Ethik" tritt ihr zur Seite, indem sie jede selbstgemachte, blos menschliche Sittlichkeit als etwas durchaus Halbes und Ungenügendes aufzeigt, für die Praxis nicht minder, wie für die betrachtende Wissenschaft, und somit Sittlichkeit und Religion in ein unablösliches Verhältniß stellt. Die „Anthropologie" endlich, als somatisch-physiologische Begründung der Lehre vom „Genius", kann freilich erst im zweiten „psychologischen" Theile an ihr Ziel gelangen; aber ihre Untersuchungen sind doch insofern die grundlegenden und selbst für die theistischen und ethischen Lehren fundamentirend, als sie den Haupt- und Ausgangspunkt aller besonnenen Speculation, die Selbsterkenntniß des menschlichen Geistes, richtig einzuleiten bestimmt sind.

109. Aus allem Bisherigen ergibt sich nun aufs vollständigste, warum mir der Schöpfungsbegriff (§. 101) lediglich in zweiter Ordnung der Erwägungen stehen könne, ja aus welchen Gründen jede theologisirende Kosmogonie überhaupt nur einen sehr zweideutigen Werth in meinen Augen besitze. Zu lange geschult vom Geiste der Kant'schen Lehre, bin ich tief durchdrungen von der Erwägung, die freilich den Hochmuth speculativen Erkennens herabzustimmen geeignet wäre: daß wir über alle jene Fragen a priori und aus innerer Vernunftnothwendigkeit schlechthin

13*

nichts wissen können, daß wir damit auf den be=
scheidenern Weg einer von der allein uns bekannten
Beschaffenheit der Weltthatsachen auf das Wesen ihres
Grundes und seiner Wirkungen zurückschließenden
Hypothese angewiesen sind. Mit Recht wird aber,
gleichfalls im Sinn der Kant'schen Lehre, unter jenen
Weltthatsachen der Menschengeist mit seinen innern
Erlebnissen die höchste und bedeutungsvollste Stelle
einnehmen. Ueber dies ganze Verhältniß jedoch zur
Besonnenheit und zur Consequenz der Klarheit zu
mahnen, ist noch immer von nöthen. Die Forderung
oder die Behauptung, vom theocentrischen Stand=
punkte des „Absoluten" aus, welchen wir nicht be=
sitzen, den theogonisch=kosmogonischen Proceß nachcon=
struiren zu können, ist rein illusorisch; und nichts,
durchaus nichts, was mit solchen Voraussetzungen
zusammenhängt oder aus solchen Prämissen abgeleitet
worden, ist Resultat echter Philosophie, sondern eine
trübe, täuschende Gnose, die von je an selbst die
Mutter sehr verderblicher Irrthümer, weil eines
bloßen Scheinwissens, geworden. Und wie auch je=
mals die philosophische Forschung sich vertiefe oder
sich erweitere: diese nothwendige Grenze und das
Bewußtsein dieser Grenze wird sie nie aus dem Auge
verlieren dürfen.

Auch ist niemals ein gesichertes Fortschreiten, ein
festes, für immer errungenes Ergebniß auf dieser
Bahn zu gewinnen, eben weil sie der sichern Unter=
lage eines Objectiven entbehrt. Die Willkür liebge=
wordener Phantasiegebilde, der Reiz poetischen

Auffluges verdrängt die besonnene Einsicht in den Grad der überhaupt hier zu erreichenden Gewißheit und gibt das für eine evidente Errungenschaft der Wahrheit aus, was höchstens als eine sehr bestreitbare Hypothese gelten müßte, selbst wenn es seinen thatsächlichen Unterbau hätte. Wir wollen in diesem Betreff nicht berühren, was in nächster oder in weiterer Vergangenheit von Beispielen dieser Art zurückliegt; die unmittelbare Gegenwart ist gleichfalls nicht arm an Belegen, wie die edelsten, tiefsinnigsten Geister von jenem schimmernden Ziele dämonisch angelockt in den Abgrund stürzten, der um die Grenzen des menschlichen Forschens gelagert ist. Den letzten Grund der bedenklichen, jedenfalls wissenschaftlich ungenügenden Wendung, welche Schelling's Philosophie in ihrer jüngsten Gestalt uns vor Augen legt, mußten wir gerade in jener hartnäckigen Besinnungslosigkeit, im Ueberspringen der erkenntnißtheoretischen Schranken finden.*)

Aber auch die kürzlich erschienenen Schriften eines ausgezeichneten, selbst für die Speculation mit seltener

---

*) Den Erweis dieser allerdings hier schroff hingestellten Behauptung hat meine kritische Schrift zu übernehmen: „Ueber den Unterschied zwischen ethischem und naturalistischem Theismus in Bezug auf Schelling" u. s. w. (Halle 1857). Daß dagegen das Ziel und die Aufgabe, welche Schelling's positive Philosophie sich setzt, eine der entscheidendsten Wendungen der gegenwärtigen Speculation, ja eine wahrhafte Erweiterung derselben in sich schließe, erkennt ebendieselbe Kritik aufs bereitwilligste an und dies wird auch im Folgenden noch bestimmter erhellen.

Begabung ausgestatteten Geistes (des Verfassers der
„Kritik des Gottesbegriffs in den gegenwärtigen
Weltansichten" und des Werkes: „Gott und seine
Schöpfung", Nördlingen 1855 und 1857) bieten ein
höchst charakteristisches, für uns aber betrübendes
Beispiel solcher besinnungsfeindlichen Ueberspannung,
durch welches der sonst so begabte Mann den eigenen
bedeutungsvollen Anfang nachher in das längst aus-
getretene Gleis hergebrachter Vorstellungen verlaufen
ließ. Denn schwerlich wird man sich überreden wollen,
in der Erneuerung der bekannten (Schelling'schen)
Lehre von der Zweiheit eines ewigen Grundes in
Gott und einer Selbsterhebung daraus, indem er
aus jenem Urgrunde stets und immer vollkommener
zum Geiste und zur Persönlichkeit sich fortentwickelt,
kurz mit dem Begriffe einer unendlich perfectibeln
Gottheit, die rechte Radicalreform unsers religiösen
Zeitbewußtseins ausgefunden zu haben. Nicht solcher
theogonischer Constructionen bedarf es, wenn auch
mit geringerm Vorschlagen des pantheistischen Ele-
ments als früher, und mit entschiedenerm Eingehen
in die Idee des Geistes und der Persönlichkeit, sondern der
bewußten Erhebung zur ethischen Idee Gottes, wenn
von der Wissenschaft aus das religiöse Leben, einerseits
über den erstorbenen Satzungsglauben, andererseits über
die fade Aermlichkeit der Aufklärungsreligion bleibend
erhoben werden soll. Der Ausgangspunkt von dem
allen aber ist die entscheidende Einsicht — entscheidend darum, weil sie die Wurzeln des Pantheismus
und der Gnose gleichmäßig abschneidet —, daß wir

Gottes Wesen niemals auf directe Weise, sondern nur durch das Mittel der endlichen Welt erforschen können, hier aber mit voller Gewißheit im Inhalte desjenigen, was sich als Ewiges, Urgewisses und Unwandelbares im menschlichen Geiste ankündigt, ein Zeugniß göttlicher Wesensoffenbarung vor uns haben.

110. Weiter aber bleibt der Philosophie unbenommen, welche sich zu solchem Standpunkte bekennt, ja es ist erst die consequente Durchführung dieses Standpunktes und seines Erkenntnißkanons, die Gesammtheit der Weltthatsachen zum Ausgangspunkte eines Zurückschlusses auf das Wesen Gottes zu machen. Vielleicht darf ich hier mich darauf berufen, daß ich dies als Aufgabe der (sogenannten) Metaphysik bezeichnet und also sie auszuführen versucht habe. Nach solchem Begriffe entworfen ist diese Wissenschaft, von seiten der Weltgegebenheit, welche ihr festbegrenzter, unverrückbarer Ausgangspunkt bleibt, Lehre vom Weltganzen, vom „Universum"; von seiten des absoluten Princips wird sie „speculative Theologie", indem sie von jeder Universalthatsache aus in ihren Grund sich erhebend eine immer tiefere und adäquatere Definition des göttlichen Wesens gewinnt. Die höchste Weltthatsache aber weist sie im religiösen Bewußtsein des Menschen, zu allerhöchst in dessen reinstem Ausdruck, in der Gottesliebe nach, um von hier aus gleichfalls, wie die höchste, so auch die tiefste und wahrste Definition Gottes zu gewinnen, welche, einmal zur Gewißheit erhoben, nun auch nach rückwärts gewendet die letzten Reste des Zweifels über das

höchste Ziel der Schöpfung in beruhigte Ueberzeugung auflöst.

Auf die Bürgschaft dieser Thatsache ist nun Gott uns nicht blos ein kosmisches Princip, nicht nur Geist und Persönlichkeit überhaupt, sondern wesentlicher noch ein die höchsten Gemüthseigenschaften des Geistes offenbarendes, heiliges zugleich und gnadenvolles Wesen; und selbst die nüchternste Erwägung kann darin keinerlei blos anthropomorphische Uebertragung argwöhnen, indem sie umgekehrt sich sagen muß, daß gerade darin das Theomorphische des Menschen, die göttliche Wirkung in ihm gefunden wird, daß er einen Funken jenes heiligen Gefühls in seiner Brust bewahrt, vor welchem die Härte seiner Eigenheit dahinschmilzt, wodurch sich jene Macht recht eigentlich als das Uebermenschliche im Menschen verräth.

111. In diesen sehr vermittelten Zusammenhang eingereiht, erscheint nun auch der „Schöpfungsbegriff" in einem neuen Lichte. Er ist kein einzelnes und besonderes Problem mehr neben andern, sondern die ganze „speculative Theologie" führt, sozusagen, diesen Beweis und läuft aus allen ihren Theilen in die überwältigende Ueberzeugung vom Dasein einer höchsten, gegen die endliche Welt freien Persönlichkeit zusammen, indem sie am allgemeinen Zweckzusammenhange der Welt die Nothwendigkeit, überhaupt intelligente Kräfte im Urgrunde anzuerkennen, vom Menschen aus die Nothwendigkeit erweist, in der endlichen Welt die höchste Liebeserweisung Gottes zu erblicken. Wenn auf die-

sem, durch besonnene Forschung gereinigten Standpunkte alle theo= oder kosmogonischen Ueberschwenglichkeiten, wie unreife Vorspiele der wahren Gottes= und Weltbetrachtung, gleich von vornherein abgeschnitten sind, so leuchtet um so heller das eigentliche Ziel hervor, um welches jene Bemühungen nur unsicher sich bewegten: der Begriff eines „Schöpfers" und „Geschöpfes" in wahrhaftem, verständlichem Sinne, und eines wahrhaft freien Verhältnisses zwischen ihnen ist gewonnen worden, weil er nicht mehr in ungewiß transscenbenten Hypothesen, sondern in der Tiefe·des menschlichen Bewußtseins, mitten im erlebbaren Wechselverhältnisse des göttlichen Geistes mit dem menschlichen, aufgesucht und erkannt wird. Auch trifft die Widerlegung aller atheistischen und pantheistischen Weltansichten von hier aus um so schlagender, als jene Schöpfungslehre sich nicht einfallen läßt, den letztern in irgendeiner Art es nachzuthun und auf gut pantheistische Weise den Schöpfungsact „construiren", denkend noch einmal nachmachen zu wollen, sondern mit dem Erreichbaren und Sichern sich begnügt, daß er geschehen, in der Beschaffenheit der Weltthatsache aufzuweisen.

112. Wenn dieser streng festgehaltene methodologische und metaphysische Standpunkt augenscheinlich eine Reihe von dogmatisch=theologischen Fragen aus dem Kreise eigentlicher Speculation herausweist und so nach einer gewissen Seite hin eine Beschränkung des philosophischen Untersuchungsgebiets in sich schließt, so liegt es im innersten Geiste desselben, nach

einer andern, für unser Urtheil ungleich wichtigern
Seite hin den Umfang des letztern zu erweitern.
Eben weil wir einzig nur auf dem Gebiete des Logi=
schen und Ontologischen, in Untersuchung der apriori=
schen Formen alles Denkbaren und Seienden, die
„dialektische Methode“, die Aufweisung des streng
Nothwendigen, Nichtandersseinkönnenden, für sachge=
mäß und zulässig erachten können, im Gebiete der
concreten Dinge und der eigentlichen Erfahrung aber
das Geschäft der Philosophie nur dadurch von dem
der empirisch begründenden Einzelwissenschaften ver=
schieden finden, daß, während keine der letztern das
ihr zuständige gesonderte Gebiet überschreitet, die
erstere bestrebt sein muß, in möglichst umfassender
Weise die Gesammtthatsachen der Erfahrung zu com=
biniren und auf möglichst gemeinsame Erklärungs=
gründe zurückzuführen: so ist gerade durch dies Ver=
hältniß der Speculation der Spielraum vielseitigster
Erwägungen und freiester Benutzung des Thatsäch=
lichen zur unablässigen Erweiterung ihrer Ergebnisse
eröffnet. Aber auch ihre methodische Form muß in
diesem Theile eine völlig andere werden, als man
bisher, wenigstens nach den Prätensionen der letzten
herrschenden Systeme, sie ihr annuthete. Wenn in
Betracht der erstgenannten Aufgabe strenge Geschlos=
senheit und innerlich vollendete dialektische Gliederung
des „Systems“ angestrebt werden muß — denn die
reinen Vernunftwahrheiten sind objectiv oder innerlich
selbst ein System, sind untrennbare Glieder eines
einzigen ewigen Grundgedankens —, so wäre bei Erfor=

schung der unendlich reichen und eigenthümlichen
Empirie das Aufdrängen irgendeines aprioristischen
Schemas, das Abschließenwollen zu einem „Systeme"
gerade vom Uebel und ein offenbares Misverstehen
der wahren Grenzen des abstract Nothwendigen und
der ihm entsprechenden Methode. In letzterm Be=
trachte kann das Geschäft der Philosophie augenschein=
lich gar kein anderes sein — und es ist volle Ver=
anlassung vorhanden, dies mit klarster Entschiedenheit
auszusprechen —, als „Theilung der Arbeit" und
Sonderung der Aufgaben in verschiedene philo=
sophische Wissenschaftsgebiete nach Maßgabe der
Verschiedenheit, durch welche nicht nur die beiden
großen Gegensätze einer Natur und einer Geisterwelt
einander gegenübergestellt werden müssen, sondern
innerhalb jeder derselben wieder Gliederungen und
Unterabtheilungen sich erkennen lassen. Hier ist nun
zunächst jedes voreilige Durchführen einer geschlossenen
systematischen Gliederung, jedes unzeitige Parallelisiren
und Schematisiren gerade abzuhalten, wie geistreich
und einladend auch solche Combinationen sich gestal=
ten, — wenigstens ist die bescheidene Betrachtung,
daß dergleichen höchstens eine Hypothese, noch lange
kein Philosophem erzeuge, nie aus dem Auge zu
lassen. Die nächste Aufgabe kann auch philoso=
phisch nur darin bestehen, die Eigenthümlichkeit des
vorliegenden Thatsachengebiets scharf aufzufassen,
durch erschöpfende Induction seinen Thatbestand zu
ermitteln und so Wesen und Grund der Erschei=
nung zu entdecken. Erst in zweiter, höherer Instanz

können diese Resultate combinirt und von ihnen aus
zu höhern Erklärungsgründen aufgestiegen werden,
bis so allmählich immer umfassendere Abschnitte der
großen Weltthatsache begrifflich durchgearbeitet vor
uns liegen.

Aus demselben Grunde darf die Philosophie des
Bekenntnisses sich nicht schämen, vielmehr dient es
zur klaren Orientirung über die Berechtigung dieses
ihres Thuns, daß sie in dieser Sphäre auf strenge
Gewißheit, auf den Beweis des „Nichtanderssein-
könnens" keinen Anspruch mache, gerade weil der
hier erforschte Inhalt die lediglich formale Begriffs-
nothwendigkeit überschreitet und ein specifisches Mehr
enthält, welches in seiner Facticität nur empirisch erforscht, nach seinen innern Ursachen nur hypothetisch
erklärt zu werden vermag. Die Speculation kann
hier, ganz wie die empirischen Wissenschaften, auch
nur im Gebiete der „Wahrscheinlichkeitsschlüsse"
sich bewegen und auf dem Wege der Induction und
der Analogie Hypothesen begründen, bei denen sie
des innern Grades dieser Wahrscheinlichkeit genau
bewußt bleiben muß, methodologisch nur dadurch die
andern Wissenschaften übertreffend oder ihnen zum
Muster dienend, daß sie strenger, als diese es gewohnt
sind, die Abstufungen der Wahrscheinlichkeit feststellt,
welche sie ihren Erklärungen zu verleihen vermag.
Wenn sodann ihre Aufgabe in jener ersten Hinsicht,
nach Inhalt wie nach Form, eine streng begrenzte,
zum vollendeten Abschluß zu bringende ist, so hat sie
dagegen dem unendlich Concreten gegenüber eine ebenso

unbegrenzbare Aufgabe. Sie zerfällt, wie gesagt, in
eine Reihe von Einzeluntersuchungen, die im lang=
samen Verlaufe einer gründlichen Durchbildung dieses
Einzelnen allmählich und immer mehr auf ein Ge=
sammtergebniß hinstreben, die daher die Geltend=
machung eines einigen Princips, eines zuhöchst leiten=
den Grundgedankens nicht ausschließen, sondern gerade
einschließen, die aber zu keinem gegebenen Zeitpunkte
ihre Aufgabe für abgeschlossen halten dürfen, eben weil
sie einen unendlichen Stoff zu bewältigen haben.
Die Philosophie als Universalwissenschaft kann
sich nie vollenden; als logisch ontologische Lehre
von den subject=objectiven Weltformen ist sie zum
Abschluß zu bringen, wiewol zur Zeit dazu erst Vor=
arbeiten geliefert sind. Als „Metaphysik", in
dem oben (§. 110) von uns bezeichneten doppelten
Sinne, hat sie nach Verhältniß vielleicht die vollstän=
digste Ausbildung erreicht, weil das befeuernde In=
teresse ihrer Aufgabe seit dem Beginne alles Philo=
sophirens dazu antrieb, die verschiedenen Standpunkte,
von der Weltgegebenheit aus das Wesen des Urgrundes
zu bestimmen, oder die innerlich sich ergänzende Reihe
der „Beweise für das Dasein Gottes" mit nie rasten=
dem Eifer auszubilden.

Kaum brauche ich endlich zu sagen, wie die Spe=
culation durch solche Entfesselung von falschen metho=
dologischen Vorurtheilen einer ganz neuen Zukunft
theilhaftig werden müsse, zugleich aber auch zurückkehre
zur freien Untersuchungsweise jener großen Forscher,
wie Leibniz und Locke, wie Hume und Kant, welche,

wie sehr sie auch in den Resultaten Gegner sein mochten, in der Rücksicht doch geistesverwandt er= funden werden, indem sie bei den Einzelfragen nicht von vorausgefaßten aprioristischen Meinungen und For= meln, sondern von Feststellung des Eigenthümlichen der Thatsache ausgingen und gerade darin die Vir= tuosität ihres Talents bekundeten.

113. Unter der Voraussetzung und ausdrücklichen Einschärfung dieser Grundsätze wird es nun möglich sein, ohne Misverständnisse befahren zu müssen, in einem nicht streng wissenschaftlichen Werke, wie dem gegenwärtigen, Probleme zu besprechen, deren Behand= lung noch lange nicht den eigentlichen Philosophemen eingereiht werden kann, während dennoch in dem tie= fen, rein menschlichen Interesse, welches sie darbieten, genugsam Veranlassung liegt, sich an ihrer Lösung zu versuchen. Der nächste Grund, dies an gegen= wärtiger Stelle zu thun, ist darin zu suchen, daß gewisse psychologische Thatsachen, auf welche wir im Vorhergehenden hinwiesen, mit jenen Problemen in Zusammenhang zu stehen scheinen und möglicherweise einen Schlüssel bieten, um in eins der dunkelsten Räthsel des Menschenlebens einzudringen. Zugleich kann die hier versuchte Behandlung vielleicht zum Beispiel und zur Probe dienen, wie sich psychische Thatsachen für die gesammte Speculation verwerthen lassen.

114. Von der Consequenz jeder theistischen Welt= ansicht unabtrennlich ist der Glaube an eine göttliche „Vorsehung", nicht nur im Sinne der Bewahrung

jener allgemeinen Vernunftgesetze, welche als das
eigentlich Erhaltende der Natur und dem geschichtlichen
Leben der Menschheit innerlich eingebildet sind, sondern weit ausdrücklicher noch in der Bedeutung einer
auf das Individuelle sich erstreckenden gerechten
und gnadenvollen Leitung der Schicksale des einzelnen
Menschen. Auch ist diese Ueberzeugung so sehr das
eigentliche Ziel des Theismus, die reifste und zugleich
die erquickendste Frucht der von ihm gepflegten Denkweise, daß es vergeblich wäre, sie von ihm abzutren-
nen oder an ihrem eigentlichen Bestande das Geringste in Abzug bringen zu wollen.

So kann sie auch mit nichten ausgegeben werden
als der bloße Ausdruck eines „kindlichen Glaubens"
oder eines unbestimmten Wunsches, welcher die schärfere Prüfung des Denkens keineswegs auszuhalten
vermöchte, sondern es ist aufs bestimmteste anzuerkennen, wie befremdlich manchem in den Abstractionen
der gegenwärtigen philosophischen Bildung Auferzoge-
nen dies zunächst auch erscheine, daß sie die consequente und unabtreibliche Folge jenes allgemeinen
Begriffs geschichtlicher Vorsehung sei, daß sie mit
diesem stehe oder falle. „Im Gebiete der Geschichte ist an sich nichts geringfügig oder anderes
ihm gegenüber ausschließend groß, sondern nur unsere
Neigung, unsere Parteilichkeit macht es dazu. Auch
das Große, Universale kann nur dadurch die Einheit
des Weltplans darstellen, sofern das Einzelne, in
dessen Verwickelungen gerade es eingebettet ist, durchaus ihm entspricht. Wenn es überhaupt daher einen

Weltplan gibt, wofür die ganze Weltthatsache Garantie bietet, muß auch das Einzelnste in ihn hineingegliedert sein, so gewiß nach Hamann's grünblichem Worte, es nur eine Vorsehung in den kleinsten Theilen ist, die auch das Ganze gut macht."

„Aeußerlich und empirisch ist die Geschichte nichts anderes als eine Summe kleiner Begebenheiten, in denen sich dennoch das Große, der göttlich=menschliche Inhalt derselben vollbringt, und so müssen auch die kleinsten Fügungen, welche oft genug nur hinaus= laufen auf ein unwillkürlich in uns erregtes Han= deln oder Unterlassen, geleitet sein von jener uni= versalen, ordnenden Macht, ohne daß wir im einzel= nen über die Gegenwart dieser Leitung völlig ins Reine zu kommen vermöchten, noch auch einer so empirischen Gewißheit bedürften."*)

115. Es steht daher fest: erst muß die Möglich= keit einer individuellen Vorsehung in der Geschichte gesichert sein, ehe wir dem Begriffe einer univer= salen für dieselbe trauen können, nicht umgekehrt; denn gerade ohne jene würde diese sich unwirksam

---

*) Worte aus meiner „speculativen Theologie" („Grund= züge zum System der Philosophie"; dritte Abtheilung: Die speculative Theologie oder allgemeine Religionslehre [Heidel= berg 1846], S. 626—628), welche ich in ihrem weitern Zu= sammenhange daselbst nachzulesen und nach ihrer Begründung in der ganzen dort vorgetragenen Weltansicht weiter zu er= wägen bitte. Auch das zunächst im Folgenden Gesagte beruht auf den dort gegebenen allgemeinern Ausführungen, auf welche ich mich daher gleichfalls hier berufen muß.

erweisen, abstract und universalistisch bleiben, d. h. das Einzelne der Begebenheiten, das worauf es in der Geschichte gerade ankommt, dem Zufall oder der Willkür preisgegeben bleiben. Und eine solche blos universalistische Vorsehung sehen wir wirklich innerhalb der Natur walten, die wir daher eigentliche „Vorsehung" zu nennen Anstand nehmen. Hier finden wir den allgemeinen kosmischen Zusammenhang auf das sicherste geordnet, ebenso alle mitwirkenden Bedingungen aufs bewundernswürdigste ineinander berechnet; aber gerade nur für allgemeine Erfolge: in der Welt des Unorganischen für Bewahrung des Gleichgewichts unter den allgemeinen Weltkräften, in der Welt des Lebendigen für Erhaltung der Gattungen und Arten, während das Individuum hier einem gleichgültigen Zufall überlassen scheint. Wenigstens entdecken wir in den Einrichtungen der bloßen Natur keine Spur irgendeiner Fürsorge für das Einzelne.

Aber eben darum muß es mit dem Menschen und seiner Geschichte sich anders verhalten; denn wie von allen Seiten gezeigt worden, hat in der Welt des Geistes der einzelne gerade dieselbe Bedeutung und Stelle, welche in der Welt des Lebendigen den Arten zukommt. Deshalb ist sein Lebensgesetz auch ein höheres. Er existirt als solcher nur einmal, und die Idee, aus welcher er gebildet, wird nicht, wie bei dem Thiere, in gleichgültig ungezählten Exemplaren über die Natur hin ausgeschüttet. Deswegen auch, weil immer neue Geister erscheinen, weben diese den Inhalt der Geschichte, die gerade das Neue, über

Fichte, Zur Seelenfrage. 14

ben gleichgültigen Kreislauf der Natur Hinausreichende in diese hineinbringt.

Nach derselben Consequenz darf daher auch der Menschengeist sich des schlechthin kühnsten und stolzesten, aber auch des heilbringendsten Glaubens getrösten: über ihm waltet eine individuelle Vorsehung; er steht als Individuum vor dem ewigen Auge, ist als Person aufgenommen in das Bewußtsein, welches zugleich ordnend das All umfaßt!

In diesen Ueberzeugungen, nicht als überspannten oder illusorischen, sondern als einfach folgerichtigen, wenn man der Analogie der Thatsachen folgt, muß man sich befestigt haben, wenn man jenem großen Probleme näher treten will, ja ohne welche man gar kein Verständniß, wie kein Interesse für dasselbe fassen kann. Alles nämlich schließt sich hier im Postulate einer auch das Einzelne umfassenden Vorsehung ab, von welchem übrigens die „speculative Theologie" zeigte, daß seine Annahme mit dem Begriffe creatürlicher Wahlfreiheit durchaus nicht unvereinbar sei, eine Frage, die wir hier daher völlig übergehen.

116. Will man jedoch die Zwischenglieder und Vermittelungen sich näher bringen, in denen jene Vorsehung auch auf die Fügungen des einzelnen sich erstreckt, so wird man gestehen müssen, daß die neuere wissenschaftliche Speculation dies Untersuchungsgebiet bisher kaum noch betreten, ja kaum gewagt habe, die ganze Frage in ihrer Schärfe und Bestimmtheit ins Auge zu fassen. Ueberhaupt könnte man geneigt sein, diesen

Theil der religiösen Ueberzeugung einem demüthig ahnungsvollen Glauben zu überlassen; man könnte sogar es für Vorwitz halten, den Schleier von jenen geheimsten Wechselbezügen des Ewigen und Menschlichen hinweghheben zu wollen, so gewiß die heillosesten Ueberspannungen und täuschendsten Illusionen gerade davon ausgegangen sind, mit dem Unerforschlichen einen directen und ausdrücklichen Verkehr sich anzumaßen. Dennoch wird der nach Klarheit und Ganzheit seiner Ueberzeugungen Strebende, wird namentlich die gereiftere Speculation nie des tiefsten Bedürfnisses sich entschlagen können, auch diesem Probleme — dem allerfolgenreichsten, weil es mit dem erhebendsten Glauben zusammenhängt, ihn bestätigend oder auch ihn gefährdend — irgendeine Seite der Begreiflichkeit abzugewinnen, wenn man in diesem Betreff auch blos bei denkbaren oder zulässigen, aber an sich ungewissen Hypothesen stehen bleiben muß. Indeß ist auch hier nicht daran zu zweifeln, daß irgendein Faden der Analogie, glücklich ergriffen, aus dem Gewissen ins Wahrscheinliche uns hinüberleiten und einen Theil jenes Dunkels wenigstens uns erhellen werde; denn Gott zeigt sich in seinen Weltgesetzen immerdar consequent und sich selbst getreu, in stetiger Folgerichtigkeit eins an das andere schließend und die größten Erfolge aus den unscheinbarsten Wirkungen herleitend. Wenn wir die Fügung der Einzelgeschicke kennen lernen wollen, so haben wir ohne Zweifel zu erforschen, wie sich die großen Weltgeschicke vollbringen.

14*

117. Das Gesetz und die Form nun, nach wel=
chen die Vorsehung die allgemeinen Geschicke der
Geisterwelt leitet, können gar nicht zweifelhaft oder
zweideutig sein: sie läßt „Genien", große providentielle
Menschen oder auch Völker erscheinen, im rechten
Zeitpunkte und am rechten Orte, welche mit einer
Kraft, gegen die jede menschliche Auflehnung sich ohn=
mächtig erweist, die tiefverflochtene Stockung der Ge=
schichte lösen und unerwartet eine völlig neue Gestalt ihr
aufdrücken. Das entschieden göttliche Element in der
Geschichte sind eben jene Erfindungen und Thaten
der Freiheit, welche keine blos menschliche Weisheit
ausgeklügelt hätte, sondern die überraschend und über=
wältigend eintreten, die daher aufs eigentlichste ein=
gegeben sind, indem das von keinem Beabsichtigte,
menschlich nicht Gewollte, dennoch geschieht, indem die
höhere Macht in und durch die menschliche Freiheit
hindurchwirkt und den Sieg behält. Aber dies
Uebermenschliche gibt sich nicht auf thaumatische,
seltsame, „übernatürliche" Weise kund, wie die ge=
meine am Sinnlichen haftende Meinung es fordert;
auch dies kleidet sich in die Verkettung gewöhnlicher
Begebenheiten und eines äußerlich vermittelten Causal=
zusammenhangs.

Denn gerade hier gilt das Gesetz, ja das ist das
Gnadenvolle in der Oekonomie der göttlichen Welt=
regierung, nicht nur, daß er jene Acte von innen her
leitend mit der menschlichen Freiheit vermittelt, sondern
weit mehr noch, daß er ganz in die Gestalt des
Menschen sich verbirgt, und ihm, dem Menschen, als

eigenen Ertrag des innern Genusses und der Seligkeit gönnt, was in Wahrheit die göttlichen Kräfte in
ihm vollbracht haben. Immer sind es Menschen, die
an Gottes Statt handeln; sie sind die „Engel" (Bo-
ten), die er an uns aussendet und durch die er sein
Werk in uns vollbringt, und zwar gerade mittels der
einzelnsten Lebensfügungen.

Bis so weit nun liegt alles klar und unzweifelhaft
vor uns; denn daß bei solchen innern Leitungen oder
Mahnungen, Erweckungen oder Warnungen, nur eine
falsche überspannte Deutung es sei, welche sie in mehr
als menschlichem Lichte erscheinen lasse, während auch
sie nur ganz alltägliche psychische Vorgänge, unwillkürliche Regungen des „Gewissens" und dergleichen
seien, diese Auffassung muß sich als ganz ungenügend
erweisen, indem schon bei sehr geringer Aufmerksamkeit
das Selbstbewußtsein eines jeden solche tiefeinschnei-
dende, innerlich folgenreiche Erlebnisse vom gewöhnlichen Verlaufe psychischer Regungen, auch denen des
„Gewissens", welches bekanntlich nie an die Stelle
eigentlicher Vorsehung zu treten, speciell den Menschen zu leiten vermag, genau zu unterscheiden genöthigt ist.

118. Und so wäre nach der einen Seite, nach
dem Menschen hin, völlig begreiflich geworden, in
welcher Art die göttliche Vorsehung auch den einzelnen umfasse. Wie jeder es erleben kann, wie er
täglich es erfährt, ist es theils die unmittelbare Wirkung von Mensch auf Mensch, theils ist es eine innere
Einsprache, welche ihn leitet und lenkt und die blos

den Einwirkungen des Gewissens zuzuschreiben un=
genügend bleibt. In beiderlei Gestalt aber geschieht
damit dem Menschen nichts Befremdliches oder Ueber=
natürliches; nur in menschlicher Form und Weise,
durch unsere Freiheit hindurch wirkt auch hierin die
Vorsehung auf uns.

Aber nicht ebenso begreiflich, nicht ebenso ausge=
macht erscheint es, ob Gott selber es sei, der un=
endlich erhabene, das ganze All umspannende Urgeist,
welcher in jenen Einsprachen mit uns, den Erdgebore=
nen, durch unendlichen Abstand von ihm Unterschie=
denen, unmittelbar verkehre, direct in Verhältniß
mit uns trete. Warum soll nicht, jener göttlichen
Oekonomie getreu, die wir soeben als das Gnaden=
vollste der Weltregierung bezeichnen mußten, auch hier
die Form der Stellvertretung fortdauern, warum
soll jene Leitung und Einsprache nicht Zwischengliedern
der Geisterwelt anvertraut sein? Daß fast alle histo=
rischen Religionen, mit Einschluß des Christenthums,
wenigstens in seiner frühern, jetzt freilich durch die
abstracten Begriffe moderner Bildung zurückgedräng=
ten Gestalt, diesen, wie es eben daraus sich ergibt,
sehr nahe liegenden Ausweg der Erklärung fanden,
daß dies der älteste und verbreitetste Glaube der
Menschheit war, wird denselben wenigstens nicht
schlechter machen; und ganz sagen wir mit einem un=
serer tiefsten und unbefangensten Denker bei einer
ähnlichen Veranlassung: „Ist diese Hypothese darum
so lächerlich, weil sie die älteste ist, weil der mensch=
liche Verstand, ehe ihn die Sophisterei der

Schule zerstreut und geschwächt hatte, sogleich darauf verfiel?"*)

Verständigen wir indeß uns genau über die Trag= weite dieser Vermuthung und fassen wir dabei den eigent= lichen Sitz des Problems noch schärfer ins Auge, wodurch zugleich uns Gelegenheit wird, die Frage in einen noch allgemeinern Zusammenhang zu bringen.

119. Wir müssen es offen aussprechen: — die gegenwärtige wissenschaftliche Anschauung vom Uni= versum, durch die erworbene Einsicht von der astrono= mischen und dynamischen Unendlichkeit des Weltgebäu= des, konnte nicht anders als den alten theistischen Glauben, wie das Alte Testament ihn enthält, wie ihn das Christenthum aufnahm, aufs tiefste er= schüttern, ja völlig in den Hintergrund drängen. Der Gott der Wissenschaft, auch der Gott der wissen= schaftlich=theistischen Ueberzeugung, ist nicht mehr der Gott Zebaoth des Alten Testaments, dessen Fuß= schemel die Erde, dessen Thron der Himmel über ihr, der auf dem Sinai einen persönlichen Bund mit dem Volke Israel's gestiftet, dessen Bewahrung er mit Eifer und Zorn von ihm fordert. Dennoch war der ethische Erfolg, die Wirkung dieses Glaubens tief und gewaltig. Das stolze Bewußtsein, vor den Augen Gottes zu wandeln, die überschwengliche Zu=

*) So Lessing in seiner „Erziehung des Menschengeschlechts" („Sämmtliche Schriften", Berlin 1825, V, 243), indem er der Seelenwanderungshypothese einen tiefern ethischen Sinn unter= zulegen sucht.

verſicht, von ihm „erwählt", ſeiner perſönlichen Für-
ſorge gewürdigt zu ſein, gab dem Volke jene unbeſieg-
bare Energie, wegen der es im Alterthume ebenſo
berühmt als gehaßt war, die aber die nothwendige
Folge eines ſo erhebenden Glaubens wurde. Die Vorſtellungen vom Weſen der Gottheit blieben roh, be-
ſchränkt, höchſt ſubjectiv; aber die Wirkung der Religion auf das Gemüth erreichte ihr höchſtes Ziel.
Auch das Heidenthum, vor allem die griechiſche Religion war eines ähnlichen Glaubens voll; Homer's
und Heſiod's Gedichte ſind erfüllt vom Vertrauen
auf hülfreiche Schußgottheiten; ja dies wurde gerade
der Träger für jenen vielgegliederten Polytheismus,
mit welchem man ſehr mit Recht die Anrufung der
Heiligen in der katholiſchen Kirche in Parallele gebracht hat. Beides zeugt für den unwiderſtehlichen
Drang des menſchlichen Geiſtes, die Geſtalten der
göttlichen Hülfe zu vervielfältigen, um ſie ſich näher
zu rücken; und geſtehen muß man, daß unſer modern
gebildetes Bewußtſein, welches alle dieſe Zwiſchen-
glieder als überflüſſigen Aberglauben längſt von ſich
geworfen hat, verglichen mit jener alterthümlichen
Gotteszuverſicht, höchſt arm daſtehe, daß wir eben darum aber auch weit kraftloſere Menſchen ſind.

120. Doch Chriſtus erſchien, durchbrach für immer
die Schranke jener Gottesauffaſſung und gründete
eine neue ſittlich-religiöſe Welt, indem er in drei un-
ergründlich tiefen Worten ein völlig anderes Gottes-
bewußtſein ausſprach: Gott iſt unſer Vater, Gott iſt

Vater aller Menschen *), und „Wer mich siehet, der
siehet den Vater!" Hiermit war der Glaube an
eine persönliche Vorsehung Gottes noch tiefer und
begeisterungsvoller befestigt, als im heidnischen und im
jüdischen Alterthume; denn es bedarf keiner Opfer
mehr, um den Zugang zur Gottheit zu finden,
„Christus hat das Opfer für uns alle gebracht",
Gott selber hat uns in ihm den Zugang zu sich eröffnet. Dies erzeugte die nicht mehr kämpfende, die
duldende Tapferkeit der frühesten Christen. Der erste
Blutzeuge, Stephanus, „sahe sterbend den Himmel

---

*) Gar wohl wissen wir, daß auch schon im Alten Testa-
mente Gott mit dem Vaternamen bezeichnet wird, ausdrücklich
sogar Vater Israel's heißt (5 Mos. 32, 6); klagt er doch bei
den Propheten, daß sie dennoch Bastarde und nicht seiner
Art seien. Und im religiösen Bewußtsein der Hellenen, wie
Homer es uns schildert und selbst es bilden half, ist Zeus als
„Vater der Götter und Menschen", als Inbegriff zugleich aller
auf ihn übertragenen menschlich-hellenischen Eigenschaften, der
Schluß- und Mittelpunkt dieses Bewußtseins. Dennoch wird
gerade an der Vergleichung dieser Gottesanschauungen nach
beiden Seiten recht klar, wie der geistig-ethische Begriff und
Glaube an Gott als „Vater" in diesem prägnanten Sinne erst
durch Christus in die Welt gekommen. Im hellenischen Bewußtsein fehlt der Begriff erhabener „Heiligkeit" Gottes so gut
als ganz; für die Juden war er ein „Rex tremendae majestatis",
wie das alte Kirchenlied mit unübertrefflicher Prägnanz es bezeichnet. Uns ist er durch Christus und in ihm der Heilige, aber
auch die Liebe; der Gerechte, aber auch der Helfende, von dem
wir alle Gaben des Geistes empfangen können.

offen und die Herrlichkeit Gottes und Jesum stehen zur
Rechten Gottes" (Apostelgesch. 7, 55). Auch der neue,
reine, hohe, weltumfassende Glaube war felsenfest gegründet, aber die kosmologische Anschauung der Welt
blieb die alte; ja in der Epoche der Scholastik wurde
sie sogar wissenschaftlich befestigt durch Beihülfe und
Autorität des Aristotelischen Systems.

Völlig consequent und höchst vorausschauend wei-
gerte sich später daher auch die Kirche, die Koperni-
canische Weltanschauung in sich aufzunehmen; sie
mußte erkennen, daß damit einer der wichtigsten Pfei-
ler des lebendigen Glaubens erschüttert werde. Die
Gottheit wurde dadurch in ein unermeßliches Universum ausgegossen und so dem gläubigen Bewußtsein
des Menschen in unendliche Ferne gerückt. Dennoch
siegte, wie immer, die Erkenntniß über den Glauben,
d. h. nicht über den Glauben in seiner substantiellen Innerlichkeit, sondern über gewisse theoretisch irrige Vorstellungen, die sich unwillkürlich ihm angebildet. Und troß-
dem, daß bis heute noch sporadische Versuche eines sich com-
promittirenden Orthodoxismus vorkommen, die Astrono-
mie selber zur „Umkehr" zu zwingen, so werden dergleichen rückschreitende Bewegungen den festen Stand
der Wissenschaft nicht zu erschüttern vermögen. Um
so mehr aber soll man allen Veränderungen, die diese
erweiterte Weltanschauung für die Vorstellungen des
Glaubens im Gefolge haben muß, fest ins Auge sehen
und ihren Consequenzen keineswegs ausweichen.

121. Doch bleibe nicht unbemerkt, daß, wenn uns
die alte Vorstellung eines blos für den Menschen

und die Erde exiſtirenden Gottes allerdings dabei un=
wiederbringlich verloren gegangen, wir dafür gerade
als Ertrag wiſſenſchaftlicher Forſchung einen ungleich
erhabenern und nicht minder gemütherhebenden Be=
griff der Gottheit eingetauſcht haben. Wenn uns die
Erfahrung ſelbſt, die geologiſchen Thatſachen (man
vergleiche das Reſultat derſelben im zweiten „Anhange‟)
zur unwiderſtehlichſten theiſtiſchen Ueberzeugung hin=
leiten, zum erhabenen Begriffe eines urvollkommenen,
von Ewigkeit zu Ewigkeit ſeiner ſelbſt und der ganzen
Unendlichkeit planvoll bewußten Geiſtes: ſo erweitert
die Erforſchung der Geſetze unſerer gegenwärtigen
Weltordnung dieſen Begriff der göttlichen Weisheit
nur immer reicher und tiefer, und durch die Wiſſen=
ſchaft gerade wird uns die Stimmung aufgedrängt,
dieſe unendliche Weisheit und Majeſtät demüthig be=
wunderungsvoll anzubeten; gerade die Wiſſenſchaft
beſtätigt daher den Glauben, daß auch da, wo ſich
noch Lücken und Dunkelheiten uns darbieten, jene
Weisheit nicht minder wirkſam ſein werde.

Aber der bedeutungsvolle Grundzug bleibt: dieſe
Vorſehung erweiſt ſich durchaus als univerſaliſtiſche;
ſie bezieht ſich auf die Erhaltung des Allgemeinen,
nicht des Individuellen. Und dennoch beſteht ihr ge=
genüber die an Gewißheit grenzende Ueberzeugung des
Menſchen von einer individuellen Leitung ſeiner
Schickſale.

Hier eine gewaltige Lücke anzuerkennen iſt uner=
laßlich; aber eine Lücke in unſerer Erkenntniß, nicht
im objectiven Beſtande der Dinge; denn hier am

wenigſten kann uns der durch die ganze Welterfahrung
beſtätigte Glaube an die Stetigkeit und Continuität
der Weltgeſetze verlaſſen. Sicherlich reicht auch hier
eine Stufenfolge gottgeordneter Wirkungen vom Aller-
umfaſſendſten der Welterhaltung bis zur individuellen
Vorſorge für den Einzelgeiſt herab. Auch iſt der
Sitz dieſer Einwirkungen die allgemeine Stätte gleichſam, worin die factiſche Löſung jenes Problems vor
ſich geht, gar nicht zu verkennen. Wie die individuelle Vorſehung nur die innere Vollkommenheit der
Geiſter, ihre Erlöſung und Seligkeit zum Ziele hat,
ſo können ihre Wirkungen auch nur innerhalb der
Geiſterwelt fallen und ihren Formen und Geſetzen
ſich anpaſſen. Dies alles bleibt aber, wie man ſieht,
lediglich bei allgemeinen Begriffen ſtehen; die beſtimmte Art und Weiſe, die Thatſache mit einem
Worte, durch die uns das Daſein individueller Vorſehung beglaubigt wird, iſt und bleibt ungewiß, den
ſchwankendſten Möglichkeiten und ungewiſſeſten Deu-
tungen preisgegeben.

122. In dieſe, durch bloße Speculation und durch
Erforſchung der allgemeinen Naturgeſetze ſchlechthin
unausfüllbare Lücke tritt nun auf höchſt überra-
ſchende Weiſe eine hiſtoriſch-religiöſe Thatſache er-
gänzend ein. Es iſt jenes denkwürdige Zeugniß
Chriſti von ſich ſelbſt, des größten und tiefſinnigſten
Apoſtels über ihn: „Er ſei Eins mit dem Vater,
und wer ihn ſehe, der ſehe den, der ihn geſandt habe.‟
Und weiter Paulus: „Er ſei das Bild (εἰϰών) des
unſichtbaren Gottes, der Erſtgeborene aller Creatur;

der Abglanz seiner Herrlichkeit und der faßlich gewordene Abbruck (χαρακτήρ) seines Wesens." Der eigentliche Sinn dieser und aller analog lautenden tiefbedeu-
tungsvollen Aussagen, der Charakter der ganzen Christologie Neuen Testaments läßt sich nicht verkennen: sie enthält gerade, was im ganzen bisherigen Umkreise der
Betrachtung uns fehlte und bringt in einfacher Klarheit den Aufschluß uns entgegen, der uns gebrach.

Wenn das Alte Testament, wenn das Heidenthum
im engen wohnlichen Umkreise ihrer Weltanschauungen
(theoretisch gefaßt) eines Christus nicht bedurften,
um naher, persönlicher Kräfte der Gottheit gewiß zu
bleiben: wir Modernen bedürfen sein, denen die
Gottheit entweder zu eigener trauriger Geistesveröbung
ein abstractes Weltgesetz, ein schattenhaft Allgemeines
geworden ist, oder denen sie gründlicher und tiefer,
aber nicht menschlich vollgenügend zur unendlichen,
ein gleichfalls Unendliches durchwirkenden Weisheit
sich erweitert hat. Da nun ist eben Christus, d. h.
die im Menschen Jesus von Nazareth auf Erden erschienene göttliche Kraft, die uns faßlich gewordene
Gottheit, die Begreiflichkeit des Unendlichen, das nahe,
auf uns ruhende Auge Gottes. Die „individuelle
Vorsehung", welche als nothwendiges Postulat unserm
Denken, wie unserm persönlichsten Selbstbewußtsein
vorschwebte, ist in ihm uns gewiß und begreiflich;
denn sie ist zugleich die menschlich geartete, uns verwandte Persönlichkeit geworden. Gott gedenkt unser
in ihm, liebt und erlöst uns durch ihn; denn
er hat den Menschen nicht für zu gering geachtet,

in seine Gestalt und Schranke eingehend, sein Ober-
haupt und Erstling zu werden. Wenn daher aus
allgemeinen, nicht blos aus theologisch-dogmatischen
Gründen erst im Gebiete des Ethischen die höchsten
Attribute Gottes gefunden werden können, so erhalten
auch diese ihren Ausgangspunkt und die Grundbe-
dingung ihrer Begreiflichkeit nur in der Voraussetzung
dieses Persönlichwerdens der Gottheit. Christus,
die zweite Person, ist der (sozusagen) factische
Grund- und Fundamentalbeweis, daß Gott im höchsten ethischen Sinne die „Liebe", gnadenvolle, individuelle Vorsehung sei; ebenso liegt in ihm der einzig
begreifliche Vermittelungspunkt ihrer einzelnen Wirkungen für den Menschen.

123. Damit wird auch völlig begreiflich, mit
welchem Rechte das Neue Testament es einschärft,
daß nur durch Christus der Zugang und die Verbindung mit dem Vater möglich, daß „Wer den Sohn
leugnet, der auch den Vater nicht habe". Dies gilt
gleich sehr in objectiver wie in subjectiver Bedeutung.
In objectivem Sinne: denn wirklich kann die aus ihrer
Unendlichkeit uns zugewandte Gottheit gar keine
andere sein und nicht anders Erfaßbarkeit für uns
erhalten, denn gerade also, wie sie selbst sich uns verkündet in jenen Zeugnissen, als eine solche, die jener
Unendlichkeit sich entschlagend in die menschenähnliche
Form der Persönlichkeit sich zusammenfaßt. Und mit
tiefer Folgerichtigkeit daher, in welcher nur der blöde
Sinn Zufall oder willkürliche Deutelei zu erblicken
vermöchte, finden sich Winke im Neuen Testament,

daß der Gott des Alten Bundes kein anderer als eben Christus gewesen sei, dieselbe göttliche Persönlichkeit, die nachher in menschlicher Gestalt auf Erden erschien.

Dies gilt aber auch in subjectiver Bedeutung: denn wirklich kann kein Gläubiger unerschütterlich dem Vertrauen auf individuelle Vorsehung sich hingeben, kein Denkender consequent diesen Glauben sich deuten, wenn er nicht in der in Christo offenbarten Gottheit (in Christus vom Anfange bis an das Ende der Tage) und in der von ihm in die Geisterwelt ausgehenden Wirkungen den Mittelpunkt dieser Vorsehung erkennt. Sonst klafft noch immer jene ungeheuere Lücke, jene unüberbrückte Kluft zwischen der individuellen Vorsehung und der Unendlichkeit des göttlichen Geistes, an welche zu glauben die Ordnung des Weltalls allerdings uns nöthigt, welcher Glaube aber uns völlig zu befriedigen nicht vermag, indem wir in der Macht jenes universalen Wirkens wie unbeachtet und verloren uns erscheinen müssen und höchstens zu jener resignirten Liebe des All und Gottes im All uns herabstimmen können, die Schleiermacher in seinen „Reden über die Religion" so begeistert, aber nicht ohne einen halbwehmüthigen Gesammteindruck uns geschildert hat.

124. Und so sehen wir nicht ein, wie die Speculation, einmal veranlaßt, den Begriff der „Vorsehung" nach allen in ihm enthaltenen Bestimmungen sich zum Verständniß zu bringen (und welche größere, folgenreichere Aufgabe könnte sie sich stellen, als gerade diese?) — wir sehen nicht ein, wie sie der

Anerkenntniß jenes großen Zeugnisses von Christo sich
zu entziehen vermöge, da sie erkennen muß; wie eben
darin die unter allen Denkbarkeiten einzig consequente,
zugleich die mit den übrigen Weltgesetzen (welche
überall das Fortschreiten vom Allgemeinen zum Con-
cretern, Individuellern bezeugen) in Analogie stehende
Lösung jenes Problems gewonnen ist. Der vollständig durchdachte speculative Theismus kann nur in
einer Christologie sich abschließen; denn eine solche
höchste Gotteserweisung muß er postuliren, sie auf-
suchen unter den Thatsachen der Welt. Umgekehrt:
die Thatsache von Christi historischer Erscheinung,
mit all den weltumschaffenden Wirkungen, die von ihr
ausgegangen, ist die entscheidendste factische Ueberfüh-
rung von der Wahrheit jener ganzen Grundansicht:
was dieselbe bedurfte, um das nach der Natur hin
und in den allgemeinen Weltgesetzen ihr bewährte
theistische Princip absoluter Intelligenz und Vorsehung
auch für die Menschengeschichte beglaubigt zu sehen,
wird ihr im Gott-Menschen geboten. Auch die Geschichte hat nunmehr ihr göttliches Unterpfand, ihre
Vorsehung erhalten, und die beiden entlegensten End-
punkte der Erforschung des Wirklichen, der Ausgang
von den Weiten des Weltalls her und die Rückkehr
zum Einzelnsten, zur Bestimmung des Menschen,
treten hier in Uebereinstimmung und bestätigen sich
wechselsweise.

125. Hiermit beginnt aber für die Speculation
eine neue Reihe von Gesichtspunkten und Untersuchungen. Was man sonst „Religionsphilo-

sophie" nannte, und was in einer Mannichfaltig=
teit theils metaphysischer, theils psychologischer und
moralischer Begriffe bestand, zum Theil noch ver=
brämt und erweitert durch einige eklektisch aufgenom=
mene christliche Bestimmungen, wird nunmehr ganz aus
diesem verworrenen Gemenge heterogener Bestandtheile
hinweggehoben und erhält eine andere Aufgabe. Die
metaphysischen, die psychologischen und ethischen Fra=
gen müssen vorher schon erledigt sein, jene, um die
allgemeine Idee eines lebendigen und persönlich selbst=
bewußten Gottes aus dem Wesen der Welt zu be=
gründen, diese, um am Wesen des Menschen den all=
gemeinen Charakter des religiösen Bewußtseins und
die Stufenfolge seiner Reinigung und Vertiefung, kurz
den subjectiven Moment der Religiosität darzu=
legen, ingleichen im ethischen Processe des menschlichen
Willens den Bestandtheil zu bezeichnen, der ein mehr
als menschlicher ist. Die objective Seite der Reli=
gion dagegen, die göttliche Erweisung, welche dem
religiös=ethischen Bedürfen des Menschen entgegen=
kommt, kann nur in der Geschichte gefunden
werden, in den historisch=religiösen Thatsachen oder
den geschichtlichen Religionen mit einem Worte,
wie der gesammte Ablauf der Historie sie uns
bietet. In diese sich hineinzuverständigen und aus
ihnen jenen Begriff der „innern Vorsehung" her=
auszuläutern, den die vorhergehenden Wissenschaf=
ten als bringendste Forderung uns übrig gelassen
haben, würde daher die vornehmste Aufgabe einer
Philosophie der Geschichte werden, und nichts

Fichte, Zur Seelenfrage.   15

weniger als paradox oder befremdlich kann es im ge=
genwärtigen Zusammenhange erscheinen, wenn als
der eigentliche Charakter dieser Aufgabe bezeichnet
wird, die verschiedenen Entwickelungsphasen in ihrer
historischen Gestalt nachzuweisen, durch welche das
Bewußtsein der Menschheit, der Völker und der Zeit=
alter den verborgenen, von innen her in ihr wirkenden
Geist Gottes in Christo sich angeeignet habe.

126. Diese im eigentlichsten Sinne historische
Beglaubigung einer göttlichen Vorsehung in der Ge=
schichte kann daher auch dem Begriffe des religiösen
Glaubens erst seine Vollständigkeit und Objectivität
verleihen. Hier sind seine beiden wesentlichen Seiten,
die subjectiv menschliche, wie die objectiv göttliche,
vereinigt und in das rechte Verhältniß gestellt. Denn
Gott ist nicht nur Gegenstand des Glaubens, wie
man gemeinhin zu sagen sich begnügt; er wirkt ihn
auch in uns und gibt so in der Thatsache desselben
uns den lebendigsten Beweis seines Daseins und
Fürunsseins. Dieser unabweisliche Begriff eigent=
licher „Offenbarung", auf welchen schon eine
gründliche Analyse der religiösen Thatsachen im Selbst=
bewußtsein führen muß, bleibt hier nicht mehr in die
engen Schranken vereinzelter Erweisungen einge=
schlossen (in denen immer ein subjectives Element der
Willkür, des Incohärenten und Zufälligen waltet,
was eben die Wurzel aller Gnosen und alles trennen=
den Sektenwesens geworden ist), sondern wir müssen
uns zur Anerkenntniß eines zusammenhangenden
welthistorischen Verlaufs dieser Offenbarung er=

heben, die in großen Epochen, langsam, aber mit
stetiger Consequenz, in welche sich hineinzudenken uns
obliegt, die religiöse Erziehung des Menschengeschlechts
vollendet. Wenn Kant einmal, aus Veranlassung seiner Kritik des physikoteleologischen Beweises, in die
merkwürdigen und berühmten Worte ausbricht: „daß
die Vernunft durch keine Zweifel abgezogener Speculation so niedergedrückt werden könne, daß sie nicht
aus jeder grüblerischen Unentschlossenheit, gleich als
aus einem Traume, durch einen Blick, den sie auf die
Wunder der Natur und auf die Majestät des Welt-
baues wirft, gerissen werden sollte, um sich von
Größe zu Größe zur allerhöchsten, bis zum obersten
und unbedingten Urheber zu erheben"*): so gilt diese
treffende Bemerkung weit mehr noch und auf eine
für den Menschengeist noch wirksamere, weil ihm ungleich näher liegende Art vom Anblicke der „Wunder"
und der „Majestät" der religiösen Thatsachen in der
Geschichte. Hier zeigen sich Thaten und Begebenheiten, mit welchen schlechterdings gar nichts von menschlichen Leistungen oder Erfolgen in Verhältniß gebracht
werden kann, wo das anfangs Unscheinbarste zu un-
ermeßbarer Nachwirkung sich erhebt, und wo an blos
menschliche Kräfte zu denken, ebenso seicht und widersinnig wäre, wie wenn wir dergleichen in jenen ge-
waltigen, weisheitsvoll geordneten Naturwirkungen
vermuthen wollten. Solltest du daher auch jetzt noch

---

*) Kant's „Kritik der reinen Vernunft" (fünfte Auflage,
1799), S. 652.

15*

in „grüblerischer Unentschlossenheit" zweifeln an
Gottes Gegenwart, solltest du die Gottheit etwa blos
„hinter den Sternen" suchen, um sie dort gerade „nicht
finden zu können", so kann diese nahe, diese dein
Gemüth unwiderstehlich ergreifende göttliche Objectivität gründlich dich heilen. Solltest du zagen wegen
der Zukunft des Menschengeschlechts, welches jetzt
allerdings in unentwirrbarer Selbstverstrickung dem
Abgrunde entgegenzueilen scheint, indem es mit dä-
monischer Geschicklichkeit das Segensreiche und Helfende selber zum Fluche sich verkehrt, so wird die
Vergangenheit dich lehren, daß nirgends und zu keiner
Zeit Gottes Geist für die Menschen „über Feld gegangen war".

127. Indeß werden auch diese Betrachtungen und
Gesichtspunkte mit der psychologischen Forschung in
engerm Verbande bleiben, als mit den übrigen philosophischen Disciplinen; und urtheilen wir richtig, so
wird die Psychologie allein es vermögen, das große
Gebäude jener Ueberzeugungen nach einer wichtigen
Seite hin zu vollenden. Es fehlt auch jetzt noch ein
Glied zum vollständigen Begriffe der individuellen
Vorsehung, welcher bisher uns beschäftigte und dessen
eine, allerdings wesentlichste Bestimmung in der Einsicht von uns gewonnen wurde, daß die Gottheit
in Christus es sei, durch welche allein eine so individuelle Vorsorge für den Menschen begreiflich werde.
Im allgemeinen sodann wurde die Form der Eingebung als diejenige erkannt (§. 117), durch welche
jene Vorsehung wirkt, indem sie durch von ihr erweckte

Genien den neuen Geistesgehalt dem Processe der Geschichte einverleibt. Aber auch hier bleibt augenscheinlich noch ein Rest des Universalistischen zurück, und immer noch ist die letzte Frage nicht erledigt, wie das Zusammenstimmende in allen jenen providentiellen Wirkungen herbeigeführt werde? Nicht allein der Genius, der von Gott Berufene, auch der von Gott Entfremdete, der Sünder, Reuige, Gott Suchende, — sie alle bedürfen einer im verborgenen sie begleitenden, stets ihnen zur Seite stehenden, thatbereiten göttlichen Hülfe; und weil sie ihrer bedürfen, weil zugleich die Zuversicht darauf von der Thatsache ihres religiösen Bewußtseins unabtrennlich ist, eben darum können sie ihrer gewiß sein; sie existirt auch objectiverweise. Der wahrhaft lebendige Glaube kann „Berge versetzen", d. h. alle Bedingungen des Alten aus dem Grunde verändern. Niemals fehlt ihm der Erfolg und niemals bleiben die mitwirkenden Bedingungen aus, welche er selber nicht herbeiführen kann und deren er doch bedarf. Kein Gläubiger hat je daran gezweifelt und keiner ist je mit dieser Zuversicht zu Schanden geworden. Die Vorsehung wirkt bis ins einzelnste herab; sonst hätte consequenterweise auch ihre universelle Wirkung keinen letzten Werth.

Aber in welchen Formen und unter welchen Bedingungen bethätigt sich hier die göttliche Allmacht? Wie vermag überhaupt die Gottheit aus ihrer Unendlichkeit zugleich herabzusteigen zum individuellsten Bedürfnisse dieses Erdwinkels, dieses Menschenschicksals? Dies ist die letzte, an den Theismus zu rich-

tenbe Frage, welche burch ben wohlbegründeten Glauben an die Gottheit Christi zwar der Verstänblichkeit
näher gerückt, aber noch nicht vollständig erlebigt ist.
Denn die bekannte Hypothese der „Ubiquität" des
Leibes (unb Wirkens) Christi vermag hier nicht aus-
zureichen; sie stürzt uns wieder zurück in jene ab-
stract-unbestimmten, nebulistischen Vorstellungen, welche
gerabe barum ungenügend bleiben, weil sie dem Geist
unb Sinne der ganzen Schöpfung, der lückenlosen,
nichts unentschieden lassenben Ausführlichkeit der
göttlichen Anordnungen, welchen wir in allem Sichtbaren begegnen, direct widersprechen. Es versteht sich
baher, baß auch bei dieser Frage die Analogie ber
allgemeinen Weltgesetze uns leiten muß.

Unb hier werben wir an die Auskunft erinnert,
die schon früher jenes Gesetz ber Analogie uns em-
pfahl unb welche das letzte hier fehlende Glieb im Begriffe indivibueller Vorsehung einzufügen geeignet wäre.
Warum sollte nicht, so sagten wir schon einmal
(§. 118), jene Einsprache burch Zwischenglieber ber
Geisterwelt uns zugeleitet werden? Warum sollte, so
bürfen wir jetzt hinzufügen, diese allgegenwärtige
Leitung unserer indivibuellen Schicksale nicht der Vorsorge schon vollenbeter, vollkommenerer Geister anvertraut sein? Auf beibe Fragen hat die strenge Wissenschaft zwar keine peremtorischen unb gewissen Antworten
zu geben, unb alles bies kann, wohlverstanden, nur
indivibuellen Erlebnissen, somit nur persönlichem
Glauben überlassen bleiben. Wohl aber kann die
Wissenschaft als solche im allgemeinen über die

Möglichkeit, im besondern über die Wahrscheinlichkeit dieser Auskunft entscheiden. Nun gibt es aber in beiderlei Hinsicht kaum eine natürlichere, näher liegende Erklärung; zugleich, was noch weit mehr bedeutet, keine den Absichten göttlicher Liebe, die wir in allem Geistigen walten sehen, gemäßere Anordnung, als jene, daß wie überhaupt die Menschheit im Diesseits und im Jenseits eine eng verbundene bleibt, so auch der göttliche Schutz und Segen im Diesseits wie im Jenseits durch menschliche Vermittelung an uns gelange.

128. In Betreff ihrer Möglichkeit bleibt nun die Anthropologie und Psychologie das entscheidende Forum. Wir haben deren Antwort gehört: es kann als erwiesen betrachtet werden, daß unser Geist hinter den Grenzen seines Bewußtseins ein Leben voll verborgener Beziehungen führt, ja daß hier Zeichen sich verrathen, welche nur der Einwirkung eines höhern Bewußtseins auf das unserige zugeschrieben werden können. Die unmittelbaren Folgerungen daraus sind deutlich und ihre weitern Perspectiven zu verfolgen ist hier nicht der Ort. Was sodann die Wahrscheinlichkeit jener Vermuthung anbelangt, so darf noch einmal an das große Gesetz der stetigen, lückenlosen Continuität erinnert werden, welches wir in der ganzen sichtbaren Schöpfung bewahrt sehen; und so hat die Annahme fürwahr nichts. Widersinniges, daß von der untersten Schwelle des Geisterreichs eine heilige Kette auf- und absteigender Wirkungen und Zusammenhänge bis in den unendlichen Geist hineinreiche und so das letzte

Räthsel löse, welches dem Glauben an eine „Vor=
sehung" noch hindernd im Wege stand.

Vielleicht wird der Blick einer künftigen Religions=
wissenschaft, durch gründlichere anthropologische Studien
geschärft, auch für solche Verhältnisse empfänglicher
und einbringender werden. Für jetzt kann nicht alles
auf einmal gesagt werden, zumal dasjenige nicht,
was noch mit herrschenden Vorurtheilen streitet. Dies
wäre sogar höchst unweise Ueberstürzung, da auch im
Reiche der Bildung das Gesetz langsamer Zeitigung
waltet. Es genügt dann, die ersten Prämissen und
fernsten Umrisse künftiger kühnerer Wahrheiten gezeigt
zu haben, wie dies ohnehin nur Sache einer „Con=
fession" sein kann!

Anhang.

I. Geschichte der Schöpfung in ihrem Verhältnisse zum Theismus.

II. Die Elementarorganisation des Nervensystems in ihrer Beziehung zur Seelenfrage nach Rudolf Wagner.

III. Ueber Traum, Ahnung, Vision und die damit zusammenhangenden Seelenerscheinungen.

I.

Die Geschichte der Schöpfung in ihrem Verhältniß zum Theismus.

Anmerkung zu §. 5, S. 8.

Hier bin ich des Einwandes gewärtig, daß keineswegs alle Naturforscher und Geologen in der Meinung übereinstimmen, die in spätern Erdepochen auftretenden Pflanzen= und Thiergeschlechter, ohne Continuität und Uebergang aus den ältern, als völlig „neue Schöpfungen" entstehen zu lassen; daß auch andere Erklärungen noch Geltung haben; überhaupt aber sei die ganze Frage eine der dunkelsten und unentschiedensten. Indeß ist dies mir weder unbekannt, noch von mir unerwogen geblieben; und so mislich es sein mag, bei wissenschaftlichen Controversen, die in ein fremdes Forschungsgebiet gehören, für eine bestimmte Meinung sich zu erklären und gegen eine andere, so muß es doch erlaubt sein, die verschiedenen Grade der Wahrscheinlichkeit bei der einen wie der andern

nach allgemeinen logischen Gesetzen seinem Urtheil zu
unterwerfen. Ist ja dies überhaupt der Maßstab,
nach welchem ein Philosoph die gegebenen Resultate
der Erfahrungswissenschaften beurtheilen und zu seinem
Nutzen verwenden soll.

Cuvier nun, bekanntlich der Gründer der ganzen
neuern Geologie, hielt noch die Hypothese für nicht
unzulässig, daß alle Thiere zugleich entstanden, aber
ungleich über die Erdoberfläche vertheilt gewesen seien,
und daß infolge geringerer Lebensfähigkeit manche Gat=
tungen, Arten und Familien zu Grunde gegangen, andere
übrig geblieben seien und über die Jetztwelt sich verbreitet
hätten. Ob er diese Meinung mit Entschiedenheit auch
später festgehalten, wird sich zeigen. Die nachherigen
geologischen Entdeckungen ließen indeß nicht mehr daran
zweifeln, daß in den verschiedenen Erdperioden zu
wiederholten malen ganze Thiergattungen verschwun=
den und völlig neue erschienen seien. Aber auch hier
blieb die Hypothese übrig, welche die Principienfrage
wenigstens aus den Augen rückte, daß infolge einer
Erkältung der Erde und anderer dadurch entstandener
Revolutionen die frühern Gattungen allmählich in die
spätern sich umgewandelt haben könnten. Geoffroy
Saint=Hilaire gilt bekanntlich als Hauptvertheidiger
dieser Ansicht, wobei er zugleich, sicherlich mit rich=
tigem und tiefem Naturblicke, auf das Gesetz eines
Entwickelungsganges vom Unvollkommenern zum Voll=
kommenern aufmerksam machte und ein den lebendi=
gen Wesen selbst innewohnendes Princip dieser Um=
wandelung annahm.

Folgerichtig ihrer mechanistischen Naturauffassung entsprechend, aber höchst gewaltsam und erfahrungswidrig ist endlich die Behauptung gewisser neuerer Materialisten, wie Czolbe's und anderer, daß es mit allen geologischen Erdentwickelungen und Epochen nichts sei, daß vielmehr, da aus der gegebenen Combination bestimmter Stoffe nur ein Kreislauf gewisser wiederkehrender Veränderungen sich erklären lasse, nicht aber ein schlechthin Neuentstehendes oder allmählich Sichvervollkommnendes, die Erde seit aller Ewigkeit mit allen ihren Gebilden immer dieselbe geblieben sei. Wir gestehen dieser Ansicht Consequenz und Dreistigkeit zu; wie sie indeß mit der Erfahrung sich abzufinden gedenke, ist eine andere Frage.

Hier nun glaube ich nicht den Tadel der Unbehutsamkeit zu erfahren, wenn ich bekenne, daß mich keine dieser verschiedenen Hypothesen befriedigte, gerade weil sie dem Thatsächlichen mehr oder minder Gewalt anthun. Bei der Entscheidung des Ganzen handelt es sich lediglich um die Frage: ob die uns bekannten Gesetze über die Umwandelung organischer Wesen uns einen Anhaltspunkt für die Hypothese bieten, daß die Thiergeschlechter der frühern Erdperioden stufenweise und in allmählicher Vervollkommnung sich bis zu ihrer gegenwärtigen Gestalt umgebildet haben könnten? Schon Cuvier hat wol zugeständlich das directe Gegentheil erwiesen, indem er durch genaue Erfahrungsinduction das Gesetz erhärtete: daß die osteologischen Grundverhältnisse eines Thiergeschlechts, die Zahl seiner Wirbelknochen und Rippen, niemals sich verändern, bei allen sonstigen äußern Verwandlungen desselben, wie wir sie z. B. in der Rassenbildung des Hundes antreffen. Darauf gestützt begründete er in seinem berühmt gewordenen „Discours sur les revolutions de la surface du globe et sur les changements, qu'elles ont produits dans le règne animal" (deutsch von Nöggerath, Bonn 1830) die beiden Hauptsätze seiner geologischen Theorie: „daß die lebendigen Wesen der gegenwärtigen Schöpfung nicht durch gradweise Umbildung aus den analogen vorweltlichen Formen hervorgegangen sein können", und „daß selbst zwischen ganz ähnlichen Organismen verschiedener Erdperioden specielle Unterschiede stattfinden, welche uns verbieten, die spätern auf directem Wege aus den frühern hervorgegangen zu denken". Mag man daher auch in Betreff der Zahl und der Folge der großen Erdperioden von ihm abweichender Meinung sein; dies verschlägt nichts, um jenes große Resultat seiner Untersuchung als unwiderlegt festzuhalten.

An dies feste Ergebniß schließen sich die Untersuchungen von Agassiz an, und so ist es gerechtfertigt, wenn wir bei der hier angeregten Frage vorzugsweise der Leitung und Autorität dieses ausgezeichneten Forschers folgen. Dies ist im Vorhergehenden (§. 5) geschehen, und unsere Folgerungen, wie kühn und befremdlich sie erscheinen mögen, haben zur Unterlage nur die von ihm nachgewiesenen Erfahrungsresultate. Um dies in möglichster Kürze zu zeigen, entnehmen wir einer geachteten literarischen Zeitung („Magazin für die Literatur des Auslandes", 1857, Nr. 151, S. 602 fg.) nachstehenden Bericht über seine paläontologischen Forschungen:

„Agassiz ist durch seine Untersuchungen dahin gekommen, als Princip aufzustellen, daß die verschiedenen Typen des Naturlebens ursprünglich nur in den niedersten Formen, die an den gegenwärtigen Embryonenzustand erinnern, repräsentirt gewesen sind." (Wenigstens an den Fischen hat Agassiz darüber merkwürdige Parallelen aufgewiesen.) „Dennoch aber glaubt er nicht, daß zwischen den verschiedenen Thierwelten, welche hintereinander die Erde bevölkert haben, ein natürliches Verwandtschafts- und Abstammungsverhältniß angenommen werden könne. Vielmehr haben, seiner Ansicht zufolge, die großen geologischen Revolutionen immer eine gänzliche Zerstörung aller lebendigen Wesen herbeigeführt, und er meint, daß man keine einzige Gattung in zwei aufeinanderfolgenden Perioden nachweisen könne. ...... Im Gegensatze zu Saint-Hilaire behauptet er, daß in dem organischen Leben nicht ein Plan, sondern verschiedene Plane zu erkennen sind; die Natur, sagte er, scheint nach verschiedenen Typen oder Vorbildern zu arbeiten. Aber ebenso wenig läßt er die Theorie des allmählichen Hervortretens neuer Gattungen aus den alten gelten. Dieselbe Unveränderlichkeit, die er in Bezug auf die gegenwärtigen Thiergattungen annimmt" (setzen wir hinzu: die für die Organismen der Jetztwelt erwiesen ist), „behauptet er auch in Betreff der früher dagewesenen Thiergattungen. Jedesmal wo eine neue Thiergattung erschienen ist, sind, seiner Ansicht zufolge, die Structur und die Vertheilung der Thiere durch die schöpferische Macht selbst bestimmt worden. Ein jedes von ihnen ist mit unveränderlichen Eigenschaften versehen worden, in Uebereinstimmung mit der **Function**" (Lebensweise) „und dem Orte, die ihm zugewiesen worden sind, und diese Eigenschaften hat jedes Thier auf seine Nachkommen gebracht, bis dann eine vollständige Zerstörung der ganzen Thierwelt eingetreten ist, um einer neuen Platz zu machen.

„Trotz seiner Annahme, daß es wiederholte Schöpfungen gegeben habe, unterscheidet sich Agassiz doch bestimmt von den meisten Anhängern dieser Hypothese, insofern er durch alle Zerstörungen und durch allen Wechsel der organischen Welten hindurch die Spur eines Planes zu erkennen glaubt, dem die schöpferische Macht treu geblieben sei. Der organische Fortgang durch die verschiedenen geologischen Perioden ist, nach seiner Ansicht, ein Fortschritt von den embryonischen Formen zu den gegenwärtig daseienden. Die gegenwärtigen Thiere sind in ihrem Embryonenzustande wahre Miniaturbilder derjenigen, welche vor Myriaden von Jahren die Erde bewohnten. Auch bemerkt man, daß manche Thiere in den ersten Phasen ihrer Existenz andern ähneln, die ihr letztes Entwickelungsstadium erreicht haben. Die Insecten z. B. zeigen als Larven alle Eigenschaften der Würmer,

und man ist berechtigt, die letztern als in ihrer Entwickelung zurückgebliebene Insekten anzusehen" ꝛc.

Ueberblicken wir nun die eben vorgetragenen Resultate im großen und ganzen, die in der Hauptsache
wol gesichert sein dürften, wenn auch bei weiterer
Ausführung noch Berichtigungen nöthig sein mögen,
und sprechen wir dies Hauptergebniß entschieden aus:
eine Reihe immer neuer Schöpfungen hintereinander, jede anfangend aus sich selbst, nicht durch
directe Continuität aus den vorigen erklärbar; — jede
von ihnen eine geschlossene, wohl ineinander gefugte
Welt der Organisation darbietend, von übereinstim-
mendem Charakter und gemeinsamem Grundtypus,
genau zugleich angepaßt den allgemeinen geologischen
physikalischen, atmosphärischen Bedingungen der jedes-
maligen Erdoberfläche; — endlich, wie man wenigstens
zu ahnen vermag, durch alle jene, mannichfach hintereinander auftretenden Einzelschöpfungen dennoch hin-
durchgreifend ein einziger höchster Weltplan, ein,
nach großen Grundzügen wenigstens, bemerkbares Fortschreiten von unvollkommenern, rohern, massenhaftern
organischen Gebilden zu vollkommenern, zu allerletzt
das Hervortreten des spätesten und zugleich des voll-
kommensten Wesens in der Sichtbarkeit, des Menschen: — zu welchen philosophischen Folgerungen bietet dies alles die sichern Prämissen?

Zuerst drängt sich die allgemeine Betrachtung auf,
daß so ungeheuere Thatsachen, deren innerer Zusammenhang und consequente Verwirklichung durch die
Dauer unermessener, fast jeder Berechnung sich ent-

Fichte, Zur Seelenfrage.   16

ziehender Weltzeiten! sich hindurcherstreckt, Belege
von ganz anderm Werthe und von weit entscheiden=
derer Bedeutung für Erkenntniß des absoluten Welt=
princips und Weltplans werden müssen, als alles,
was wir darüber aus der verhältnißmäßig kurzen
Zeitspanne unserer gegenwärtigen Erdepochen zu er=
schließen vermögen. Erst hier legt es sich factisch
uns nahe, was der metaphysische Begriff der
Ewigkeit und Unermeßbarkeit Gottes zu bedeuten hat,
nicht an jenen geringfügigen Maßstäben, welche blos
die gegenwärtige Erd= und Menschengeschichte uns
darzubieten vermag.

Nach derselben Analogie wird man aber auch
wohlthun, die Entwickelung der Menschengeschichte und
des von ihr zu erreichenden letzten Ziels selbst nach
weit umfassendern Zeitdimensionen abzuschätzen, als
man dies bisher, hauptsächlich durch theologische
Voraussetzungen gebunden, zu thun sich getraute.
Dürfen wir mit einem hohen Grade von Wahrscheinlichkeit aus dem Umstande, daß der Mensch erweislich
das späteste der Erdgeschöpfe sei, den Schluß machen,
daß in ihm, d. h. in der Erscheinung des endlichen
Geistes, auch das Ziel und die Endabsicht der gan=
zen vorhergehenden Entwickelung liege: so folgt aus
dieser Auffassung mit Nothwendigkeit, daß die gewal-
tigen Zeitdimensionen, welche ihn zur Sichtbarkeit
haben hervorbringen helfen, auch auf seine eigenen
Schicksale und geistigen Entwickelungen innerhalb
dieser Sichtbarkeit anzuwenden seien. Mögen
daher neuere Ermittelungen auch es wahrscheinlich

machen, daß das Menschengeschlecht eine ungleich
ältere Vergangenheit auf Erden durchlebt habe, als
man bisher sie ihm beimaß: dennoch muß man im großen
und ganzen es auch jetzt noch als in seiner frühesten
Jugendperiode und in geistig embryonalem Zustande
begriffen ansprechen, noch unbestimmbar weit entfernt
von seinen letzten Zielen und vom Zustande voll=
bewußter Geistigkeit, für die es noch eine uner=
meßbare Zukunft vor sich hat; wiewol diese Zukunft
einem Wesen, dessen Grundcharakter Bewußtsein
ist, nicht anders als in klarem Vorbilde und in all=
gemeinen Begriffen („Ideen") vorschweben kann.

Dies lenkt in die Betrachtungen des letzten Ab=
schnittes unserer „Anthropologie" ein, wo gezeigt
wurde, wie untergeordnet im ganzen die Stufe der
Geistigkeit sei, auf welcher die Menschheit in der
Gegenwart noch sich befindet, wie aber darum weder
dem Einzelgeiste noch der Menschheit die Gewißheit
ihrer Vollentwickelung im geringsten gefährdet sei,
indem sie beide, diesseit und jenseit der Sichtbarkeit
ihrer innern unverwüstlichen Ewigkeit sicher, die Zei=
ten selber aus sich erzeugen, deren sie bedürfen, um,
unter dem Durchwirken des göttlichen Geistes in
ihnen, die Irrnisse ihres Lebensganges (das „Böse")
allmählich an sich auszuheilen und der geistigen Voll=
existenz immer entschiedener sich anzunähern. Auch in
diesem Punkte befreit uns jene großartigere Gesammt=
auffassung der Geschichte des Universums und der
innern Bedeutung, welche der endliche Geist für sie
hat, völlig von den dumpfen und menschenfeindlichen

16 *

theologischen Voraussetzungen, die an das Verhalten des Menschen in der kaum spannenlangen Dauer des Erbenlebens, welches dem tiefern, uneingenommenen Blicke die deutlichsten Spuren eines präliminaren, eines Anfangszustandes bietet, die definitive Entscheidung seines Schicksals in der ewigen Welt knüpfen wollen.

Aber auch nach einer ganz andern Seite hin beseitigt jener erweiterte Erfahrungsbegriff vom Universum in der Metaphysik mancherlei enge und kleinliche Vorstellungen; und sowenig die Erörterung dieser Lehrpunkte zum eigentlichen Zwecke gehört, den wir bei diesem Werke im Auge haben, so läßt die Wichtigkeit des Gegenstandes uns dennoch einige Andeutungen versuchen.

Schlechthin abgewiesen werden durch jene Gesammtthatsache die ältern naturphilosophischen Lehren von einem „Deus implicitus und explicitus", überhaupt einer erst allmählich, am Weltprocesse, sich vollendenden und zum Bewußtsein (etwa im Menschen) gelangenden Gottheit; und was auch in Hegel's Schule, bei Strauß und andern dieser Ansicht sich zuneigt, wird unwiederbringlich dadurch gerichtet. Die geologische Geschichte der Schöpfung und Erde wird die sicherste Stütze des Theismus, indem sie selbst nur denkbar ist unter der Grundvoraussetzung einer seit aller Ewigkeit urvollkommenen, die ungeheuersten Zeitdimensionen klarbewußt durchdringenden, weil ineinander rechnenden, absoluten Intelligenz. Dieser Begriff vom göttlichen Wesen, der gewaltigste und erhabenste, zu dem menschliche Vernunft sich erschwingen kann, wenn es gilt die allgemein meta= physischen, noch nicht die ethischen Eigenschaften Gottes zu erforschen, berichtigt und verwirft zugleich alle jene pantheistischen Voraussetzungen, welche metaphysi= scherseits als seichte und ungenügende, vom empirischen Standpunkte des Weltbegriffs aus als bornirte und kleinliche sich erweisen, weil sie mit einem Aberglauben, welcher dem der heidnischen Mythologie nicht das Geringste nachgibt, das temporäre Schicksal der Erde, dieses winzigen Punktes im Universum, getrost in das ewige und allgemeine Wesen Gottes hineinschieben und dies in jenem vollständig sich widerspiegeln lassen.

Gleichwie aber die neu gewonnenen kosmologischen Einsichten von hergebrachten beschränkten Vorstellun= gen über die Gottheit zu heilen vermögen, seien sie theologischen oder philosophischen Ursprungs: ebenalso erweitern sie zugleich wahrhaft die metaphysische Weltansicht und regen zu ganz neuen Betrachtungen an. Erfahrungsgemäß können wir uns weder des Begriffs der ewigen, noch der zeitlichen Schö= pfung entschlagen, während bisher beide Auffassungs= weisen in unversöhnlichem Widerspruche miteinander zu stehen schienen. Beide gehören vielmehr als inte= grirende Hälften zueinander und erklären sich wech= selseitig; denn wenn die Annahme zeitlicher Schöpfun= gen hintereinander ganz unausweislich geworden, so sind in ihnen allen doch nur die Grundzüge eines einzigen ewigen Weltplans enthalten, der durch jene Reihenfolge der einzelnen sich hindurcherstreckt und erst ihre Möglichkeit, wie ihre Ordnung erklärt. Somit ist die Idee einer „ewigen Präexistenz" auch des besondern Geschöpfs in jenem Ganzen gleichfalls unvermeidlich geworden und den nothwendigen Voraussetzungen zur Erklärung des Wirklichen beizuzählen; während freilich die nähere Frage, ob diese Präexistenz blos und lediglich in idealer Gedankenform bestehe oder ob sie eine irgendwie zu denkende Realität in sich schließe, über die Entscheidung menschlicher Wissenschaft wol zugeständlicherweise hinausreicht, dabei aber nicht einmal ein unabweisliches wissenschaftliches Interesse in Anspruch nimmt. Denn zu welcher dieser Alternativen man auch sich neige, vor allen Dingen muß man sich sagen, daß es eine sehr anthropomorphistische Auffassung wäre, den menschlichen Gegensatz von idealen Entwürfen und einer erst später dazutretenden Verwirklichung derselben auch auf die Gottheit zu übertragen.

II.

Die Elementarorganisation des Nerven-system in ihrer Beziehung zur Seelenfrage, nach Rudolf Wagner.*)

Anmerkung zu §. 100, S. 176.

Ich habe schon wiederholt bekannt, daß ich nach meiner ganzen Grundansicht den größten Werth darauf legen müsse, ob die anatomischen Erfahrungen ohne Zwang an die Resultate derselben sich anschließen und, so indirect sie bestätigen oder nicht. Denn nach meiner Auffassung der Sache muß ich behaupten, daß im Baue des Nervensystems lediglich das Abbild psychischer Verhältnisse vor uns liege, daß daher auch den gesonderten Functionen, welche an die Ner-

---

*) R. Wagner, „Der Kampf um die Seele vom Standpunkte der Wissenschaft. Sendschreiben an Herrn Leibarzt Dr. Beneke in Oldenburg" (Göttingen 1857), S. 147 fg.

ven vertheilt find, verſchiedene pſychiſche Proceſſe ent=
ſprechen werden, deren inneres Verhältniß eben die
Pſychologie aufzudecken hätte, welche aus dieſem
Grunde in eine völlig neue und innige Wechſelbe=
ziehung zu Phyſiologie und Anatomie treten würde.
Ich muß mich hierbei ganz der von Fortlage ſo
treffend formulirten und im einzelnen ſo glücklich
durchgeführten Behauptung anſchließen: Was im Ner=
venſyſteme und ſeinen Functionen äußerlich hervor=
tritt, das hat die Bedeutung des Innerlichen, Seelen=
haften. Es iſt ſelbſt nur ein ſichtbar gewor=
denes Pſychiſches.

Deshalb kann auch die weitere Folgerung nicht
überraſchen, daß in dieſen pſychiſchen Verhältniſſen
der eigentliche und letzte Schlüſſel liegen müſſe zur
vollſtändigen Deutung des bisjetzt ſo räthſelhaft ge=
bliebenen anatomiſchen Baues jener Körpertheile.
Doch wäre es durchaus voreilig, gegenwärtig ſchon
eine ſolche Deutung zu verſuchen; denn einestheils
beginnt erſt jetzt die Pſychologie, die innern Hergänge
des Bewußtſeins genauer zu erforſchen, nachdem ſie
lange genug mit bloßer Aufzählung von Seelenver=
mögen und abſtract=pſychologiſchen Unterſcheidungen
ſich begnügt hat; anderntheils ſind Phyſiologie und Ana=
tomie nach ihrem eigenen Geſtändniſſe noch weit ent=
fernt von einem definitiven Abſchluſſe ihrer Unter=
ſuchungen über den Bau des Nervenſyſtems. Was
ich daher im Folgenden über jenen Parallelismus zu
äußern wage, bitte ich durchaus als etwas Unmaß=
gebliches betrachten zu wollen, mehr als vorläufige

Probe, wie sich künftig etwa die behauptete Wechsel=
beziehung zwischen Psychologie und Physiologie ver=
werthen lasse, denn als ein schon gelungenes Beispiel
davon. Dennoch drängte sich mir das von R. Wag=
ner so scharfsinnig beleuchtete Verhältniß von Pri=
mitivfasern und Nervenkernen zu schlagend auf, um
ihm nicht wenigstens versuchsweise eine psychologische
Auslegung gegenüberzustellen, welche sehr natürlich
und ungesucht in dem Gegensatze von einzelnen Em=
pfindungs=(Vorstellungs=)Elementen und von dem
combinirenden Verarbeiten derselben zu eigentlichen
Wahrnehmungs= und Denkacten liegt. Dieser psychi=
sche Gegensatz ist ein wohlbegründeter und enthüllt
eigentlich erst das Geheimniß aller Bewußtseinsent=
wickelung; ob er aber in dem bezeichneten physiologi=
schen Gegensatze seinen organischen Träger und sein
Abbild finde, ist freilich bisjetzt nur eine sehr un=
sichere Vermuthung. Dennoch konnte sie unter diesem
Vorbehalte zur Sprache gebracht werden!

Um in nachfolgender Berichterstattung eine ge=
wisse Uebersicht und Vollständigkeit zu erhalten, muß
ich ganz nach Anleitung von Wagner's eigener Dar=
stellung, dasjenige, was schon vorher über die Ner=
venphysiologie feststand, mit dem Neuen verbinden,
was er selber darüber beigebracht hat.

1. Die Nerven des Hirns sind anatomisch dem
des Rückenmarks sehr ähnlich. Beide sind der Sam=
melpunkt von unzählbaren Primitivfasern, welche in
den Nerven getrennt, d. h. ohne zu anastomosiren,
nebeneinander herlaufen.

Im Körper scheinen allgemein bestimmte Primitivfasern nur zur Leitung der äußern Eindrücke nach innen, oder nur zur Leitung von innern Impulsen in Gehirn und Rückenmark nach den Peripherien (Muskeln und absondernden Drüsen, z. B. Thränen- und Speicheldrüsen) bestimmt zu sein, obwol die Fähigkeit, Eindrücke in beiden Richtungen fortzupflanzen, für die leitenden Primitivfasern durch Dubois-Reymond experimentell feststeht.

Die weiße Substanz im Hirn und Rückenmark besteht blos aus Bündeln solcher sehr feiner Leitungsfasern, welche auch nicht untereinander anastomosiren, sondern alle Eindrücke isolirt fortpflanzen. Man theilt daher die Primitivfasern in centripetal-leitende (sogen. sensible) und in centrifugal-leitende (sogen. motorische).

2. Im Gehirn und Rückenmark verbinden sich diese Leitungsfasern mit dem zweiten allgemeinen Elemente der Nervensubstanz, mit den Ganglienzellen oder Nervenzellen, in der sogenannten grauen Substanz.

(Die Ganglienzellen nennt R. Wagner krafterzeugende Apparate für die Primitivfasern und vergleicht sie galvanischen Batterien, die Primitivfasern aber elektrischen Leitungsdrähten, wiewol er andererseits bemerkt, daß die von Dubois-Reymond behauptete Identität der elektrischen und der Nervenkraft nicht im entferntesten bewiesen sei. Wir lassen diese Analogie dahingestellt und halten uns allein an die ermittelten anatomischen Thatsachen.)

3. „Aeußere Reize kommen nur zur Perception"

(werden zu eigentlichem Bewußtsein erhoben), „in=
sofern sie durch die Fasern auf Ganglienzel=
len übertragen werden." Dieser Satz wäre von
außerordentlicher Wichtigkeit, ja wäre epochemachend
für den bezeichneten Parallelismus von Physiologie
und Psychologie, wenn es gelänge, ihn aus einer bloßen
Hypothese zum Range eines physiologischen Axioms
zu erheben. Triftige Gründe sprechen dafür, und uns
sei gestattet versuchsweise die psychologischen Fol=
gerungen daraus zu ziehen.

Die Primitivfasern, als nirgends untereinander
anastomosirend, zeigen damit die entschiedene Bestim=
mung, eine einfache Wirkung, als Element eines Em=
pfindungs= oder eines Willensactes, isolirt und un=
vermischt fortzupflanzen. Aber in den Ganglien=
zellen scheinen sie in Wechselwirkung zu treten; hier also
werden zuerst die verschiedenen einfachen Wirkungen
combinirt, d. h. entweder die einzelnen Empfindungs=
elemente in einem bewußten Empfindungs=(Wahrneh=
mungs=)Act verschmolzen, oder der in seinem Ziele
einfache Willensact an die verschiedenen Organe ver=
theilt, welche zu der complicirten Ausführung dessel=
ben im Leibe zusammenwirken müssen.

Hieraus würde ein Dreifaches folgen: zunächst,
daß der feste und unübertragbare Unterschied zwischen
sensibeln und motorischen Primitivfasern auch auf die
Ganglienzellen auszudehnen sei. Wir würden solche
Zellen zu unterscheiden haben, welche nur entweder
den Empfindungs= oder den Willensprocessen dienen.

Ferner: daß jede Ganglienzelle für sich, je nach

der Zahl und der Wichtigkeit der in ihr sich begeg=
nenden Primitivfasern, in höherm oder geringerm
Grade centralisirendes Organ, kurz dasjenige
sei, was die bisherige Psychologie ausschließlich in
der Seele suchte. Doch weit entfernt, unsererseits
damit irgendetwas an „Theilseelen" Erinnerndes
behaupten zu wollen, müssen wir vielmehr diese re=
lativen Bewußtseinscentra selbst nur als die Elemente
bezeichnen, aus denen und innerhalb deren die Seele
ihre umfassendern Bewußtseinsprocesse, ganze Vor=
stellungs= und Gedankenreihen, combinirt. Es leuch=
tet dabei von neuem ein, wie überflüssig es wäre,
außer der Summe und der innern Verbindung
dieser relativen Bewußtseinscentren für die Seele noch
ein besonderes Centralorgan, einen „Sitz der Seele"
als solchen, suchen zu wollen.

Endlich folgt von selbst daraus (was auch die
anatomische Erfahrung zu bestätigen scheint), daß jene
Ganglienzellen, als solche relative Bewußtseinscentra,
durch Längenfasern in Verbindung stehen
müssen. Damit ließe sich die weitere Consequenz
kaum abweisen, eine dritte Reihe der Primitivfasern
anzunehmen, nicht blos sensible und motorische, son=
dern auch solche, welche weder das eine noch das
andere, sondern dazu bestimmt sind, die hö=
hern Bewußtseinsacte untereinander zu com=
biniren.

4. Untersuchen wir nun, was nach R. Wagner's Angaben im anatomischen Baue jener feinsten
Theile die angeführten Hypothesen zu unterstützen scheint!

Nachfolgende Thatsache möchte fast entscheidend
sein, daß „von den Ganglienzellen mehr oder weni=
ger zahlreiche Fortsätze ausgehen, welche entweder mit
den Primitivfasern sich verbinden, oder die
Zellen untereinander vereinigen" (Wagner nennt
die letztern „Commissurfasern"). „Bei weitem die mei=
sten Zellen, vielleicht alle, geben viele, d. h. mei=
stens zwei oder mehr Fortsätze ab. Ob es Zellen
mit nur einem Fortsatz gebe, ist zweifelhaft; völlig
fortsatzlose, apolare" (d. h. von jeder Bewußt=
seinscombination ausgeschlossene), „scheint es nicht
zu geben."

Ebenso folgende Thatsachen: „Die Zellen übertra=
gen Reize von einer Faser auf andere, z. B. von
centripetal= auf centrifugal=leitende. Dadurch entstehen
die sogenannten Reflexe. Andere Zellen leiten die
Nervenwirkung in die Drüsensubstanz über, um in
ihr durch moleculare Vorgänge Secreta aus dem
Blute zu liefern. Thränen= und Speichelabsonderung
infolge von psychischen Reizen erklären sich dar=
aus."

Weiter ergibt sich, daß „große Anhäufungen klei=
ner Zellen, wie in den Vierhügeln und Sehhügeln,
wesentlich nöthig sind, um die Empfindung des Leuch=
tenden, der Farben hervorzurufen; ja diese können
auch ohne Mitwirkung der Augen und des Sehnerven
solche Empfindungen erzeugen, wie sich bei Hirncon=
gestionen ergibt. Aehnliche Anhäufungen sind für den
Riech= und den Hörnerven theils gefunden, theils
vorauszusetzen".

Aus diesen Thatsachen folgt unwidersprechlich für die niedere Region des Empfindens die selbständige, centralisirende Wirkung der Ganglienzellen, dagegen die elementare, untergeordnete Thätigkeit der Primitiv- und Verbindungsfasern. Ein ähnliches Verhältniß scheint auch in den Organen der höhern Intelligenz sich nachweisen zu lassen. Wagner berichtet darüber Folgendes.

5. „Millionen von kleinen, durch Commissurfasern verbundenen Zellen decken in verschieden dicker Lage die Randwülste der Hemisphären (wozu auch das Ammonshorn gehört). Millionen sehr feiner Fasern entspringen von ihnen und bilden die weiße Substanz der Hemisphären. Diese Fasern (der weißen Substanz) vermitteln in letzter Instanz die Zuleitung aller Sinneseindrücke zu den Randzellen und die Fortleitung aller Willensimpulse, welche von den Randzellen ausgehen.“

Wagner nennt diese Randzellen deshalb „psychische Zellen“ und bemerkt dabei, daß wenn überhaupt „von einem besondern Sitze der Seele in physiologischem Sinne“ die Rede sein soll, sie dieser Sitz seien, d. h. das letzte Vermittelungsglied zwischen den anatomischen Nervenelementen und dem Bewußtsein. Wenigstens lasse sich aufs entschiedenste nachweisen, daß bei den eigentlich psychischen Processen, bei der Bildung der Vorstellungen, diese Randzellen betheiligt seien. Ob freilich in letzter Instanz, könne noch immer die Frage sein; denn wenigstens ein Einwand lasse sich noch immer dagegen erheben:

„daß an der uns bisjetzt anatomisch und physio-
logisch (d. h. in ihren feinern Verhältnissen) so gut
als ganz unbekannten Basis des Gehirns unpaa-
rige Organe von großer Wichtigkeit liegen können,
zu welcher (unter dieser Voraussetzung) die Randzellen der Hemisphären nur vermittelnde Organe sein
würden" (S. 153). Wir glauben kaum zu irren,
wenn wir in der Erwähnung dieses Einwandes eine
der Lotze'schen Theorie gemachte Condescendenz erblicken, der ja eben geneigt ist, in jene Gegend den
ausschließlichen Sitz der Seele zu verlegen.

Doch führt Wagner selbst die entgegenstehenden
Erfahrungen an, daß

1) überall, wo diese Randzellen in größerer Anzahl intensiv gestört werden, auch Geistesstörungen
eintreten. Alle pathologischen Erfahrungen weisen
dies nach, am auffallendsten die Erscheinungen bei der
Manie und ihren Ausgängen.

2) Daß nur, wo die Störungen der Randzellen
direct (z. B. Entzündung der Hirnhäute, Fieber-
delirien, infolge abnormer Blutmischung, in der
Manie, bei Weingeist- und andern Narkosen) oder
indirect (durch Druck, Abscesse im Gehirn oder am
Schädel) eintreten, Geistesstörungen erfolgen.

3) Daß kein sicherer Fall von Geistesstörung
bekannt ist, wo blos andere Theile des gesammten
Gehirns pathologisch afficirt waren, wenn nicht zugleich dabei die Mitleidenschaft der Randzellen statt-
fand.

4) Die bekannten Beobachtungen an Thieren, de-

nen man die obern Hirntheile schichtweise extirpirte, bestätigen dies alles. Wagner hat sich durch eigene Beobachtungen überzeugt: von der Ausdehnung der Entfernung der Rindenschicht hängt der größere oder geringere Grad des Blödsinns und der Empfindungslosigkeit der Thiere ab.

5) Ebenso stellt er nach Beobachtungen von Huschke und nach eigenen folgenden Satz auf: Vermehrung der Windungen, stärkere Faltung derselben besteht lediglich in der Vermehrung der Zellen, welche in die graue Substanz eingebettet sind. Besonders die Gegend an der Stirne, aber auch die Seiten- und Oberlappen des großen Gehirns, zeigen bei Menschen von hervorragender Intelligenz die zahlreichsten Windungen. (Mit der Intensität und der Mannichfaltigkeit der geistigen Processe sehen wir auch ihr Organ sich verstärken, sodaß mit Recht zu folgern ist, die bewußt-intelligente Seele werde dort, und nirgends anders im Hirn, ihren „Sitz" haben.)

Zum Schlusse gibt Wagner folgendes Gesammtresultat seiner Untersuchungen (S. 159): „Das Gehirn ist ein höchst complexes Organ; es besteht aus zahlreichen erregenden Apparaten und Leitungen, einem großen Telegraphennetz vergleichbar, dessen Millionen von Stationen (Ganglienzellen-Aggregate) unter sich in Verbindung stehen, welche im Selbstbewußtsein (der denkenden Seele) ihr Centralbureau haben. Daß die neuesten anatomisch-physiologischen Untersuchungen dafür, als für ein Sensorium

commune, keinen realen Punkt, wo etwa alle
Eindrücke zusammenlaufen und die Impulse
ausgehen sollen, nachweisen, ist klar. In=
sofern die neuere Monadologie dies fordern
würde oder wirklich fordert, wird sie von
der Physiologie, wenigstens zur Zeit, nicht
befriedigt werden."

Auch von dieser Seite scheint daher zu folgen,
daß die Lehre von der Einfachheit der Seele sammt
allem, was als Folge damit zusammenhängt, schon
aus anatomisch=physiologischen Gründen kaum sich
wird behaupten lassen. Damit tritt die entgegenge=
setzte Ansicht in ihre Rechte ein; die Seele ist ein
reales Raumwesen, gleich allem übrigen Realen, und
auch der unsichtbare (pneumatische), von ihrer Existenz
unabtrennliche Leib, welcher den Empirikern wie den
Spiritualisten unserer Tage noch immer ein befremd=
licher Stein des Anstoßes geblieben, wird zunächst
wenigstens als eine consequente, gar nicht zu umge=
hende Folgerung aus der natürlichen Deutung der
Thatsachen zugegeben werden müssen.

III.

Ueber Traum, Ahnung, Vision und die damit zusammenhangenden Seelenerscheinungen.*)

.... Die menschliche Seele umfaßt einen weit größern Reichthum von Kräften und Beziehungen, als in der Regel in ihrem Bewußtsein hervorzutreten vermag. Es ist ein Grundirrthum der meisten bisherigen Psychologien: die Seele nur so weit reichen zu lassen, als ihr Bewußtsein reicht.

Es ist daher zuvörderst ein bewußtloses und ein bewußtes Gebiet im Leben der Seele zu unterscheiden, die jedoch aufs engste zusammenhangen,

---

*) Dieser Aufsatz war in Form eines populär gehaltenen Gelegenheitsvortrags zuerst abgedruckt in der „Allgemeinen Zeitschrift für Wissenschaft und Literatur", (Braunschweig, April 1854). Hier ist er angemessen gekürzt worden.

indem, was in den bewußten Vorstellungen hervor=
tritt, nur aus jenem wogenden Abgrunde dunkler Ge=
fühle und Regungen sich loswickelt und wieder in den=
selben zurücksinkt. Dieser bewußtlose, aber reiche, ja
unerschöpfliche Hintergrund begleitet stets unser klar=
bewußtes Seelenleben, welches damit verglichen, nach
Verhältniß arm zu nennen ist. Wie tief er aber
hinabreiche, wie verborgene Schätze er enthalte,
das erfahren wir eben, wenn wir jenen Erscheinungen
des Traums, der Ahnung, der Vision u. dgl. Auf=
merksamkeit zuwenden. In ihnen öffnet sich uns, wie
von einem rasch vorüberfliegenden Blitze erleuchtet,
die eigene Tiefe unsers Wesens, ungeahnten Besitz
verrathend. Es sind Thatsachen, welche die beson=
nene Forschung sorgsam zu prüfen hat, um sie dem
hellen Tage der Wissenschaft entgegenzuführen.

In der Tiefe des Schlafs nämlich, wo wir, ab=
gewendet von der Außenwelt, in dies verborgene Be=
sitzthum unsers Geistes zurückgekehrt sind, treten jene
geheimern Beziehungen unsers Wesens hervor und
erzeugen den Traum, der daher ein sehr großes und
reiches Gebiet umfaßt. Es ist die Gegenhälfte
unsers wachen, von bewußtem Denken und Wollen
geleiteten Lebens und nichts verhindert daher, daß
der Traum, wie er den Hintergrund des Wachens
bildet, plötzlich auch dazwischentrete zwischen die Vor=
stellungen desselben und eine eigenthümliche Traum=
form erzeuge, von welcher weiter unten.

Dazu tritt jedoch sogleich, als zweites Element,
das gestaltenbildende Vermögen unsers Geistes, die

17*

Phantasie. Sie erzeugt nicht sowol den Traum, wie man gewöhnlich sich ausdrückt, — vielmehr gestaltet sie den Stoff oder das Veranlassende desselben, gibt ihm seine sinnbildliche Form. Dies erzeugt das Sinnreichspielende, ja das künstlerisch Wahre und Treffende, mit dem uns manche Träume überraschen. Richtig hat man daher dies traumgestaltende Vermögen den „verborgenen Poeten" in uns genannt, weil bei jenen Erscheinungen eine offenbare Analogie stattfindet mit dem wirklich künstlerischen Schaffen des wachen Geistes. Daraus erklärt sich eine Menge von gewöhnlichen Traumerscheinungen, in denen irgendeine von außen kommende Empfindung oder ein Gefühlszustand des Schlafenden der sinnbildenden Phantasie Veranlassung wird, jenen einfachen Inhalt zu einem förmlichen, oft langen Traumbilde auszuspinnen (Wärmeempfindung an den Füßen eine Traumwanderung auf dem Aetna mit allen Nebenumständen und Gefahren von der glühenden Lava; Schwere der Bedeckung ein mühsames Wandeln im Traume; Ritzen an einem Nagel in der Bettstatt Verwundung durch Mörder u. dgl.).

Daraus erklären sich auch gewisse, uns allen gemeinsame Traumbilder, wie Schweben, Fliegen, Herabfallen. Sie beruhen wahrscheinlich auf gewissen wiederkehrenden Umstimmungen des Hirns, welche der innere Traumkünstler in ebenso stehenden Grundbildern uns wiedergibt. Allgemeiner daher läßt sich sagen, daß es wenig rein bedeutungslose Träume geben möge; verständen wir sie, so könnten sie uns als die treuesten und unwillkürlichsten Zeichen für gewisse, sonst unbemerkte Zustände unsers Innern dienen. Und eine Traumwissenschaft in diesem Sinne könnte auch dem rationellen Arzte nicht ohne Bedeutung sein; schon haben französische Seelenärzte (Virey, Esquirol, Marc u. a.) auf dergleichen pathologische Träume aufmerksam gemacht, in denen Krankheitskrisen sich symbolisch ankündigten.

Endlich ist an folgendes Allgemeinere zu erinnern. Alles, was in einer natürlichen, wiewol vielleicht verborgenen Beziehung zur Seele steht, ebenso was jemals eine Affection in ihr erregt hat, das bleibt in ihr bewahrt für immer, kann daher auch im Traume wieder hervortreten. Nichts ist eigentlich „vergessen", wenn es auch für das gewöhnliche Bewußtsein verschwunden ist; es ruht aufgehoben im verborgenen Wesen des Geistes. Dies geht so weit, daß in der psychologischen Lehre von der Wiedererinnerung vielmehr die Frage so gestellt werden muß: wie etwas vergessen werden, d. h. die Sphäre des Bewußtseins verlassen könne, als wie es wieder in das Bewußtsein aufgenommen zu werden vermöge?

Jener wichtige Satz von der Unzerstörbarkeit des einmal Aufgenommenen in der Seele, ist theoretisch streng erweisbar; aber er läßt sich auch durch die Erfahrung erhärten, an einer Menge vereinzelter, bisher unerklärter Thatsachen, welche von hier aus ihre unerwartete Deutung erhalten. Wir wissen von visionären Zuständen während des Starrkrampfes, des Scheintodes oder auch des magnetischen Hellsehens, sogar im gewöhnlichen Schlafe oder im Fiebertraume, wo den Träumenden in den verhältnißmäßig kurzen Augenblicken dieses Zustandes ihr ganzes bisheriges Leben, mit allen längst vergessenen Begebenheiten, Personen, Nebenzügen, bis auf das Einzelnste hin, wie in einem plötzlichen Bilde vor der Seele vorüberzog, oft mit schreckhaftem Eindruck und mit moralisch tiefgreifender Wirkung. (Der Säufer bei Schubert, der hazardspielende Diplomat in einem mir persönlich bekannten Falle, wurden durch einen Traum gebessert, der sie in die längstvergessenen Kinderjahre und ihr reines Unschuldsgefühl zurückversetzte. Ebenso gehört hierher der Traum Siegmund's von Seckendorf bei Varnhagen*), der um so merkwürdiger ist, als er eigentlich aus drei ineinander wirkenden Elementen besteht: aus dem Traumgesichte selbst, welches ihm seine langvergessene Vergangenheit zeigte; aus der dazu gemischten Vision einer verstorbenen Geliebten, welche ihm seinen nahen Tod ankündigte, welche Ahnung sich wirklich erfüllte; endlich aus dem dritten: er dichtet auf seinen eigenen Traum während desselben ein Lied, und, was das Allermerkwürdigste ist, er besingt darin die Phantasie als die Quelle jener Traumgestaltungen. So kehrt der Traum in seinen eigenen Ursprung zurück, indem die Phantasie durch ihn ihrer selbst inne und sich ein Objectives wird.)

Im Traume ferner erwachen plötzlich alte Kennt-

---

*) „Denkwürdigkeiten und vermischte Schriften", IV, 164.

nisse oder starkerregende Eindrücke. (So der Dorf-
schmied in Moritz Magazin, der im hitzigen Fieber
griechische Worte sprechend, erst auf langes Besinnen
entdeckt, daß er jene ihm unverständlichen Laute zufällig einmal in der Jugend gehört.) Fremde Spra-
chen reden wir geläufiger im Traume und sogar an-
strengende Denkoperationen gehen besser von statten,
während der unzerstreuten Concentration des Schlafs:
die Mathematiker Maignan, Göns, Wähnert
haben die schwierigsten Lösungen im Traume gefunden, andere Rechnungsfehler entdeckt, die ihrem hartnäckigsten Nachsuchen während des Wachens entgan-
gen waren.*) So weiß der Geist eigentlich niemals,
wo die Grenzen seines Wissens und Nicht-
wissens, seines Vermögens und Unvermö-
gens sich scheiden.

Endlich gehören in diesen Umkreis von Thatsachen,
die auf den verborgenen Reichthum von Vermögen
und Rapporten in der Seele deuten, die zahlreichen
Beispiele von Heilträumen und Heilvisionen, in denen
der Hellsehende einen Naturgegenstand, eine Pflanze,
ein Mineral u. dgl. als Hülfsmittel bezeichnete und
in der Vision oft sogar seinen Fundort angeben konnte.
Wie soll man dies erklären? Unzureichend ist „Betrug" oder „Zufall"; denn es bleibt eine in allen
Jahrhunderten und bei allen Bildungsgraden wieder-

---

*) Fr. A. Carus, „Psychologie" (Leipzig 1808), II, 208 fg.
Burdach, „Die Physiologie als Erfahrungswissenschaft",
III, 469.

kehrende Erscheinung. („Oneiromantik" der Al=
ten: in Aegypten im Tempel der Isis und des Phthas;
in Griechenland die Höhle des Trophonios, das Ora=
kel des Amphiaraos zu Oropus u. s. w. *) Ebenso
die zahlreichen Beispiele von Heilträumen, welche das
Mittelalter und die spätere Zeit berichten, wo auf
Anrufung irgendeines Heiligen ein Mittel im Traume
oder in der Vision sich ergab, welches doch irgend=
eine Wirkung gehabt haben muß — sei es auch nur
durch den festen Glauben daran —; wenn man den
zahllosen Votivtafeln und Weihgeschenken in den ka=
tholischen Kirchen nicht allen Sinn absprechen will.
Denn schwerlich läßt sich denken, daß die hülfsbedürf=
tigen Menschen in allen jenen Fällen blos das Opfer
der Selbsttäuschung oder des Priesterbetrugs gewesen
wären! Gleich unzureichend ist die neuerdings auf=
gebrachte Erklärung, daß bei den Thatsachen von
Selbstverordnungen Hellsehender die Kenntniß und
der unwillkürliche Einfluß des Magnetiseurs sie be=

---

*) Näheres über diesen sehr reichhaltigen Gegenstand bei
Kinderling, „Der Somnambulismus unserer Zeit, in Ver=
gleichung gestellt mit der Incubation oder dem Tempelschlafe
und den Weissagungsträumen der alten Heiden" (Dresden
1788). Ausführlicheres noch gibt Gauthier, „Histoire du
somnambulisme chez tous les peuples, sous les noms di=
vers d'extases, oracles et visions" (Paris 1842). Ueber das
ganze Gebiet dieses Cultus vergleiche man endlich E. Fr.
Hermann's „Lehrbuch der gottesdienstlichen Alterthümer"
(Heidelberg 1846), §. 41.

wirkt haben. Bei jenen Heilträumen des Alterthums und der spätern Zeit war ein solcher gar nicht vorhanden.

Vielmehr ist es das eigene Wesen des Menschen nach seinen verborgenen Beziehungen, die hier aufgedeckt werden, der wahrhaft objective, aber im gewöhnlichen Bewußtsein verborgen bleibende Zusammenhang, in dem unser Organismus mit den Naturgegenständen steht, deren er zu seiner Unterstützung bedarf. Durch ein tieferes Eingehen in sich selbst findet der Kranke aus, was ihm nöthig ist. Dies Gesetz, daß Bedürfniß und Gegenstand in innerer Wechselbeziehung stehen, geht durch die ganze menschliche und thierische Natur hindurch und bildet die Grundlage von dem, was Instinct genannt zu werden pflegt; wie auch bei gewöhnlichen Krankheiten von denkenden Aerzten (Paracelsus — Boerhave — Reil) der bringende Wunsch der Kranken nach dem Genusse gewisser Gegenstände der Beachtung empfohlen wird. In allen diesen Fällen ist das Wesen des Menschen nicht eigentlich erweitert, nur sein Bewußtsein vertieft.

Wir wenden uns nunmehr der Frage zu: wie der Traum entstehe? Die gewöhnliche ganz richtige Antwort ist, daß er im Schlafe seinen Grund habe. Aber es läßt sich zeigen, daß dieselben Bedingungen, welche im Schlaf traumerzeugend wirken, auch während des Wachens eintreten können, um hier ganz analoge Wirkungen hervorzubringen. Neben dem Schlaftraum müssen wir einen Wachtraum

anerkennen; und was man sonst Ahnung, Vision, Hell=
sehen zu nennen pflegt, sind nur verschiedene Sta=
dien eines solchen Wachtraums. Ebenso läßt sich
eine deutliche Analogie zwischen den verschiedenen
Formen jener beiden Grunderscheinungen nicht ver=
kennen: jeder charakteristischen Hauptgestalt des Schlaf=
traums steht eine entsprechende des Wachtraums
zur Seite. Unsere Aufgabe soll es nun sein, jenen
Parallelismus soweit als möglich zu verfolgen, in
der Weise jedoch, daß wir auf die Gestaltungen des
Wachtraums den Hauptnachdruck legen.

Das Wachen wird bedingt durch die stete Einwir=
kung der Sinne, besonders des erregenden Gesichts=
sinns; daher der dumpfe, traumartige Zustand der
Blindgeborenen. Während des Schlafs schließen sich
die Sinne; wenigstens relativ. Der Schlafende ist
in die Einsamkeit seines Innern zurückgesunken und
statt der zwei aneinander sich abgrenzenden und
nur im Gegensatze miteinander sich bestimmenden
Welten (Innenwelt und Außenwelt), lebt er nur
in der einen und trägt daher ganz naturgemäß auf
diese und ihre unwillkürlichen Erscheinungen das Ur=
theil der Gegenständlichkeit über.

Sodann: Der Zustand des Wachens ist der der
freibewußten Selbstbestimmung. Während des
Schlafs dagegen lassen Denken und Wille ihre Herr=
schaft über den Menschen los; er versinkt in den Zu=
stand der Unfreiwilligkeit; daher wir den Schlafenden
und Träumenden mit Recht als einen Unzurech=
nungsfähigen beurtheilen. Die eigentliche Freiheit

hat sich aus ihm zurückgezogen. Statt ihrer spielen die unwillkürlichen Kräfte seines Innern mit dem Geiste und bringen den Traum hervor.

Diese Bedingungen, welche den Schlaftraum er= zeugen, können nun auch während des Wachens ein= treten. Die gewöhnliche Psychologie hat nämlich bis= her viel zu wenig beachtet, daß es schon innerhalb der Zustände, welche wir als Wachen bezeich= nen, sehr verschiedene Grade der Lebhaftig= keit des Bewußtseins gibt. Ganz mit Fug könnte man daher, wenn sich dies überhaupt im Zah= lenausdruck genau fixiren ließe, von $^3/_4$, $^1/_2$, $^1/_4$, $^1/_8$ Bewußtsein sprechen und diese Bruchtheile bis ins Unbestimmte verkleinern. Und so geht nun auch in= nerhalb des Wachens klares Bewußtsein und Traum in fast ununterscheidbaren Uebergängen ineinander ein, und der gewöhnliche tadelnde Zuruf: „Du träumst bei offenen Augen", hat eine sehr richtige psychische Bedeutung. Jeder, der nur sich selbst zu beobachten im Stande ist, wird sich schon bei solchen unwillkür= lichen, sporadisch anklingenden Wachträumen über= rascht haben, ohne daß es darum mit seinem Geiste im geringsten übel bestellt wäre. Die bekanntesten Erfahrungen dieser Art sind die oft sehr lebhaften Bilder eines eigentlichen, aber kurzen Wachtraums, welche dem Einschlafen vorangehen.

Wir wenden uns nun dazu, die Stufenfolge in jenen beiden Formen des Traums zu entwickeln und daran zu zeigen, wie bei dieser allmählichen Vertie= fung des Traums das sonst verborgene Innere

unsers Geistes und seine versteckten Beziehungen
mehr und mehr ins Bewußtsein treten. Erst im
Wachen und im Traumbewußtsein zusammen ist der
ganze Mensch erkannt. In jenem ist er es nur zur
Hälfte und zwar nach der weit uninteressantern und
dürftigern Seite hin.

Erstes und unterstes Stadium: Der
Traum als Nachwirkung der Beschäftigun=
gen des Wachens. Der gewöhnliche Schlaftraum,
aber auch entsprechende Gestalten des Wachtraums
finden sich. Zuerst sind es bedeutungslose Nach=
klänge gehabter Vorstellungen, welche durch anhal=
tende Beschäftigung mit einem Gegenstande, beson=
ders bei scharfem und anhaltendem Anschauen von
Naturobjecten entstehen: — „Gedächtnißbilder"
von Purkinje genannt, mit einem vielleicht nicht ganz
glücklich gewählten Ausdruck. Man kann sie, wie
Purkinje von einem Abklingen der Farben im Ge=
sichtssinn spricht, so ein allmähliches Abklingen der
stark erregenden Sinnenbilder und Vorstellungen nen=
nen. Dergleichen „Wachträume" entstehen besonders
vor dem Einschlafen; sie sind den gewöhnlichen, nicht=
symbolischen Schlafträumen zu vergleichen.

Nun kann aber auch im Wachtraume die sym=
bolische Phantasie sich hineinmischen. So ent=
stehen Anfänge eigentlicher Vision. Hierher Goethe's
symbolische Blume, die sich vor seinem innern Auge
aus dem Innern hervorwachsend mehr und mehr aus=
breitete; sie grenzt an eine symbolische Vision, indem
seine Beschäftigung mit der Metamorphose der Pflan=

zen sich darin in einem Phantasiebilde verkörperte. Der Physiolog Burdach: Bilder der feinern Hirntheile in neuen Combinationen; so eine Menge Maler und Künstler: — selbst Nicolai's Phantasmen gehören zum Theil hierher.

Oder das zweite Stadium: Der Wachtraum ist dunkler, aber er ist innerlich bedeutungsvoll: er gestaltet sich als Ahnung, Vorgefühl von etwas Bestimmtem; — ein sehr reiches Gebiet von Erscheinungen, welche keinem von uns völlig fehlen möchten, wenn er aufmerksam sein will und sie nicht überhört im vorwärts bringenden Tumulte des Lebens. Bei diesem Zusammentreffen kann Zufall walten, und dies findet gewiß oft genug statt. Nur die eingetroffenen Ahnungen beachtet man, die zahllosen ohne Bedeutung werden vergessen. Dennoch gibt es zu auffallende Beispiele von Bestätigung der Ahnung, als daß nicht zugleich eine weitere Erklärung versucht werden müßte.

Hier bietet sich uns nun eine Analogie von ganz anderer Seite dar. Wir können bei einiger Aufmerksamkeit auf unser Wesen und Handeln uns nicht verbergen, daß wir uns in vielen Fällen durch ein Urtheil leiten lassen, welches sich als vernünftig erweist, während wir dennoch der Gründe dafür nicht deutlich uns bewußt sind. Wir pflegen es richtigen Takt, Ahnung, richtiges Gefühl u. dgl. zu nennen. Eigentlich aber ist es ein Vernunftschluß, dessen Prämissen nur unbewußt und unentwickelt bleiben. Das Meiste und Wichtigste in unserm Leben

entscheidet sich nach solchen Ahnungen, welche im Tref=
fen des richtigen Mittels oft weit über den compli=
cirtesten Scharfsinn hinausreichen. Besonders Frauen
leben in diesem Elemente und treffen oft, wie mit
seherischem Blicke, aus den tiefsten Verwickelungen
heraus das Richtige, während dies der gewöhnlichen,
ihre Gründe berechnenden Ueberlegung oft entgeht.
(Deshalb die Ehrfurcht der alten Deutschen vor der
seherischen Kraft der Frauen: ich will nur an ihre
„Veleden", weissagenden Jungfrauen erinnern. In
gleichem Sinne haben unsere größten Dramatiker mit
tiefer psychologischer Wahrheit ihren Frauencharakteren
die Gabe der Ahnung beigelegt, durch welche sie die
verwickeltste Täuschung durchdringen: Goethe's Iphi=
genia, Schiller's Thekla.

Dies unwillkürliche Schließen (denn das ist
es eigentlich) kann sich nun in einzelnen Individuen
zu sehr merkwürdigen Leistungen concentriren. Sie
alle haben von jenen geborenen Rechenkünstlern
gehört, die das Talent besitzen, in wenigen Augen=
blicken die ungeheuersten Zahlenreihen zu berechnen.
Diese vollziehen denselben Denkproceß, wie die lang=
samern Rechner; aber sie werden sich der Zwischen=
glieder desselben nicht deutlich bewußt.

So könnte man dies Ahnung des richtigen Facit,
der richtigen Summe nennen; wie umgekehrt die Ah=
nung eine Berechnung mit nicht deutlich gedachten
Zwischengliedern wäre: ein in seinen Prämissen nicht
deutlich gewußter Wahrscheinlichkeitsschluß.

Aus beiden aber geht die wichtige Erkenntniß her=

vor: daß in unserm Geiste ein verborgenes Denken, eine unwillkürliche Weisheit gegenwärtig sei, welche oft gegen unsern eigenen Willen und bewußten Vorsatz uns leitet und die an Tiefe und Umfang bei weitem unser reflectirendes Denken übersteigen kann: ein innerer Prophet, antreibend oder warnend.

Wenn nun jenes in einem undeutlichen Denkprozeß bestehende Vorgefühl bestimmte Begebenheiten der Zukunft ankündigt, glückliche oder unglückliche, so nennen wir es „Ahnung" in speciellem Sinne.

So ahnt man die Ankunft eines Freundes, das Eintreffen einer Nachricht, man ahnt das Eintreten großer politischer Katastrophen durch jenes seiner Prämissen nicht bewußte Denken, eben weil diese Begebenheiten innerlich wahrscheinlich sind. Wir können dies Verstandesahnung nennen. Wenn das Geahnte nicht eintritt, so wird darum der eigentliche Werth der Ahnung nicht aufgehoben, indem auch das Wahrscheinliche nicht immer einzutreten braucht, und nur allzu oft wirklich nicht eintritt.

Eine zweite Stufe von Ahnungen reicht noch weiter und deutet auf einen noch tiefern Ursprung in unserm Wesen. Es sind diejenigen, die zu einer ganz bestimmten Handlung antreiben oder davon abhalten. („Praktische Ahnungen" könnte man sie nennen, nach einer freilich noch nicht sie erklärenden Bezeichnung.) So die Warnung vor einer einstürzenden Zimmerdecke durch Angst und Unruhe: oder die Ahnung von der Gefahr eines Freundes, der Mutter

von der ihres Kindes, welche sie unwiderstehlich an=
treibt, zu ihm zu eilen. Der warnende Genius
des Sokrates, der nach seiner Versicherung ihn nur
abhielt; niemals antrieb. Diese Ahnungen können
vollkommen als wahr zugegeben werden, ohne daß
man damit genöthigt wäre, zu einer übernatürlichen
Eingebung oder Vermittelung seine Zuflucht zu nehmen.

Sie beweisen nur dasjenige, was im eigentlichen
Hellsehen noch ausdrücklicher sich herausstellt, daß der
verborgene Bereich unsers Wahrnehmens,
der Zusammenhang unsers Wesens mit an=
dern Wesen viel weiter reicht als der Um=
fang unsers sinnlichen Empfindens. Es gibt,
wie ein bewußtlos bleibendes Denken, so auch ein in
der Regel bewußtlos bleibendes Percipiren
(Wahrnehmen) in uns, welches in solchen Fäl=
len als Ahnung hervortritt (Ferngefühl u. dgl.)
und welches in dieser Richtung als ein noch unent=
wickeltes, unvollständiges Hellsehen zu bezeichnen ist.
(Ein ähnliches, nur mehr begrenztes Vermögen ist den
Thieren zuzusprechen; wovon zahlreiche Beispiele
in allen Thierpsychologien von Reimarus bis auf
Scheitlin zu finden sind.)

Wollen wir dies Vermögen des ahnenden Fern=
gefühls nicht auch dem Menschen zugestehen, noch
dazu, wenn es sich auf diejenigen bezieht, mit denen
ein inneres Band der Neigung, der liebenden Sorg=
falt ihn verbindet? Diese Annahme ist nicht nur ein
wohlthuender, sie ist ein absolut gründlicher Gedanke,
indem man überhaupt bei schärferer Erwägung zu der

Einsicht sich erheben muß, daß die Menschen in weit
tieferm und ursprünglicherm Zusammenhange mitein=
ander stehen, als der durch sinnliche Vermittelung er=
reicht wird, ja daß die Verleiblichung der Geister
weit mehr den Effect hat, sie zu trennen und vorein=
ander zu verhüllen, als sie in innige Beziehung zu=
einander zu setzen.

Wollte man ferner, hier noch tiefer eindringend,
dem Gedanken eines innern Organismus Raum
geben, der, nur verdunkelt oder gebunden, in unse=
rer äußern Leiblichkeit wohnt: so würde jenes Fern=
gefühl, welches sich in uns als dunklere oder hellere
Ahnung kund gibt, ebenso das Vermögen äußerlich
unvermittelter („magischer") Fernwirkung, wovon
das Thatsächliche gleichfalls kaum in Abrede gestellt
werden kann, — beides würde sich als die normale
und durchaus gesetzmäßige Perceptions= und
Wirkungsweise jenes innern Organismus er=
geben, welche in unserer gewöhnlichen Daseinsform,
die man sehr übereilt als die normale zu bezeichnen
pflegt, während doch offenbar das bewußte Princip
in ihr mehr gebunden als befreit erscheint (worauf
schon die hier von uns betrachteten Thatsachen hin=
deuten), nur sporadisch und höchst lückenhaft hin=
durchzuscheinen vermag: Ansichten und Behauptun=
gen, die an gegenwärtiger Stelle freilich nicht durch=
geführt werden können, auf welche ich indeß wenig=
stens Ihre Aufmerksamkeit leiten wollte.

Als dritte intensivste Gestalt des Wachtraums
können wir die eigentliche Vision bezeichnen. Sie

Fichte, Zur Seelenfrage.   18

ist von der bloßen Ahnung dadurch wesentlich ver=
schieden, daß sie die Lebhaftigkeit und Anschaulichkeit
eines wirklichen Traums hat, der aber zwischen die
Vorstellungen und Empfindungen des Wachens mit=
ten hineintritt: — also Wachtraum im eigentlichsten
Sinne. Aber dadurch ist sie der Ahnung verwandt,
daß sie, wie diese, eine innere Bedeutung hat,
irgendeinen Zustand in uns zu einem äußern
Bilde symbolisirt. Die Vision ist niemals zufäl=
liger Natur oder zufälligen Ursprungs; sie deutet im=
mer auf eine tiefliegende Ursache in unserm We=
sen zurück, die freilich, wie sich zeigen wird, von sehr
verschiedenartiger Beschaffenheit sein kann.

Deswegen findet in der Vision auch die tiefste
Aufregung des ganzen Bewußtseins statt; und zu=
nächst wird das Sinnenleben davon angesprochen.
In der Regel nimmt der erregbarste Sinn, das
Gesicht, zuerst daran Antheil: am häufigsten bleibt
die Vision nur innerhalb des Gesichtssinnes. Aber
auch das Gehör kann allein, oder in Verbindung
mit dem Gesichtssinn daran theilnehmen, wie denn
auch sonst diese beiden Sinne sich gegenseitig unter=
stützen und ergänzen. Das Vernehmen innerer Stim=
men, das Hören von Tönen, ja einer innern Musik
gehört zu den häufigsten und sinnvollsten Formen der
Vision. Seltener nimmt der Geschmack und Ge=
ruch, am allerseltensten wol das Tastgefühl daran
theil, welches letztere vielleicht darin seinen Grund
hat, daß der Nervenapparat dieses letztern Organs
mit dem Centralorgane des Bewußtseins als dem

Sitze der Vision, in der entferntesten Verbindung
steht.

Es versteht sich nämlich, daß hier kein wirkliches,
durch die äußern Sinnenorgane vermitteltes Sehen,
Hören, Schmecken oder Tasten stattfindet, sondern
daß es ein innerer, im Centralorgan vorge=
hender Hergang ist, welcher ebendamit auch von in=
nen her den Gesichts= und Gehörnerv u. f. w. erregt;
wie denn auch gewöhnlich die Sinnenorgane nur die
Leiter der Empfindungen ins Centralorgan find, wo
erst eigentlich die Sinnenempfindung statthat. (Ge=
nau gesprochen geht die bewußte Empfindung in
der Seele vor, nicht im Sinnenorgane.)

So ist von diesem höhern, wissenschaftlich=physio=
logischen Standpunkt aus gar nichts gegen die Mög=
lichkeit einzuwenden, daß ohne wirkliche Erregung
durch die Sinnenorgane die bloße innere Erre=
gung des Centralorgans ein Analogon von
Sinnenempfindungen erzeugen könne, was ich
für die Hauptursache des Traums halte und was in
der Vision nur intensiver hervortritt. So
find auch die Erfahrungen im eigentlichen Somnam=
bulismus zu deuten, wo von einer Versetzung der
Sinne in die Herzgrube u. dgl. die Rede ist. (Reil
hat zwar die Hypothese aufgebracht, daß die Nerven
des Sonnengeflechts vicarirend an die Stelle der
Sinnennerven treten: „Allsinn." Dies verträgt jedoch
keine schärfere Kritik.) Auch im Somnambulismus
scheint es eine innere Erregung des Centralorgans zu

18*

sein, welche die Visionen hervorruft, die auch aus an=
dern Gründen wahrscheinlich wird.

In der Vision macht zugleich die sinnbildnerische,
gestaltende Phantasie sich geltend, welche den Kern
und Inhalt derselben, ganz ebenso wie im Traume,
umkleidet und ausschmückt: „Phantasievision."
Dadurch wird sie von neuem dem Traume analog.

Visionen durch pathologische Zustände veran=
laßt: Hypochondrische Leiden; dies kann, wenn die
Vision habituell wird und die Freiheit und Besonnen=
heit stört, Wahnsinn werden, z. B. man bildet sich
ein, Frösche im Leibe zu haben oder gläserne Beine:
Vision des gestörten allgemeinen Lebensgefühls. Ni=
colai's Phantasmen, die nach Anwendung von Blut=
egeln verschwanden: des an Unterleibsbeschwerden tief
erkrankten Batzko Vision eines großen Negers mit
feurigen Augen, der ihm während des Schreibens
übers Blatt sah, das Gefühl einer Schlange, die sei=
nen Unterleib an den Stuhl schnürte, deren rauhe
Stacheln er zu tasten glaubte (das seltene Beispiel
einer Vision, in welcher auch der Tastsinn zur Mit=
leidenschaft gezogen wurde). Tasso glaubte einen
feurigen Abgrund neben sich zu haben, in den er zu
stürzen in Gefahr sei: Symbol seines hypochondrischen
Mistrauens. Blaise Pascal, der Mathematiker und
religiöse Denker, von kränklicher Gewissenhaftigkeit,
sah sich von guten oder bösen Dämonen umgeben, je
nach seiner Stimmung — was näher schon an die
Visionen des heiligen Antonius erinnert. Aber auch ha=
bituelle Körperstimmungen können sich in halbvisionären

Vorstellungen abspiegeln. Goethe erzählt von einer solchen in seinem Leben oftmals wiederkehrenden Vision, die er sehr richtig auf eine körperliche Stimmung zurückführt. *) Bei vielen würde sich Aehnliches finden, wenn sie darauf achten wollten. In der Regel indeß scheut man sich dergleichen mitzutheilen, weil es freilich mit den individuellsten Idiosynkrasien zusammenhängt.

Visionen durch heftige Affecte erzeugt: Schreck, Reue, Sehnsucht, Angst erzeugen eine Reihe der merkwürdigsten Fälle, welche von dem Haften der bloßen Gedächtnißbilder anfangen, bis zur complicirtesten Phantasievision aufsteigen und in eigentlichem Irrsinn enden können. Kohl, in den „Petersburger Skizzen", erzählt das Beispiel einer Dame, welche von dem Anblick der in einem Theater verbrannten Leichname so aufgeregt wurde, daß sie drei Tage lang irre redete, die Vision behielt. Ertrinkenden spiegeln sich während der Gefahr mitten in den Wogen des Meeres die Bilder ihrer Angehörigen, ihres Wohnorts ab: die Sehnsucht verkörpert sich ihnen zum wirklichen Bilde. Dem Diebe (bei Ideler, „Grundriß der Seelenheilkunde", I, 416—420, Note), der unter der geschwungenen Kirchenglocke lag, spann sich aus Furcht vor der Gefahr des Erschlagenwerdens und aus der überwältigenden Gehörempfindung allmählich ein ganzer Schreckensroman zusammen, an

---

*) Goethe's „Sämmtliche Werke" (Stuttgart 1828), XVI, 200.

deſſen Viſionen zuletzt'auch der Geſichtsſinn theilnahm. Dem Mörder tönt das Röcheln des Ermordeten noch lange im Ohre; das Bild der Unthat (die „Erinnyen") ſteht viſionär vor ihm und raubt ihm den Schlaf. Den Giftmiſcherinnen Geſche Gottfried in Bremen und Friederike Jäger in Mainz erſchienen die Geſtalten ihrer ermordeten Opfer und trieben ſie zum Bekenntniß. Der öffentliche Ankläger vor dem Revolutionstribunal Fouquier=Tinville, glaubte ſich von den Geiſtern der Hingerichteten verfolgt und ſtarb in höchſter Verzweiflung.

Ein geiſtig bedeutungsvolleres Gebiet: Viſion, hervorgerufen durch ein ſtarkes Gemüthsleben, welches ſich in einer beſtimmten Vorſtellung einſeitig vertieft, die dann im Bewußtſein immer energiſcher ſich eingrabend, plötzlich als Viſion vor ihm ſteht. (Die Viſion des Dolches in Shakſpeare's „Macbeth" iſt in dieſem Sinne ein pſychologiſches Meiſterſtück*), und durchaus angemeſſen dem düſter phantaſtiſchen Hintergrunde des ganzen Dramas. Auch die

---

*) Macbeth, zweiter Aufzug, dritte Scene:

Iſt dies ein Dolch, was ich da vor mir ſehe?
Den Griff mir zugewendet? Komm! laß mich dich faſſen.
Ich hab' dich nicht, und ſehe dich doch immer.
Furchtbares Bild! biſt du ſo fühlbar nicht der Hand,
Als du dem Auge ſichtbar biſt! — —
— Es iſt nichts Wirkliches. Mein blutiger
Gedanke iſt's, der ſo heraustritt vor das Auge!

Hexen, die dem Macbeth und Banco erscheinen, sind
vom Dichter eigentlich als innere Visionen geschildert:
sie verschwinden wie „Blasen der Erde". Das plötz-
liche Verschwinden der visionären Erscheinungen ist
überhaupt ein charakteristischer Zug derselben: er bezeichnet, wie beim gewöhnlichen Traume, den Wachtraum, aus welchem das Bewußtsein sich plötzlich
emporarbeitet.)

Am reichsten und energischsten endlich wirkt in
diesem Gebiete das religiöse Gefühl; denn es
durchdringt am tiefsten und allgegenwärtigsten unser
gesammtes Wesen. So ist es recht eigentlich eine
weltgeschichtliche Macht, welche nicht nur an einzelnen sich wirksam zeigt, sondern in allen Zeitaltern
und Völkern auf eigenthümliche Weise sich verkündet
und die „Divination", (μαντεία, divinatio) erzeugt. Eine ahnungsvolle Stimmung, die überall ein
Vorbedeutendes, in gutem oder schlimmem Sinne
Ominöses erblickt, durchzittert das ganze Alterthum
und wirkt nicht weniger noch jetzt bei allen rohen,
religiös unerleuchteten Völkern bis zum Fetischismus
herab. Selbst auf den Völkern des classischen Alterthums lag noch jener Druck eines dumpfen, zu Visionen geneigten Zustandes, die, wie unter leichter
Decke lauschend, stets bereit waren, hervorzubrechen:
eine Gabe, die vor unserm wachen Reflexionsleben
immer mehr zurückgedrängt wird und in die wir
uns daher nur schwer hineinversetzen können. Das
ganze Dämonen-, Orakel- und Augurienwesen ist nur
aus dieser grundverschiedenen Seelenstimmung des Al-

terthums zu erklären. Aber auch, wie Herobot, uns
die Griechen noch während des persischen Kriegs
schildert (wo dem Pheidippides eine Stimme des Pan
den marathonischen Sieg verkündete und Aehnliches,
wie auch späterhin das Schlachtfeld von Marathon
der Schauplatz gespensterhafter Visionen war): zeigt
sich in ihnen jenes visionäre Element noch keineswegs
erloschen und auch die spätere Zeit ist noch reich an
bedeutungsvollen Traumgesichten, wie denn in Be=
zug auf die Römer Cicero in seiner Schrift „über
die Divination" ein bedeutungsvoller Gewährsmann
ist, in deren Anfang er den allgemeinen Glauben an
dieselbe noch damals auf die Allgemeinheit ihrer
Thatsache stützt.

Im weitern Verlaufe meint Cicero zwar, das
Delphische Orakel mit allem andern Wahrsagerwesen
habe darum seine Macht verloren, weil die Kraft der
Erde verdunstet sei. Wir erachten: weil vor der be=
wußtern Reflexion, die im spätern Alterthum sich
geltend machte, jene innere divinatorische Macht des
Geistes und der Glaube daran in gleichem Grade zu=
rückwichen. Doch ist sie niemals gänzlich in der
Menschheit verschwunden: auch jetzt ist sie noch vor=
handen, nur der Veranlassung wartend, an der sie
sich entwickeln könne. Deshalb sehen wir auch bis
in die neuere Geschichte hinein in allen Epochen re=
ligiöser oder volksthümlicher Erhebung, besonders aber
bei religiösen Verfolgungen und Bedrückungen, jenes
Vermögen der Prophetie und der Gesichte sogleich
wieder auftreten. Jeanne d'Arc, die auch damals

nicht allein stand; später die Seher und Propheten
in den Cevennen; unmittelbar vor und nach den
deutschen Befreiungskriegen Aehnliches, z. B. der be=
kannte prophetische Bauer A. Müller. Vielleicht sogar
könnte man es als einen sehr bezeichnenden Charak=
terzug unserer unmittelbaren Gegenwart ansehen, daß
auch sie das unwiderstehliche Bedürfniß fühlt, mit
den geheimnißvollen jenseitigen Mächten in Verbin=
dung zu treten, dafür aber keine andere Form, als
die der reinen Absurdität zu finden weiß, indem sie
Tische prophetisch klopfen und sich selbst bewegende
Bleistifte Sinnvolles niederschreiben läßt.

Die tiefste und innigste religiöse Erregung wurde
weltgeschichtlich durch das Christenthum hervorgerufen. Die Orakel, die Zeichendeuterei, aller an=
tike Zauberapparat verschwand: Die Menschheit
hatte ihren Gott im eigenen innern Gemüth
gefunden; — sie bedurfte jener künstlich=abergläubi=
schen, zuletzt zur bloßen Gaukelei gewordenen Ver=
mittelungen nicht mehr; wie auch in den neuesten
Zeiten noch vor der Wirksamkeit der christlichen Mis=
sionare das Zaubereiwesen in den Südseeinseln, das
Schamanenthum in Mittelasien verschwunden ist.

Aber die Gabe der Divination, der „Gesichte",
war damit nicht untergegangen im Menschengeschlecht;
denn sie hat sich uns überhaupt als eine im Wesen
des Menschen tief begründete erwiesen. Sie nahm
jetzt nur einen ganz verschiedenen Charakter an, über
welchen noch einige flüchtige Andeutungen zu geben
mir erlaubt sei. Dort im Alterthume, waren es

weltliche Angelegenheiten, diesseitige Zwecke des Staats
oder des einzelnen, welche Gegenstände der Divina=
tion oder des Traums wurden. Sie entbehrten durch=
aus aller ethischen, versittlichenden Bedeutung. (Alle
Beispiele, welche Cicero in seinem schon angeführten
Buche von andern und zuletzt von sich zum Beweise
weissagender Träume anführt, tragen jenen Charakter
und sein ganzes Werk gibt überhaupt Zeugniß für
unsere Auffassung.)

Anders ist es in der christlichen Weltzeit. Hier
beziehen sich die Visionen auf das ewige Heil der
Person, ihre künftige Seligkeit oder Unseligkeit; sie
haben durchaus einen ethischen Charakter. Auch das
Böse, welches in den heidnischen Religionen als ein
äußerlich Schadendes aufgefaßt wurde, tritt nun als
sittlich versuchende Macht in den Kreis der Vision:
der Kampf des Guten und des Bösen kann lediglich
in der Tiefe des Gemüths ausgestritten werden; hier=
hinein fällt das Reich des Himmels oder der Hölle;
und auch die Zauberei und Magie behält, als „weiße"
oder „schwarze", wenn auch in der rohsten, sinnlichsten
Form, noch eine Beziehung auf jenen höchsten sitt=
lichen Gegensatz. Die Vereinigung mit Gott, das
Erleuchtetsein von seinem Geiste befreit von den engen
Naturschranken, in die das Wissen des sinnlichen
Menschen eingeschlossen ist, verleiht uns zugleich eine
höhere mächtigere Wirksamkeit: es ist, was als „weiße
Magie" erschien. Die selbstische Verfinsterung un=
sers Willens, das Ergriffensein vom bösen Gelüste
treibt unwillkürlich uns an, mit schadenfroher Tücke

Böses zu verüben, oder in phantaſtiſch fraßenhaften
Genüſſen die geſunden Naturſchranken zu durchbrechen,
ohne doch in beiderlei Hinſicht mehr zu erreichen als
eine gaukleriſche Illuſion ſtatt der Wirklichkeit: es iſt
das Reich der „ſchwarzen Magie". Wie ſittlich
wahr, wie tief bedeutungsvoll ſind dieſe Symbole!
Und ſo entſtand jenes reiche und innerlich poetiſche
Leben der chriſtlichen Viſion, wie ſie in Dante's „Di-
vina commedia" ihre dichteriſche Durchbildung und
künſtleriſche Symbolik erhalten hat. Ein großes Ar-
ſenal für das Thatſächliche iſt in Görres' „Chriſt-
licher Myſtik" aufgehäuft, einem durch ſeine Reich-
haltigkeit ſchäßbaren und auch ſonſt merkwürdigen
Buche, wenn man die gehörige Kritik dabei walten
läßt.

Vielfach und zu allen Zeiten hat man darüber ge-
ſtritten, ob den Viſionen, namentlich den religiöſen,
innere Wahrheit und Realität beizulegen ſei oder
nicht? Dieſer Streit wird niemals ganz gelöſt werden,
ſchon darum nicht, weil man von dem, was Wahrheit und Realität eigentlich bedeute, ſehr verſchiedene
Begriffe hat. Vielleicht kann der Gegenſaß zwiſchen
den unbedingt Gläubigen und den entſchieden Leug-
nenden dadurch ausgeglichen werden, indem man auf
die innere Bedeutung und den Entſtehungsgrund der
Viſion zurückweiſt. Nur ein tiefer, das ganze Weſen
des Menſchen durchbringender Affect — ſo zeigten
wir — kann ſein Bewußtſein bis zur Viſion ſteigern.
Religiöſe Viſion iſt daher das entſchiedenſte Zeugniß
eines tiefen, das ganze Weſen durchbringenden religiö-

sen Affects. Darum hat sie als dies Zeichen des
Gemüths sicherlich Bedeutung; aber auch ihr näherer
Inhalt oder Sinn kann tiefe Wahrheit enthalten, in=
dem sich in ihr eine sittlich religiöse Evidenz in sym=
bolischer Form darstellt, welche den Umfang und das
Gebiet blos religiöser Reflexion bei weitem zu über=
steigen vermag. Und dennoch enthält die sinnbildliche
Umhüllung derselben nichts eigentlich Gegenständ=
liches, was schon daraus hervorgeht, daß sich die=
selbe durchaus nach den sonstigen Prämissen des Glau=
bens und der Stimmung im Schauenden richtet.
Der Katholik in den höchsten Zuständen des Gebets,
der hingebenden religiösen Erhebung sieht die Jung=
frau Maria, der Protestant Christus; die ekstatischen
Nonnen verkehren mit Christo, der ihnen die süßesten
Empfindungen einflößt, die ascetischen Mönche mit
der Himmelskönigin. Wollen wir hierin ein Objec=
tives anerkennen? Wer darin jedoch blos Frivoles
oder Rohsinnliches argwöhnen möchte, wie so oft ge=
schehen ist, der verriethe nur, wie wenig er mit ech=
ter psychologischer Einsicht diesem Gebiete von Er=
scheinungen gewachsen sei. Es ist ein tief gegründeter
und vollkommen gesunder Gemüthszug in uns, daß
das Reinste und Vollkommenste nur in einem Sym=
bole des andern Geschlechts sich uns personificiren
kann; denn jedes kann nur vom andern seine wahr=
haft ethische Ergänzung empfangen!

Es sei mir erlaubt, mit einer allgemeinen Be=
trachtung zu schließen. Ich habe im Namen der
Wissenschaft und der Kritik Erscheinungen, welche.

man nicht selten als außerordentliche, einer überna=
türlichen Ordnung der Dinge angehörende zu bezeich=
nen pflegt, und die von andern ebendeshalb in ih=
rer Wahrheit und Glaubwürdigkeit lebhaft angegriffen
werden, weil diese gar nicht mit Unrecht behaupten,
daß es ein den allgemeinen Gesetzen des Daseins,
der ewigen Ordnung der Natur Widersprechendes
nicht geben könne; — ich habe versucht, jene Vorgänge
ihres vermeintlich „wunderbaren Scheins" zu entklei=
den und sie in feste Analogie zu setzen mit vollkom=
men bekannten und zweifellos festgestellten Thatsachen
des Seelenlebens.

Ahnungsvolle und fromme Gemüther jedoch, welche
besonders in jenen Vorgängen den Finger einer gött=
lichen Vorsehung erblicken, dürften dies Bemühen uns
sehr wenig danken, ja vielleicht als ein profanes, vom
Glauben ableitendes es bezeichnen. Mit dieser mir
sehr werthen Gefühlsweise möchte ich mich noch durch
ein paar Worte verständigen. Dieselbe hat ganz
recht, wenn sie auch in jenen Vorgängen eine gött=
liche Leitung verehrt. Unrecht aber hätte sie, wenn
sie dieselbe nur darin suchen, gleichsam einen beson=
dern Beweis für jene wichtigste aller Ueberzeugungen
aus solchen scheinbar wunderartigen Hergängen ab=
leiten wollte. Die tiefer dringende wissenschaftliche
Erforschung der Gesetze des Universums in seinen na=
türlichen wie geistigen Erscheinungen . überzeugt uns
vielmehr immer gewisser von der allgegenwärtigen
liebenden Weisheit, mit welcher der Allwaltende das
Größte wie das Kleinste versorgend umfaßt. Wir

bedürfen gar nicht mehr jener außerordentlichen Zeichen, um mit freier, aber tiefer Zuversicht den Glauben zu umfassen, daß auch wir mit unsern persönlichen Schicksalen von einer Vorsehung getragen und
durch sie einer höhern Bestimmung zugeleitet werden.

Druck von F. A. Brockhaus in Leipzig.